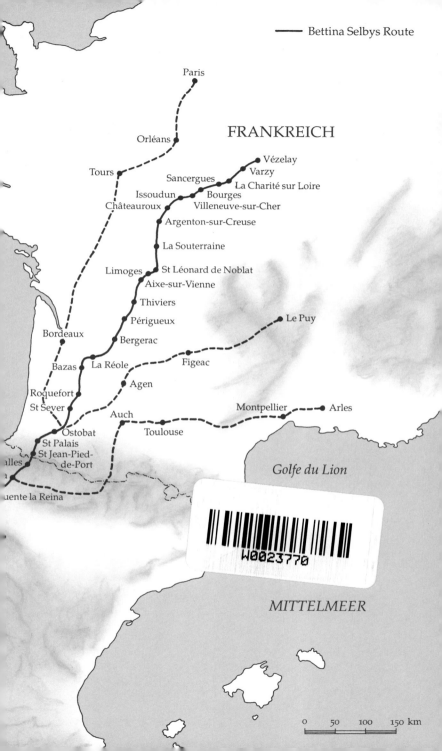

Bettina Selby
DER JAKOBSWEG

Bettina Selby

DER JAKOBSWEG

*Mit dem Fahrrad
nach Santiago de Compostela*

Aus dem Englischen
von Barbara Heller

MALIK

Die englische Originalausgabe erschien 1994 unter dem Titel
»Pilgrim's Road. A Journey to Santiago de Compostela«
bei Little, Brown and Company, London.

ISBN 3-89029-224-0
2. Auflage 2002
© Bettina Selby, 1994
Deutsche Ausgabe:
© Piper Verlag GmbH, München 2002
Vorsatzkarte: Jutta Winter, Oberammergau
Satz: Satz für Satz. Barbara Reischmann, Leutkirch
Druck und Bindung: Ebner & Spiegel, Ulm
Printed in Germany

www.malik.de

Für alle, die den Jakobsweg gehen

Gebt mir die Muschel der Ruh für die Reise,
Den Stab des Glaubens, auf daß er mich stützt,
Die Tasche der Freude, unsterbliche Speise,
Die Flasche des Heils, auf daß sie mir nützt,
Den Mantel des Ruhms (der Hoffnung Pfand),
Dann zieh ich als Pilger ins ferne Land.

Sir Walter Raleigh

Inhalt

1. Der Weg 9
2. Pilger zu sein 25
3. Sanfter Süden 46
4. Den Pyrenäen entgegen 63
5. Auf dem *Camino Francés* 76
6. Durch Navarra 98
7. In die Rioja 117
8. Altkastilien 132
9. Die weiten, trockenen Ebenen 149
10. Pilger über Pilger 166
11. Eine Stadt voller Freuden 179
12. Wilde Hunde und noch wildere Talfahrten 199
13. Land des Nebels und der Legenden 213
14. Santiago de Compostela 232

1

Der Weg

An einem der ersten Apriltage erreichten wir bei Einbruch der Dämmerung Vézelay. Die mächtige Kirche Sainte-Madeleine stand vor dem dunkler werdenden Himmel über der gewellten Ebene Burgunds wie eine Galeone unter vollen Segeln. Erbaut, um wie ein Magnet Menschen von weit her anzulocken, hatte sie auch nach achteinhalb Jahrhunderten nichts von ihrer Wirkung eingebüßt. Noch ehe wir an einen stärkenden Trunk oder einen Platz zum Schlafen dachten, stiegen wir, müde, wie wir waren, als erstes auf den Hügel. An diesem Abend reichte die Zeit gerade noch für einen kurzen Blick auf die erstaunliche Christusskulptur in der Vorhalle und in das riesige bogenüberwölbte Kirchenschiff, dann wurden die Portale für die Nacht geschlossen.

Wir fanden ein Zimmer bei den Nonnen des benachbarten Klosters am oberen Ende der steilen, schmalen Straße, die von der Kirche in den Ort hinabführt. Es ist nicht irgendeine Dorfstraße – es ist »der Weg«, denn jeder Quadratzentimeter hat hier eine Geschichte zu erzählen, um jeden Stein ranken sich Legenden. Die weitere Erkundung der Kirche verschoben wir nur zu gern auf den nächsten Morgen; nach dreizehn Stunden Fahrt von der Nachtfähre bis hierher wollten wir nur noch in das breite, durchgelegene Bett unter dem obligaten Kruzifix fallen. Um neun waren wir eingeschlafen.

Der alte, verbeulte 2CV – wegen seines schwierigen, aber liebenswerten Charakters, der knolligen Scheinwerfer und seines entfernt amphibischen Aussehens Rote Kröte genannt – stand vor der Basilika und sollte meinen Mann Peter am nächsten Tag nach England zurückbringen. Mein Fahrrad, von der Roten Kröte zum Ausgangspunkt der Reise transportiert, stand wohlverwahrt (wie wir fälschlich annahmen) im Vorraum des Klosters, bereit, in die entgegengesetzte Richtung aufzubrechen – südwärts, nach Santiago de Compostela.

Als Reisefanatikerin versetzt mich der Gedanke, wieder auf Fahrt zu gehen, zu jeder Zeit des Jahres in Hochstimmung. Doch wie Chaucer so treffend bemerkt, weckt kein anderer Monat die Wanderlust so sehr wie der englische April. Wenn sich das erste feine Grün an den winterlich schwarzen Zweigen zeigt, wenn in den Skeletten der Hecken die Knospen aufbrechen und aus dem nackten, kalten Boden winzige, zarte Triebe tapfer emporstreben, dann beginnt eine wundersame Metamorphose. Der Himmel, seit Monaten nur noch grau, ist plötzlich blau, die Luft köstlich weich wie seit langem nicht mehr und von berauschenden Düften erfüllt, die Erinnerungen an vergangene Freuden wecken. Die Erde entdeckt sich selbst neu, und es ist, als riefe sie auch das menschliche Herz auf, weit zu werden, sich wie sie zu entfalten. Bei so viel Frische und Erneuerung allenthalben hält man es im Haus kaum noch aus.

So laut ertönt der Sirenengesang des erwachenden Jahres, daß er selbst im Verkehrsgewühl einer Stadt wie London zu vernehmen ist – und glücklich der Mensch, der frei ist, ihm zu folgen. Doch Jahreszeiten und Wetter sind launisch in unseren nördlichen Breiten – selten zeigen sie sich so, wie man es erwartet –, und so erschienen die verlockenden Vorboten des Frühlings in diesem Jahr schon im März. Ich befestigte Jakobsmuscheln an meinen Satteltaschen und machte mich per Rad auf den Weg zum »Sternenfeld«.

Der Plan, auf der mittelalterlichen Pilgerroute zum Schrein des Apostels Jakobus zu fahren, entstand eher zufällig. Eines Tages kam mit der Morgenpost eine Karte, auf der eine alte Landkarte mit den vier wichtigsten Pilgerstraßen nach Santiago de Compostela abgebildet war. Ein Freund hatte sie mir geschickt, und wie ich später erfuhr, hatte er sie aufs Geratewohl ausgesucht. Der Zeitpunkt aber hätte nicht passender sein können. Eine Pilgerfahrt stand in vollkommenem Einklang mit dem keimenden Jahr, und da ich gerade wider Erwarten zwei Monate ohne Verpflichtungen vor mir hatte, war ich sofort Feuer und Flamme.

Die meisten meiner Reisen entspringen purem Zufall, einer plötzlichen Begeisterung, die sich zu einem konkreten Ziel auswächst. Seit einiger Zeit frage ich mich allerdings, ob meine Wanderungen nicht einem gewissen Muster folgen – oder zumindest, ob nicht jede von ihnen gerade zum richtigen Zeitpunkt erfolgt. Darüber sollte ich mir auf der Fahrt nach Compostela noch oft Gedanken machen.

Ich wußte über die Jakobspilgerschaft nur, daß Santiago in Galicien liegt, jener geheimnisvollen keltischen Region im Nordwesten Spaniens nahe dem Kap Finisterre – dem Ende der Welt –, die ich schon immer einmal hatte besuchen wollen. Als ich mir die Route im Atlas ansah, stellte ich fest, daß sie über sieben Bergketten führt, darunter die Pyrenäen – durch genau die Art von abwechslungsreichem, unebenem Gelände also, die ich am liebsten mag. Außerdem liegen zahlreiche historische, für ihre mittelalterlichen Schätze bekannte Städte am Weg. Die ganze Strecke schien von Klöstern, romanischen Kirchen und romantischen Ruinen förmlich übersät und versprach eine faszinierende, strapaziöse Fahrt, wenn auch von ganz anderer Art als meine sonstigen Abenteuer. Normalerweise meide ich ausgetretene Pfade; diesen aber waren Millionen von Pilgerfüßen gegangen, und er war selbst in unserer zunehmend materialistischen Welt nicht in Vergessenheit geraten. Daß ein so altehrwürdiger Weg noch heute benutzt wird, machte das Ganze für mich nur umso faszinierender. Eine Stunde, nachdem die Postkarte auf meiner Fußmatte gelandet war, hatte ich bereits beschlossen, mich der Herausforderung zu stellen, und begann sofort mit den Vorbereitungen.

Als erstes mußte ich mich entscheiden, an welchem der vier traditionellen Ausgangs- oder Sammelpunkte der Pilger ich meine Fahrt beginnen sollte. Paris, der nördlichste von ihnen, liegt günstig für Pilger, die aus England, Deutschland, den Niederlanden und Nordfrankreich anreisen, und wäre für mich mit Abstand der bequemste gewesen. Der dortige Sammelort aber, die Kirche Saint-Jacques-de-la-Boucherie, ist vor langer Zeit einer Straßenverbreiterung zum Opfer gefallen; nur der hohe, viereckige Turm steht noch. Außerdem führt die Strecke von Paris über Orléans, Tours, Poitiers und Bordeaux, alles Städte, die ich schon kannte. Mich zog es in unbekannte Gefilde.

Die südlichste Route, die sich für Reisende aus Italien und Südfrankreich anbietet, beginnt bei Arles und führt über Montpellier und Toulouse. Sie interessierte mich weit mehr, aber ich hatte die Gegend ebenfalls schon bereist und hätte bis zu meinem Startpunkt außerdem einige hundert Kilometer mehr zurücklegen müssen.

Le Puy, im westlichen Zentralmassiv gelegen, ist näher und kann die Ehre für sich in Anspruch nehmen, Ausgangspunkt der ersten schriftlich erfaßten Jakobspilgerfahrt im Jahr 951 zu sein, als der Bischof von Le Puy einen Teil seiner Gläubigen nach Compostela und wieder zurück führte. Fast hätte ich diese verlockende Route gewählt, da ich zudem noch in den Genuß der mittelalterlichen Orte Moissac und Conques gekommen wäre. Doch schließlich entschied ich mich für Vézelay, den Sammelort der Burgunder, hauptsächlich deshalb, weil ich schon immer einmal die berühmte Kirche Sainte-Madeleine hatte sehen wollen, die Kirche der »Männer des Weges«, eine Bezeichnung, die das Herz jedes Reisenden höher schlagen läßt. Auch versprach die südwestliche Route jene ländliche Idylle, die zu meiner Vorstellung von einer Pilgerfahrt gehörte: Sie überquert zahlreiche Nebenflüsse der Loire, führt durch die Täler am Nordwestrand des Zentralmassivs und berührt Städte wie La Charité-sur-Loire, Bourges, Périgueux, La Réole und Bazas, deren mittelalterliche Architektur und Geschichte der Strecke noch einen zusätzlichen Reiz verleihen.

Wenn ich am Fuß der Pyrenäen anlangte, würden sich drei der Pilgerstraßen vereinigen, die vierte von Arles her würde wenig später in Puente la Reina (Brücke der Königin) dazustoßen. Von dort bis zum Grab des heiligen Jakobus führen sie als ein einziger Weg westwärts durch die abwechslungsreiche Landschaft Nordspaniens, durch Dörfer und kleine Städte, die seit tausend und mehr Jahren mit dem Jakobskult in Verbindung stehen.

Sobald mein Ausgangspunkt feststand, ergab sich alles andere von selbst. Drei Wochen später, Anfang April – Chaucers Pilgerzeit –, wachte ich morgens in Vézelay auf. Dank seiner günstigen Lage in der Mitte Frankreichs, im fruchtbaren Burgund, war der Ort Zeuge wichtiger Ereignisse der europäischen Geschichte. Bernhard von Clairvaux rief hier zum zweiten Kreuzzug auf, an den Stufen zum Hochaltar der Sainte-Madeleine wachte Richard Löwenherz, bevor er mit seinem Heer ins Heilige Land zog, und vom zehnten Jahrhundert an sammelte sich in Vézelay ein endloser Strom von Pilgern zur langen Reise nach Santiago de Compostela, zu Sankt Jakobus vom Sternenfeld. In einer bewegenden Zeremonie wurden die kleinen Ledertaschen der Pilger, ihre Wanderstäbe, Kürbisflaschen und Muscheln – die Muschel ist das Symbol des heiligen Jakobus – gesegnet. Und nachdem sie die Beichte abgelegt und die Kommunion empfangen hatten, zogen sie den wetterfesten Umhang an, setzten den breitkrempigen Hut mit der traditionellen Pilgermuschel am vorn hochgeschlagenen Rand auf und schritten – zweifellos tief berührt von den Gebeten in ihrem *Pilgerführer* – entschlossen von dannen, den »Weg« zum fernen Compostela hinab, noch ohne Blasen oder Frostbeulen an den Füßen, begierig, die Strecke hinter sich zu bringen und sich damit einen Platz im Himmel zu verdienen.

Und mit ihnen zogen Gauner, Taschendiebe, Händler

mit falschen Reliquien und eine Schar fahrender Handwerker – Steinmetze, Zimmerleute und dergleichen –, die im mittelalterlichen Europa die Straßen bevölkerten, um sich auf die eine oder andere Weise ihren Lebensunterhalt zu verdienen. Der echte Pilger war auch an seinem Pilgerpaß zu erkennen, einer offiziellen Reiseerlaubnis, die ihm zugleich freie Unterkunft und Verpflegung in den Klöstern am Weg garantierte.

An Ostern, Pfingsten und zum Fest der heiligen Maria Magdalena versammeln sich in Vézelay noch heute riesige Menschenmengen. Jetzt aber, zwei Tage nach Ostern, war das Dorf leer, Frühstück war nirgends zu bekommen, und so mußten wir uns auf meinem kleinen Campingkocher etwas brutzeln. Danach gingen wir um die Kirche herum, in der Erwartung, sie zu dieser frühen Stunde noch verschlossen zu finden. Doch ein Seiteneingang war offen, und so konnten wir sie noch gemeinsam besichtigen, bevor Peter mit der Roten Kröte die lange, langsame Rückfahrt nach England antreten mußte.

Von außen ist die Sainte-Madeleine, wenn man von ihren Ausmaßen absieht, nicht übermäßig eindrucksvoll. Der Blick in das herrliche Innere aber war wie am Abend zuvor überwältigend. Die Kirche wurde auf dem Höhepunkt mittelalterlicher Baukunst errichtet, mit der unverhohlenen Absicht zu beeindrucken – was ihr auch voll und ganz gelingt. Nach acht Jahrhunderten und all den Zerstörungen durch die Religionskriege sucht sie noch heute ihresgleichen. Schon allein die herrlichen Bildhauerarbeiten wären eine weite Reise wert gewesen, ganz besonders das prachtvolle Tympanon über dem Hauptportal, das den auferstandenen Christus und die Ausgießung des Heiligen Geistes zeigt. Der Jesusfigur fehlt eine Hand, doch auch das schmälert die außerordentliche Unmittelbarkeit des Bildwerks nicht. Viele Fachleute halten es für das bewegendste, tiefgründigste Beispiel romanischer Bildhauerkunst im Burgund, und für mich ist es die ergreifendste Darstellung eines thronenden Christus, die ich je gesehen habe. Ungeachtet des triumphalen Themas begegnet uns hier ein ganz im Leiden der Welt verhafteter Jesus. Das wunderbar gemeißelte Gesicht drückt tiefen Schmerz aus, der schmale Körper und die überlangen, über die Jünger und damit gleichsam über die ganze Schöpfung ausgestreckten Arme lassen mit ihren ungeheuer spannungsreichen Linien mehr an die Kreuzigung als an die Freuden des Himmelreichs denken. Wie tragisch und absurd erscheint es da, daß christliche Ritter von einem solchen Portal fortritten und im Heiligen Land Ungläubige niedermetzelten – im Namen dieses so sanften, leidenden Christus.

Die mächtige Basilika von Vézelay ist zugleich auch Reliquienschrein, erbaut, um die Gebeine Maria Magdalenas aufzunehmen – jener Frau, die von der Frühkirche so ungerecht als »gefallen« abgestempelt wurde, aufgrund mehr als dürftiger Beweise im Neuen Testament. Natürlich wäre sie nicht halb so interessant, ihre sterbliche Überreste wären der Mutter Kirche nicht halb so teuer gewesen, hätte sie nicht als Ehebrecherin gegolten. Doch als vom Herrn höchstpersönlich errettete Sünderin war sie ein »Star«. In der Welt des Mittelalters war selbst ein Knochensplitter von den Rippen eines hochrangigen Heiligen unendlich viel mehr wert als sein Gewicht in Gold. Mit solchen Reliquien wurden Könige beschenkt. Der komplette Leichnam einer Mega-Heiligen wie Maria Magdalena war da natürlich von unschätzbarem Wert.

Viele Objekte mittelalterlicher Heiligenverehrung – so etwa Fläschchen mit der Muttermilch Mariens, dem Blut Christi oder Tränen von Märtyrern – waren eindeutig unecht, und die zahllosen Späne vom Kreuze Christi hätten gut und gern einen ganzen Wald bestückt. Dennoch wurden im Zusammenhang mit dem Aufbewahrungsort von Reliquien Ansprüche und Gegenansprüche erhoben, so daß der Gläubige ein und denselben Heiligen oft an vielen verschiedenen Orten anbeten konnte. Um in den Besitz eines wirklich bedeutenden Heiligen oder größerer Teile von ihm zu gelangen, begingen Kleriker wie Laien auch schandbare Diebstähle.

Daß die Reliquien der heiligen Maria Magdalena auf ganz legalem Wege nach Vézelay gelangt wären, kann man gewiß nicht behaupten. Doch der Mönch, den man nach Aix geschickt hatte, um sie zu holen, rechtfertigte die Entnahme der Gebeine aus ihrem Marmorsarkophag mit dem üblichen Heiligentraum. Jedermann wußte, daß die Reliquien eines Heiligen sich sowohl ihrer Entfernung zu widersetzen als auch ihre endgültige Ruhestätte zu bestimmen vermochten. Ihre Verwahrung wurde gewissermaßen zum Beweis rechtmäßigen Eigentums. Maria Magdalenas Gebeine hatten gegen ihre Überführung nach Vézelay offenbar nichts einzuwenden gehabt, wollten sich dann aber so lange nicht ins Kloster bringen lassen, bis der Abt und seine Mönche herausgekommen waren, um sie zu begrüßen und das Tedeum zu singen. Nachdem sie offiziell ihren Platz erhalten hatten, verspürten sie anscheinend kein Bedürfnis mehr, wieder zu entschwinden.

Für den Menschen des Mittelalters waren Reliquien nicht nur Gegenstände der Verehrung, sondern besaßen auch besondere Kräfte, insbesondere solche des Heilens und der Fürbitte, je nach dem Rang des Heiligen in der himmlischen Hierarchie. Heilkräfte waren natürlich ein besonderer Magnet in einer Welt, in der Krankheiten üppig gediehen, in der die gefürchtete Lepra und die Pest umgingen, ähnlich wie heute Aids und Krebs. Wie der moderne Mensch seine Hoffnung auf die Wissenschaft setzt, so hoffte der Mensch des Mittelalters auf Wunder – und wer wollte sich zu der Behauptung versteigen, das eine sei nicht mit dem anderen zu vergleichen? Heilige wurden oft mit der Behandlung bestimmter Leiden in Zusammenhang gebracht, so wie der Arzt von heute sich auf bestimmte Gebiete spezialisiert. Vézelay hatte einen glänzenden Einstand mit der Geschichte eines Blinden, der mit dem Ruf »Oh, hätte ich nur Augen, den Schrein der gebenedeiten Magdalena zu sehen!« an den Reliquienschrein trat und alsbald sein Augenlicht wiedererlangte.

Ebenso wichtig, wenn nicht noch wichtiger, war die Fürbitte der Heiligen. Da das Leben auf Erden so überaus unsicher und gewöhnlich auch um einiges kürzer und wesentlich härter war als in unseren Tagen, beschäftigte der Gedanke an das Jenseits die Menschen weit mehr als heute. Der Begriff der Sünde wurde sehr ernst genommen, denn die Hölle mit ihren furchtbaren Strafen war eine reale Bedrohung, und das Fegefeuer war nicht viel besser. Der blühenden Phantasie des Mittelalters entsprangen Legionen abscheulicher Kreaturen, die diese beiden Orte bevölkerten, und grauenvolle Qualen, die den Sünder dort erwarteten. Als ich die Horrorszenen sah, die an Wänden und Kapitellen im Innern der Sainte-Madeleine so reichlich dargestellt sind, wunderte es mich nicht, daß man die ewige Verdammnis tunlichst zu vermeiden suchte.

Heilige bewohnten nach damaliger Vorstellung zwei Orte, einmal natürlich ihren Schrein, zum anderen aber auch die himmlischen Gefilde, wo sie Gott zugunsten eines reuigen Sünders beeinflussen konnten wie wohlgelittene Höflinge ihren König. Und wer konnte sich besser für einen Sünder einsetzen als die Frau, die die Schwachheit der menschlichen Natur aus eigener Erfahrung kannte und den auferstandenen Herrn als eine der ersten gesehen hatte? Vielleicht verdankt das Bauwerk die warme, menschliche Atmosphäre, die trotz seiner gewaltigen Größe darin herrscht, den Gebeten der Pilger, die sich mit La Madeleine identifizierten. Dummerweise hat die Wissenschaft zweifelsfrei nachgewiesen, daß es sich bei den Gebeinen, die dort all die Jahrhunderte hindurch verehrt wurden, keineswegs um die der Maria Magdalena handelt.

Um die Plastiken, speziell die wunderbar lebendigen Kapitelle mit ihren mittelalterlichen Dämonen und Fegefeuerszenen, besser betrachten zu können, stiegen wir auf die Empore. Nachdem wir uns satt gesehen hatten, bemerkten wir eine kleine Tür, die in den Turm führte. Hier tat sich nach der Pracht des Kirchenraums eine ganz andere Welt auf. Das Skelett des Baus trat zutage, die massiven, rohen Balken, die die Wände zusammenhielten. Der Wind heulte durch die Maueröffnungen, während wir aufwärts stiegen, und bald lösten Holztritte, rutschig vom Taubenkot der Jahrhunderte, die Steinstufen ab. Je höher wir kamen, desto stärker schien das Gebäude im Wind zu schwanken, was die Vorstellung von einem Schiff auf den Wellen noch verstärkte. Die Aussicht war atemberaubend. Zusammen mit den Wasserspeiern blickten wir auf eine Landschaft hinab, die sich widerstrebend in den Frühling vorkämpfte: die nackte Erde der Felder, schwarze Bäume, die unter dem Anprall des Windes ihre winterlichen Zweige schüttelten. Das Jahr war hier noch längst nicht so weit fortgeschritten wie in Südengland, was einen rauhen Beginn meiner Fahrt verhieß.

Als wir nach diesem Abstecher wieder an der Tür anlangten, fanden wir sie verschlossen. Wir saßen in der Falle. Derjenige, der den Schlüssel umgedreht hatte, war längst über alle Berge, denn so heiser wir uns auch schrien – niemand kam. Die Kirchen auf dem europäischen Festland bleiben oft tage-, ja wochenlang zugesperrt, und mir schoß der Gedanke durch den Kopf, daß wir womöglich bis Pfingsten in diesem zugigen Turm bleiben und vermodern würden. Geduld war zwar eine Tugend, deren Pflege einem Pilger wohl anstand, wir aber bedurften sofortiger Rettung, wenn Peter mit der gemächlichen Kröte rechtzeitig auf die Fähre kommen wollte.

Wir untersuchten die Tür, und nachdem einige Versuche, sie aufzustoßen, uns davon überzeugt hatten, daß sie nicht nachgeben würde, überlegten wir, ob der Spalt zwischen ihrer Oberkante und der schräg abfallenden Decke nicht gerade breit genug für einen Menschen sei. Herausfinden konnten wir das nur durch Probieren, und da ich die Kleinere von uns beiden bin, war es sinnvoller, wenn ich den Versuch unternahm. Bevor meine Zweifel mich nervös machen konnten, kletterte ich auf einen schmalen Mauervorsprung und schob von dort aus Füße und Beine durch den Spalt. Mit Peters Hilfe gelang es mir dann, mich umzudrehen, so daß ich nach unten schaute. Ich stützte mich mit den Händen auf seinen Schultern ab und begann mich weiter durchzuschieben. Einen angstvollen Moment lang war mein Rücken gegen den Stein gepreßt, die Beine hingen ins Leere und die schmale Türkante schnitt mir schmerzhaft ins Sonnengeflecht, so daß ich kaum Luft bekam. Ich mußte entweder sofort den Rückzug antreten oder mich ganz aufs Vorwärtskommen konzentrieren. Gegen meine Platzangst ankämpfend, wand und schob ich mich weiter, bis ich plötzlich in Brusthöhe festsaß. Ich geriet in Panik, bekam jedoch nicht genug Luft, um schreien zu können. Da verformte sich mein gequetschter Brustkorb ganz allmählich, gerade so weit, daß Holz und Stein ihren Griff lockern konnten. In einem Rutsch, wie in der Endphase einer Geburt, glitt der Rest meines Körpers durch, und ich befand mich auf der anderen Seite der Tür, von wo ich auf den weiten Innenraum des Kirchenschiffs hinabblickte. Ein sonderbarer Auftakt zu einer Reise, dachte ich – wenn auch die Errettung aus Kerkerhaft und erst recht die symbolische Wiedergeburt vielleicht gar kein so unpassender Anfang für eine Pilgerfahrt waren.

Etwas später, nachdem ein Handwerker – er war mit dem Schlüssel in der Tasche frühstücken gegangen, ohne nachzusehen, ob noch jemand im Turm war – auch Peter befreit hatte, kam der Moment des Abschieds, und wir mußten in entgegengesetzte Richtungen aufbrechen. Da strammes Radeln ein hervorragendes Mittel gegen Abschiedsschmerz ist, ließ ich von meinem Vorhaben, mir La Madeleine noch einmal in Muße anzusehen, ab und machte mich schleunigst auf den »Weg«. Bald war ich damit beschäftigt, mit Hilfe der Karte eine Route über die Nebenstraßen Burgunds auszuarbeiten.

Der abrupte Abschied lag mir irgendwie quer. Ich hatte das unbestimmte Gefühl, daß etwas fehlte, daß mein Aufbruch von irgendeinem Ritual oder wenigstens einem Segen hätte begleitet sein müssen, damit ich wohlvorbereitet und im richtigen Geist von dannen zog. Vorfreude und Angst sind bei Antritt einer Reise stets zu etwa gleichen Teilen vorhanden, selbst bei harmlosen Kurztrips, und obwohl ich mir bisher über die spirituellen Dimensionen dieses speziellen Abenteuers noch nicht groß Gedanken gemacht hatte, war mir doch bewußt, daß es sich um keine normale Reise handelte, und ich fand, daß mein Start nicht angemessen verlaufen war. Da ich das aber im Moment nicht ändern konnte, ging ich in Gedanken noch einmal meine Ausrüstung durch und kontrollierte im Fahren mein Gepäck, Satteltasche für Satteltasche, um sicherzugehen, daß ich nichts vergessen hatte. Ich führte eine ziemlich schwere Last mit, denn um Geld zu sparen und weil ich gern im Freien schlafe, hatte ich vor, die meiste Zeit zu campen. Mein kleines Zelt, Schlafsack, Matratze, Kocher und Töpfe, kleine Kaffee- und Teekannen, Kerzen, Schnur und was man sonst noch alles für ein einfaches Camperleben braucht, lagen schwer in den beiden hinteren Satteltaschen; die beiden kleineren vorn enthielten zusätzliche Kleidung, Regensachen, Führer, Notizbuch und Schreibzeug, Lektüre zur Unterhaltung, Medikamente und ein winziges Radio. Papiere, Geld, Taschenmesser, ein Ultraschallgerät zur Abwehr angriffslustiger Hunde und alle sonstigen Wertsachen befanden sich in der Lenkertasche, die ich mühelos abnehmen konnte, wenn ich das Rad irgendwo abstellte. Das Werkzeug, das ebenfalls einiges wog, verwahrte ich separat, um die übrigen Sachen vor Schmutz und Öl zu schützen. Ich hatte vor kurzem eine überaus praktische kleine Tasche dafür geschenkt bekommen, die genau unter den Sattel paßte. Beim Gedanken an diese Tasche wurde mir klar, daß zu Beginn meiner Reise noch etwas Profaneres fehlte als das Gebet. Ich hielt an, um nachzusehen, und tatsächlich: Die Werkzeugtasche war weg. Heruntergefallen konnte sie nicht sein; jemand mußte sie gestohlen haben.

Im Vorraum des Klosters hatte am Abend zuvor noch ein anderes Rad neben meinem gestanden, das große, schlanke Rad einer großen, schlanken Französin, die gleichzeitig mit uns angekommen war. An ihrer Lenkertasche war eine Muschel befestigt und am Gepäckträger eine Plakette mit der Aufschrift »Chemin de Saint Jacques« – Jakobsweg. Doch obwohl sie offensichtlich zum selben Ziel unterwegs war wie ich oder von dort zurückkehrte, hatte sie unseren Gruß nur mit einem knappen Nicken erwidert. Am Morgen waren wir in aller Frühe aufgestanden, doch sie und ihr Rad waren schon weg – offensichtlich zusammen mit meiner Werkzeugtasche. Das Werkzeug eines Radfahrers ist etwas sehr Kostbares und Persönliches, in Jahren zusammengestellt, teils für bestimmte Zwecke eigens angefertigt. Ich hatte nicht einfach ein schönes Zubehörteil verloren, sondern einen altbewährten Freund. Wenn ich nicht schnell den nötigsten Ersatz besorgte, konnte ich nicht einmal einen Schlauch flicken. Doch so ärgerlich die Sache und so groß der Groll auch war, den ich gegen meine Mitpilgerin hegte (da sich außer den über jeden Verdacht erhabenen Nonnen niemand sonst in dem Kloster befunden hatte, konnte nur sie die Missetäterin sein), verlieh der Vorfall dem Tag doch einen mittelalterlichen Touch und stellte auf seine Art etwas von der Verbindung zur Vergangenheit her, die mir bis dahin gefehlt hatte. Wenn es auf der Straße nach Compostela noch heute Gauner gab, die die Pilger ausnahmen, wer oder was erwartete mich auf meiner Fahrt dann noch alles?

2

Pilger zu sein

Unerbittlicher Gegenwind – mit das Unangenehmste, was einem Radfahrer passieren kann – machte das Vorwärtskommen in den ersten Tagen schwierig. Kalt war es außerdem und alles in allem eher winterlich als frühlingshaft. Hohe Pappeln säumten die Landstraßen, und die riesigen dunkelgrünen Misteln in ihrem kahlen Gezweig gaben mir noch mehr das Gefühl, mich in eine frühere Jahreszeit verirrt zu haben. Links und rechts dehnten sich kahle Felder zu uralten grauen Häusern mit durchhängenden Dächern hin.

Im vergangenen halben Jahr hatte ich das Manuskript eines Buches fertiggestellt, und die langen Stunden am Schreibtisch hatten weder meinen Radfahrmuskeln noch meiner allgemeinen Fitneß gutgetan. Je älter ich werde, desto deutlicher merke ich, wie wichtig tägliches Training ist, doch sobald ich zu schreiben anfange, bin ich so davon in Anspruch genommen, daß einfach nicht genug Zeit bleibt, um auch nur das Nötigste zu erledigen, und meine guten Vorsätze sind vergessen. Jetzt bekam ich die Quittung dafür, und sogar auf Roberts, meinem erstklassigen neuen Rad mit seinen bequemen kleinen Gängen, fiel es mir schwer, die steilen Hügel zu erklimmen, so daß ich mich schon fragte, ob ich nicht allmählich über das Alter für solch schwere körperliche Anstrengungen hinaus sei. Zu allem Übel nieselte es auch immer wieder, so daß ich in Regensachen fahren mußte. Moderne Regenkleidung ist angeblich »atmungsaktiv« und schützt vor Überhitzung, aber ich habe noch keine gefunden, die diesem Anspruch auch wirklich gerecht wird. Entweder der Regen dringt nach ein, zwei Stunden allmählich durch, oder er dringt nicht durch, und dafür schwitzt man und wird durch das Kondenswasser genauso naß. Letzteres war bei mir der Fall.

Manchmal verließ meine Route die kleinen Landsträßchen und führte über größere Straßen. Dann donnerten *camions* dicht an mir vorüber, und die Luftwirbel warfen mich wie eine Feder hin und her, so daß ich oft um ein Haar mitsamt meinem Rad im Straßengraben gelandet wäre. Angesichts dieser mißlichen Umstände war es für mich eine willkommene Unterbrechung, in einer Stadt haltzumachen und neues Werkzeug zu besorgen. Seltsamerweise aber konnte ich in diesem Land, in dem das Fahrrad seit jeher einen Ehrenplatz einnimmt, kein einziges »richtiges« Fahrradgeschäft finden, nur moderne Motorradsalons mit einem Eckchen für das bescheidenere Gefährt. Alles in diesen Nobelläden war teuer verpackt, die Preise für ganz normale Schraubenschlüssel, Reifenheber, Inbusschlüssel und dergleichen erschütterten mich geradezu, und so erstand ich nur das Allernötigste. Nur gut, daß auch Flickzeug dabei war, denn am nächsten Tag hatte ich auf einer vielbefahrenen Straße mitten in der Pampa einen Platten.

Normalerweise flicke ich einen Schlauch nicht gerade bei Regen, sondern lege einen neuen ein und verschiebe die Reparatur auf den Abend, wenn ich die nötige Ruhe dazu habe. Meine beiden Ersatzschläuche aber lagen bei dem Werkzeug in der gestohlenen Tasche, und ich verspürte von neuem einen recht unchristlichen Anflug von Haß auf die Diebin. Das Loch war klein und ohne eine Schüssel Wasser, in der Luftblasen den Defekt anzeigen, schwer zu finden. Eine Pfütze kann den gleichen Zweck erfüllen, doch trotz des anhaltenden Nieselregens war ausgerechnet jetzt weit und breit keine brauchbare Pfütze zu sehen. Zum Glück befand sich in meiner Trinkflasche noch so viel Wasser, daß es in meinem kleinen Aluminiumkochtopf den Schlauch gerade bedeckte, und nach einer Weile hatte ich das Loch aufgespürt. Von da an war alles ganz leicht; das einzige Problem bestand darin, den Schlauch trocken zu halten, während ich den Flicken aufklebte. Wodurch das Loch entstanden war, konnte ich nicht herausfinden, und das machte mir Sorgen. Aus Erfahrung wußte ich, daß ein Dorn oder ein scharfkantiges Metallstück in der Innenseite des Mantels stecken konnte, so klein, daß es praktisch unsichtbar war, und wenn der Reifen wieder aufgepumpt wurde, konnte die versteckte Spitze neue Löcher bohren. Ein einziger Dorn hat mir einmal fünf Reifenpannen beschert, bis ich ihn mit Hilfe einer starken Lupe endlich fand. Diesmal jedoch gab es keinen Ärger mehr, und die Reifenpanne blieb die einzige auf meiner ganzen Fahrt.

Trotz dieser Widrigkeiten brachte jeder Tag auch sein Maß an Freude und Genuß. Es gibt immer gute Momente auf dem Rad – wenn der Anblick eines auf dem Wind dahingleitenden Turmfalken die Stimmung hebt, wenn die Wolken aufreißen und ein winterlicher Sonnenstrahl einen flüchtigen Blick auf vergessenen Glanz gewährt oder auch wenn ein Hase, bevor er das lautlos nahende Rad bemerkt, mit zuckenden Schnurrhaaren Männchen macht und über die Welt blickt. An Pilgerschaft dachte ich in diesem Stadium meiner Reise, wenn überhaupt, eher im Zusammenhang mit John Bunyans Christ und seinen Kämpfen als mit Chaucers fröhlicher Schar.

> »Was man ihm auch erzählt,
> nichts von dem Weg ihn hält,
> den er einmal erwählt:
> Pilger zu sein ...«

Was mich vorwärtstrieb, war gewöhnlich die Vorfreude auf die materiellen Annehmlichkeiten des Lebens – ein gutes Essen, ein Glas Wein, ein Kaminfeuer, ein heißes Bad, Schutz vor dem nicht nachlassenden Wind und Regen und das Ende des täglichen Kampfes nach schwer erarbeiteten Kilometern. War es dann endlich soweit, genoß ich diesen Luxus als wohlverdienten Lohn für überstandene Strapazen.

Camping war bei solchem Wetter keine sehr verlockende Perspektive, und ohnehin waren die offiziellen Campingplätze durchweg noch geschlossen. Da die Gegend auch nicht gerade dazu einlud, wild zu zelten, nahm ich in den ersten Tagen Quartier in preiswerten Hotels wie dem »Café de Paris«, einer Truckerherberge in La Charité-sur-Loire, wo Roberts einen gemütlichen abschließbaren Schuppen bekam, ich selbst ein blitzsauberes Zimmer mit Linoleumboden und drei kleinen weißen Betten, die wie in einem Internatsschlafsaal in einer Reihe standen, außerdem ein üppiges Abendessen und am nächsten Morgen Brötchen und Kaffee, und das alles für 150 Franc. Frauen bekomme sie in ihrem Etablissement höchst selten zu sehen, sagte mir die Madame, und offenbar bot ich ihr eine willkommene Abwechslung, denn ich mußte alle möglichen kleinen Extragerichte probieren, ihren *fromage blanc* zum Beispiel, mit Schalotten und schwarzem Pfeffer garniert, die Spezialität des Hauses.

Von La Charité selbst, einst eine bedeutende Station auf dem Weg nach Compostela, mit einem 1059 erbauten berühmten Kloster der Mönche von Cluny, sah ich nicht viel, nur die naßglänzenden, altehrwürdigen Straßen, durch die sich der moderne Verkehr wälzte, und die angeschwollenen Fluten der Loire, die unter den steinernen Bögen einer Brücke aus dem sechzehnten Jahrhundert hindurchströmte. Der Tourismus, das moderne Pendant zum Pilgertum, beschränkt sich hier auf mildere Jahreszeiten. Keine der Kirchen und historischen Stätten war geöffnet, und ich konnte nicht einmal der berühmten Statue des heiligen Jakobus in der Kirche Sainte-Croix-Notre-Dame einen Besuch abstatten.

Was meine Reise in diesem frühen Stadium davor bewahrte, zu einer x-beliebigen Radtour durch Frankreich zu werden, war die Notwendigkeit, meinen Pilgerpaß mit den Etappenstempeln versehen zu lassen. Ich hatte ihn bei der Jakobusbruderschaft in London bekommen, einer Gesellschaft zur Förderung der Pilgerwege nach Compostela, die einige Jahre zuvor gegründet worden war. Ähnliche überkonfessionelle Gesellschaften sind als Reaktion auf das plötzlich wiedererwachte Interesse an der Jakobspilgerfahrt in mehreren Ländern Europas entstanden. Im ausgehenden Mittelalter gab es besonders in Frankreich eine Fülle von Bruderschaften, die sich dem Jakobuskult widmeten und in die man im allgemeinen nur nach erfolgreich vollzogener Pilgerfahrt aufgenommen wurde. Die Mitglieder kamen regelmäßig zusammen, um gemeinsam zu beten, gute Werke zu tun und zukünftigen Pilgern mit Rat und Tat zur Seite zu stehen.

Für mich war die Mitgliedschaft in der Jakobusbruderschaft bei der Planung meiner Reise eine rein praktische Notwendigkeit gewesen, denn sie verschaffte mir Zugang zu einer kleinen, aber nützlichen Bibliothek, in der ich mich über die Route und den historischen Hintergrund der Pilgerfahrt informieren konnte. Außerdem bekam ich dort mehrere Führer, unter anderem das fünfte Buch des *Codex Calixtinus* in englischer Übersetzung, einen Pilgerführer aus dem zwölften Jahrhundert, der einem französischen Mönch namens Aimery Picaud aus Parthenay-le-Vieux im Poitou zugeschrieben wird. Das Werk war nicht gerade dazu angetan, dem Zaghaften Mut zu machen, denn Picaud fand Umstände und Menschen entlang der Strecke durchweg abscheulich, ja geradezu barbarisch, besonders im Vergleich zu seinem heimatlichen Poitou, für ihn in jenen unsicheren Zeiten eine Bastion der Zivilisation. Umso mutiger war es von ihm, daß er überhaupt von dort fortzog, auch wenn er es für sein Seelenheil tat. Südlich von Bordeaux, kurz vor den Pyrenäen, würde meine Route mit seiner zusammentreffen, und ich freute mich schon darauf, dann sein Buch zu Rate ziehen zu können.

Bei der Bruderschaft hatte ich auch eine Anstecknadel in Form einer silbernen Muschel für meine Baskenmütze und einen hellroten Pullover erworben, auf dem vorn eine kleine und hinten eine große Muschel prangte. Diese Symbole würden mein modernes Gegenstück zur Jakobspilger-Ausrüstung sein, denn Umhang, breitkrempiger

Hut und Pilgerstab waren für den Fußwanderer zwar malerisch und praktisch, auf dem Rad aber eher hinderlich. Die traditionelle Ausstattung des Jakobspilgers, einst aus der praktischen Notwendigkeit heraus entstanden, ihn vor Sonne, Wind und Regen zu schützen, wurde sehr bald zur festen Tracht, und das aus gutem Grund. Auf Anhieb als Pilger erkannt zu werden war von großem Vorteil zu einer Zeit, da die Straßen voll von Menschen auf Wanderschaft waren: Handwerkern auf Arbeitssuche, Leuten, die vor der Pest und anderen Krankheiten flohen, und solchen, die davon lebten, andere auszunehmen. Es gab im Mittelalter strenge Gesetze zum Schutz der Pilger: Einem Pilger Schaden zuzufügen oder ihn zu belästigen war ein schweres Vergehen. Pilger waren von Zöllen und örtlichen Steuern befreit, und da sie meist arm waren (Armut galt damals als christliche Tugend), hatten sie Anspruch auf kostenlose Unterkunft, Verpflegung und medizinische Versorgung in den Klöstern und Hospizen, die zu diesem Zweck entlang der Route errichtet worden waren.

Da es auf den Straßen des zwanzigsten Jahrhunderts nicht weniger mörderisch zugeht, erhoffte ich mir einigen Schutz von der großen Muschel auf dem Rücken meines Pullovers und erwartete insbesondere, daß die Lastwagenfahrer beim Überholen einen großen Bogen um mich machen würden. Doch da Wind und Regen mir bisher nicht erlaubt hatten, meine Überkleidung abzulegen, hatte ich noch nicht testen können, ob das Symbol der Pilgerfahrt auch heute noch seine Wirkung tat. Ich besaß übrigens auch eine echte Muschel, ein Geschenk meines Fischhändlers, die ich an meiner Lenkertasche angebracht hatte.

Weshalb die Muschel, seit alters her Symbol des Weiblichen, zum Zeichen des heiligen Jakobus und seiner Pilger wurde, erklärt eine kuriose Legende, von der es natürlich zahllose Varianten gibt. Die ganze Geschichte der Verbindung des heiligen Jakobus mit Spanien ist so von Phantasie bestimmt, daß man sehr viel über die Welt des mittelalterlichen Pilgers erfährt, wenn man sich mit ihr befaßt. Der Legende zufolge fiel das Los für Jakobus auf Spanien, als es darum ging, Jesu Gebot zu befolgen und das Evangelium zu verkünden. Es sieht fast so aus, als hätte er es dort nicht weit gebracht, denn nach vielen mühseligen Jahren hatte er ganze zwei Männer bekehrt. Nachdem er mit seinen beiden Jüngern nach Jerusalem zurückgekehrt war, schlug das Schicksal von neuem zu: Auf Befehl des Herodes Agrippa wurde Jakobus enthauptet und starb damit als erster Apostel den Märtyrertod. Seine getreuen Jünger wurden in einem Traum aufgefordert, seinen Leichnam und seinen Kopf an die Küste zu bringen, wo ein steinernes Boot auf sie warten würde. Ohne Ruder oder Segel fuhr es über das Mittelmeer, zwischen Skylla und Charybdis hindurch und immer weiter westwärts, bis es die Küste Spaniens und damit den Rand der damals bekannten Welt erreichte und an einem der langen Meeresarme Finisterres landete. Ein Pferd, das beim Anblick des Bootes scheute, galoppierte ins Meer und geriet mitsamt seinem Reiter unter Wasser. Als sie wieder auftauchten, waren beide mit großen Muscheln bedeckt und wurden damit zu Vorläufern all jener, die später zum Schrein des heiligen Jakobus pilgerten.

Eine profanere Erklärung für das Muschelsymbol besagt, daß die großen Muscheln für die Gegend typisch und damit ein hinreichend charakteristisches Symbol waren, ähnlich den Palmzweigen der Jerusalempilger. Doch anders als Palmzweige oder die gekreuzten Schlüssel der Rompilger hatten Muscheln den Vorteil, daß sie praktische Trinkgefäße abgaben, mit denen man Wasser aus Bächen und Flüssen schöpfen konnte – bis zu ihrer Verwendung als Aschenbecher sollten noch einige Jahrhunderte vergehen. Eines Abends kam mir nach dem Essen der Gedanke, daß das köstliche französische Gericht Coquilles St. Jacques eine typisch französische Art ist, dem heiligen Jakobus Ehre zu erweisen. Im Mittelalter zierte das Muschelmotiv entlang der ganzen Route Kirchen, Klöster, Brunnen, Wegkreuze, Reliquienschreine und vieles andere mehr. Muschelgeschmückte Sankt-Jakobus-Kapellen gab es selbst in so entlegenen Gegenden wie Polen und dem Norden Großbritanniens – ein Zeichen dafür, daß die Anziehungskraft des Pilgertums sehr weit reichte.

In dem Pilgerpaß, den die Bruderschaft ihren Mitgliedern ausstellt (als echter Pilger gilt nur, wer zu Fuß, per Fahrrad oder zu Pferde reist), sind Flächen für die Stempel mit dem Symbol bedeutender Kirchen entlang der Strecke vorgesehen. Hatte ich diese Stempel ordnungsgemäß gesammelt, konnte ich den Paß nach meiner Ankunft in Santiago im Pilgerbüro vorlegen, und wenn man dort befand, daß ich die Reise im richtigen Geist zurückgelegt hatte, bekam ich meine »Compostela«, die offizielle Urkunde der Jakobspilgerfahrt. Das war natürlich nicht der glanzvolle Lohn, für den meine mittelalterlichen Vorgänger ihr Leben aufs Spiel gesetzt hatten. Ihnen war schon bei jedem wichtigen Heiligtum am Weg einiges von der Zeit, die sie im Fegefeuer würden verbringen müssen, erlassen worden; bei der Ankunft in Santiago wurde dann ein Drittel all ihrer Sünden getilgt, und wenn die Pilgerfahrt in einem Jubel- oder Heiligen Jahr lag, einem Jahr also, in dem das Fest des Heiligen auf einen Sonntag fiel, erlangten sie vollständige Vergebung (vorausgesetzt, sie bereuten auch ordentlich). Aber auch etwas Greifbareres bekamen die Pilger des Mittelalters: eine Bestätigung über die ordnungsgemäß durchgeführte Pilgerfahrt. Da jedoch auf der Compostela der Name des Empfängers nicht vermerkt war, blühte ein schwunghafter Handel mit diesen Dokumenten auf.

Die Notwendigkeit, Beweise für mein Vorwärtskommen zu sammeln, bedeutete, daß ich an Türen klopfen und mich in der französischen Sprache versuchen mußte. Nachdem ich am zweiten Tag in Bourges durch die eiskalte, modrige gotische Kathedrale Saint-Etienne gewandert war und vergeblich nach einem Geistlichen mit einem Stempel gesucht hatte, wurde ich in das nahegelegene Pfarrhaus geschickt, ein vielleicht ebenso altes, aber wärmeres und ungleich heitereres Gebäude. In einem Raum, der als Filmkulisse für ein Historiendrama hätte dienen können, ohne daß man darin auch nur die geringste Kleinigkeit hätte verändern müssen, saßen drei Priester mit in den Kragen gesteckten Servietten an einem reich gedeckten Tisch. Sie standen auf, um mich zu begrüßen. »Eine Pilgerin aus England? Treten Sie ein, treten Sie ein. Katholisch? Na, macht nichts, Protestanten sind uns genauso willkommen.« Und trotz meiner Verlegenheit, weil ich sie beim Essen gestört hatte (ich vergesse immer wieder, wie spät in den ländlichen Gebieten Frankreichs zu Mittag gegessen wird) und meiner Fluchtversuche wurde ich gedrängt, Platz zu nehmen und doch wenigstens ein Glas Wein zu trinken, bevor meine Karte abgestempelt wurde. »Priez pour nous à Compostelle«, sagten die Priester, als ich nach einer halben Stunde wieder aufbrach, von ihrer Freundlichkeit ebenso erwärmt wie von dem schweren Wein der Gegend und der gehaltvollen Pastete.

Issoudun, Châteauroux, Neuvy-Saint-Sépulchre, Crozant, La Souterraine – langsam füllten sich die Seiten mit Stempeln, manchmal mit einem handschriftlichen Zusatz: »Bonne route«, »Bon voyage«, »Bon courage«, »Paix et joie« und das schöne »Priez pour nous«. Selten fand ich eine Kirche offen, und kein Pfarrer begegnete mir mehr mit solcher Gastfreundschaft wie die drei in Bourges, aber alle waren freundlich und wohlwollend, als sähen sie in meiner Reise ein gutes Werk und zudem eines, an dem sie Anteil hatten. Doch so angenehm es ist, wenn man auf Zustimmung stößt, verursachte mir die Achtung, die man mir entgegenbrachte, doch auch ein leises Unbehagen. Es kam mir vor, als segelte ich, ohne es zu wollen, unter falscher Flagge. Ich bezeichne mich zwar im weitesten Sinne als Christin – in streng orthodoxen Zeiten wäre ich meiner ketzerischen Ansichten wegen mit Sicherheit exkommuniziert oder verbrannt worden, in unserer flexibleren Epoche aber hatte ich immerhin so viele Glaubenskrümel zusammengekratzt, daß es für die Konfirmation gereicht hatte –, sah mich aber keineswegs als Büßerin, die um ihres Seelenheils willen auf Pilgerfahrt geht. Ich unternahm diese Reise aus den gleichen Motiven wie meine anderen Reisen auch, nämlich aus Forscherdrang und Interesse. Ich bin einfach gern unterwegs, und obwohl für mich jede Reise eine Art Pilgerfahrt ist, weil sie Zeit und Raum zum Nachdenken, zu einer neuen Sicht auf das Leben bietet, erwartete ich mir von dieser nicht irgendeinen besonderen Lohn oder eine spirituelle Erhebung. Da die meisten von uns längst nicht mehr an Reliquien und päpstlichen Ablaß glauben, war die Strecke, die ich entlangfuhr, für mich nicht heiliger als jede andere auch. Mir kam es auf das Reisen selbst an. Doch da mein Unternehmen – speziell bei den Pfarrern – auf solchen Beifall stieß, begann ich eingehender über die Motive nachzudenken, die mich nach Santiago führten.

Am Nachmittag des vierten Tages beschloß ich, nun doch endlich den Versuch zu wagen und zu campen. Hotels, selbst billige, gingen zu sehr ins Geld, und ich sehnte mich nach der friedlichen Stille meines Zeltes. Den ganzen Tag hatte ich mich durch eine steppenartige Landschaft mit Massentierhaltungsbetrieben gekämpft, eine gesichtslose Gegend, wenn man von einzelnen zerrupften Schlehdornstrünken absah, die nicht nur überlebt, sondern auch tapfer ein paar weiße Blüten hervorgebracht hatten. Es gab nichts, was die Kraft des Windes hätte brechen können, und schon gegen Mittag war das Treten in die Pedale nur noch eine Quälerei. Ich fühlte mich schon fast wie eine der armen Seelen, die zur Buße für ihre Sünden nach Santiago geschickt wurden und deren Ketten im Verein mit ihrer verzweifelten Verfassung den anderen Pilgern zur Abschreckung dienen sollten – da nahte Erlösung in Form eines Gasthauses.

Gestärkt durch ein Bœuf bourguignon und eine Karaffe Burgunder, fühlte ich mich für weitere fünfundzwanzig Kilometer bis Neuvy-Saint-Sépulchre gewappnet. Über mir türmten sich dunkle Wolken wie in Schlachtordnung für einen Kampf antiker Götter. Die Gegend war jetzt wieder recht ländlich, mit steil ansteigenden Feldern, mit Schafen und Kühen, wohlumfriedet von dichten Hecken.

Ein lärmender Hagelschauer endete ebenso plötzlich, wie er begonnen hatte, und hinterließ weite Flächen leuchtendblauen Himmels. Die Wolkenmassen galoppierten darüber hin und jagten ihre riesigen Schatten auf dem hügeligen Land vor sich her, was wunderbare Beleuchtungseffekte für die Ruinen eines Turms und einer Kirche ergab, die jetzt auf einem kleinen Hügel ins Blickfeld rückten, die einstige Festung der Herzöge von Cluis Dessous. Als ich über die grasbewachsenen Trümmer der Ringmauer ging, legte sich der Wind, und die Sonne wurde heiß. Der Blick über die weite Landschaft war so schön, daß ich auf der Stelle mein Zelt aufgeschlagen und mich hier niedergelassen hätte, wäre nicht ein alter Mann, offenbar der Besitzer des Geländes, herangekommen, um mit mir zu plaudern und mir zu sagen, daß ich nach Cluis weiterfahren und auf der *Mairie* – dem Rathaus – nach einem Zeltplatz fragen solle.

Meine Begeisterung über die Rückkehr des Frühlings trug mich noch die wenigen Kilometer weiter bis nach Cluis, einem verschlafenen kleinen Dorf mit einer nagelneuen *Mairie* und Plänen für einen Campingplatz, mit dem man den Tourismus anzukurbeln gedachte. In ein oder zwei Jahren sei er fertig, beschieden mich die beiden zuständigen Damen, nachdem sie sich von dem Kicheranfall erholt hatten, den mein Mißbrauch ihrer Sprache hervorgerufen hatte. Die Geläufigkeit meines Französisch ist zwar seit meiner mehrmonatigen Reise durch das ehemalige Französisch-Westafrika deutlich gestiegen, doch da die Kolonialvariante ihrer Sprache für französische Ohren ziemlich barbarisch klingt, sorgten meine Versuche für einige Belustigung. Glücklicherweise kam mir ein pensionierter Lehrer namens Robert Rigaud, der ebenfalls auf der *Mairie* zu tun hatte, mit beeindruckenden Englischkenntnissen zu Hilfe. Als er begriffen hatte, daß ich einen Platz suchte, wo ich mein Zelt aufschlagen konnte, lud er mich ein, mit ihm zu kommen und zu sehen, ob sich sein Garten dafür eigne. Stunden später, nachdem ich mit Robert und seiner Frau Jeanne literweise Tee getrunken und über England geplaudert hatte, wo sie alle ihre Urlaube verbrachten, war vom Schlafen im Zelt keine Rede mehr. Die Rigauds hatten Platz in Hülle und Fülle, und letztlich war trotz des Komforts, mit dem sie mich umgaben, das Übernachten in ihrem Haus dem Zelten gar nicht so unähnlich. Robert richtete das Haus seit über zehn Jahren für ihren Ruhestand her, wie er mir erzählte, größtenteils eigenhändig und äußerst gediegen; doch da so viele andere Aktivitäten ihn in Anspruch nahmen, öffentliche wie private, würde es wohl nie ganz fertig werden. Nach seiner Pensionierung hatte ihn außerdem eine alles beherrschende Leidenschaft gepackt, die ihm für anderes keine Zeit mehr zu lassen drohte: der Garten um das Haus, den er aus einem wild wachsenden Stück Land angelegt und bereits so dicht mit Bäumen, Sträuchern und Gemüse bepflanzt hatte, daß vermutlich nicht einmal mehr mein kleines Zelt darin Platz gefunden hätte. Doch trotz seines unfertigen Zustandes herrschte in dem Haus eine so friedvolle Atmosphäre, daß ich so tief schlief wie seit langem nicht mehr.

Ich verließ die freundlichen Rigauds bei herrlich sonnigem Wetter, so daß ich zu hoffen wagte, der Frühling sei nun endgültig gekommen, und fuhr weiter durch die reizvollen, von tiefen Flußtälern durchschnittenen westlichen Ausläufer des Zentralmassivs. Ausnahmsweise einmal ging fast kein Wind, und in der Stille hörte ich zum ersten Mal in diesem Jahr einen Kuckuck rufen. Zu Mittag aß ich Brot und Käse *sur l'herbe* auf einem hohen Hügelkamm und beobachtete die ruhigen Flugkunststücke eines Bussardpaares, während ich einen zweiten Topf Kaffee kochte – den ersten hatte ich in meiner Versunkenheit beim Anblick dieser wunderbaren Luftkünstler umgestoßen. Das alles war mehr, als ich mir von der Reise erwartet hatte – angenehmes Fahren durch eine idyllische Frühlingslandschaft. Und so ging es noch einige Tage weiter, Tage, die erfüllt waren von mildem Sonnenschein, dem frischen Duft sprießender Pflanzen und den Rufen von Kuckuck und Specht, Falke und Bussard.

Die Übernachtungen dagegen waren manchmal nicht ganz so idyllisch. Da Campingplätze dünn gesät waren, mußte ich an Stellen nächtigen, die ich mir normalerweise nicht ausgesucht hätte. Einmal schlug ich auf Empfehlung eines Einheimischen mein Zelt an einem Bach außerhalb eines Dorfes auf und wurde dort von einem dem Trunk ergebenen älteren Mann belagert, der sich offenbar in dem Glauben wiegte, bei entsprechender Hartnäckigkeit seinerseits würde ich irgendwann seinem französischen Charme erliegen. Auch noch nachdem ich ihn erfolgreich abgewiesen hatte, hielt er sich weiter in nächster Nähe auf, und immer wenn ich von meinem Buch aufsah, zeigte seine große violette Nase in meine Richtung, und seine blutunterlaufenen Augen blickten mich mit dem vorwurfsvollen Ausdruck eines davongejagten Hundes an. Bei Einbruch der Dämmerung trollte er sich schließlich in die Dorfkneipe und war vermutlich bald *hors de combat*, außer Gefecht, denn er ward nicht mehr gesehen.

In Périgueux zeltete ich am Isle, einem schönen wilden, über Wasserfälle und Wehre schäumenden Fluß, an dessen nördlichem Ufer sich die Stadt erhebt. Hier sollte ich dem Pilgerführer von Aimery Picaud zufolge die Reliquien des heiligen Frontus verehren, eines überaus gottesfürchtigen, von Petrus persönlich geweihten Bischofs, der zahlreiche Wunder gewirkt haben soll. Aber wahrscheinlich war die Kirche wie die meisten anderen ohnehin geschlossen, und über der Suche nach einer anständigen Mahlzeit vergaß ich den heiligen Frontus schließlich ganz. In dieser Phase meiner Reise, nach so viel frischer Luft und körperlicher Betätigung, war mein Appetit gewaltig gestiegen, doch an Restaurants schien in Périgueux nicht gerade ein Überangebot zu herrschen. Nach einiger Zeit fand ich ein altes Hotel von dunkelbrauner Farbe und einer Atmosphäre fast wie auf Draculas Schloß. Ich war der einzige Gast in dem höhlenartigen, schwach erleuchteten Speiseraum. Nahe dem Eingang thronte eine vollbusige Madame mit messingfarbenem Haar an einem erhöhten Kassenpult aus Mahagoni und wachte über den schaurigen Ober, der mir, gekrümmt wie eine Haarnadel, Gang auf Gang brachte. Ab und zu streckte ein besorgt wirkender Koch den Kopf um die Ecke und machte den beiden anderen hektische Zeichen, die sie jedoch ignorierten. Er sollte in seiner Küche auf mein Rad aufpassen, da Madame der Meinung war, in Périgueux könne man nicht einmal ein abgeschlossenes Fahrrad draußen stehenlassen. Ich kann nicht behaupten, daß das Essen gastronomisch besonders beeindruckend gewesen wäre, aber es war ganz passabel und vor allem von hohem Unterhaltungswert – für alle Beteiligten. Denn als ich in die Küche ging, um *Robert* zu holen, wie mein Rad in Frankreich nach dem Herstellernamen auf dem Rahmen oft genannt wurde – die zweite Silbe wurde dabei zärtlich in die Länge gezogen, so daß der Name viel schöner klang als das profane englische Roberts –, amüsierten sich der Koch und sein hünenhafter, ziemlich wild aussehender Gehilfe königlich damit, auf *Robert* in der Küche herumzufahren.

Der Rückweg am Fluß entlang war wunderschön. Ein leichter Nebel stieg vom Wasser auf, und im weichen Mondlicht wirkte alles so altertümlich und romantisch – ganz anders als an dem rauhen Abend zuvor, den ich auf einem Gemeinde-Campingplatz zwischen Saint-Leónard-de-Noblat und Limoges verbracht hatte. Die Reliquien Leonhards waren laut Aimery Picaud von allerhöchstem Interesse, aber mir war auch dieser Heilige und damit der Sündenablaß entgangen, den ich durch einen Besuch bei ihm hätte erlangen können – hauptsächlich deshalb, weil Picaud bei seiner Beschreibung diverser Orte, die Anspruch auf den Besitz des heiligen Leonhard erheben, so in Glut gerät, daß ich bald nicht mehr wußte, wo ich denn nun diesen Schutzpatron der Gefangenen anbeten sollte, dessen Schrein so stimmungsvoll mit dankbar herbeigebrachten Ketten befreiter Gefangener behängt sein soll. Zudem war die Strecke von Vézelay aus schwer zu finden; es gab so viele Varianten, daß ich zwar vielleicht in die richtige Richtung gefahren wäre, den heiligen Leonhard aber dennoch verpaßt hätte.

Der Campingplatz war nicht viel mehr als eine kahle Fläche auf einem Hügel neben einem holprigen, abschüssigen Fußballplatz, von Zigeunern heimgesucht, die in Frankreich offenbar zahlreicher als in England und zu einem beträchtlichen Problem geworden sind. Die Gemeinden versuchen sie von den offiziellen Campingplätzen fernzuhalten, weil sie negative Auswirkungen auf den Tourismus befürchten. Nachdem ich mit einigen von ihnen in Kontakt gekommen war, konnte ich das in gewisser Weise verstehen, auch wenn die Frage angemessener Einrichtungen für diese Menschen bislang ungelöst ist. In die zivilisierte französische Campingszene paßten sie jedenfalls nicht. Freilaufende Jagdhunde und wild entschlossene Kinder, die mit aufheulenden Motoren auf ihren Miniatur-Motorrädern den Platz durchpflügten, machten jeden Frieden zunichte. Die Frauen hatten den Sanitärbereich mit Beschlag belegt und wuschen dort ihre Wäscheberge, während ihre finster dreinblickenden Männer abwechselnd vor meinem Zelt patrouillierten und mich jedesmal, wenn sie an mir vorbeikamen, herausfordernd anstarrten. Mein Zelt ist so klein und flexibel, daß ich es praktisch überall aufstellen kann, und ich hatte mir einen Platz unter den Bäumen am Rand des Geländes ausgesucht, so weit wie möglich von dem lärmenden Getriebe entfernt; die Männer mußten also einen ziemlichen Umweg machen, um so nahe an mir vorbeizugehen. Wahrscheinlich entsprang ihr Verhalten nur der ungezielten Feindseligkeit einer Minderheit, deren Lebensform ständig auf Widerstand stößt, und war daher nicht weiter bedrohlich, aber es machte mich nervös, und ich hatte das Gefühl, Zelt und Fahrrad nicht unbeaufsichtigt lassen zu können.

In der Nacht wurde es sehr kalt, doch ich brachte nicht die Energie auf, herauszukriechen und mich wärmer anzuziehen, sondern vergrub mich noch tiefer in meinem Schlafsack und wärmte mich mit meinem eigenen Atem. Trotz der Zigeuner schlief ich recht gut, denn bevor ich mich hinlegte, hatte ich die Bekanntschaft eines deutschen Ehepaares gemacht – Ilse und Dirk –, das ebenfalls auf dem Platz übernachtete und seinen Wohnwagen nicht weit von mir geparkt hatte, so daß ich mich nicht mehr so allein unter Fremden fühlte. Ich hatte sie auf dem Weg zu den Duschen kennengelernt, wir hatten die üblichen Artigkeiten ausgetauscht und uns über das Wetter und den Mangel an Campingplätzen unterhalten. Später hatten sie mich zum Kaffee in ihren gepflegten Wohnwagen eingeladen und mich dann gedrängt, auch noch zum Abendessen zu bleiben.

Dirk hatte ganz offensichtlich große gesundheitliche Probleme. Er wirkte schwach und krank, und ich muß irgend etwas gesagt oder gefragt haben, was den beiden Vertrauen einflößte, sonst wären wir nicht über unverfängliche Gesprächsthemen hinausgelangt. Sie wirkten zunächst sehr zurückhaltend, doch nachdem sie einmal angefangen hatten, überwand die Erleichterung darüber, offen reden zu können – zumal mit einer Fremden –, alle Hemmungen, und sie erzählten mir, daß Dirk an einer besonders schlimmen Form von Osteoporose litt und nicht mehr lange zu leben hatte. Die Krankheit, sagte er, sei durch Medikamente gegen ein ganz anderes, weit harmloseres Leiden hervorgerufen worden. Seit etwa einem Jahr kämpfte er dagegen an, und sein Körper war in dieser Zeit dramatisch geschrumpft. Er war entschlossen, die Zeit, die ihm noch blieb, nach Kräften zu nutzen, und deshalb machten er und Ilse diese Fahrt durch die ländlichen Gebiete Frankreichs, die sie schon immer geliebt hatten. Sie sehnten wärmeres Wetter herbei, denn längere Strecken zu fahren oder sich überhaupt viel zu bewegen war für Dirk bereits sehr ermüdend. Ihr wendigeres Wohnmobil hatten sie gegen einen Wohnanhänger eintauschen müssen, der Dirk mehr Bequemlichkeit bot. Er war sichtlich nicht der Mann, der irgendwelche Aktivitäten kampflos aufgab, und Ilse mußte tatenlos zusehen, bis er ihr erlaubte, ihm zu helfen. Vermutlich war das Martyrium, das sie durchmachten, für sie noch weit schmerzvoller als für ihn.

Ich erfuhr, daß er finanziell überaus erfolgreich war und eine internationale Computerfirma besaß, die er zusammen mit seinem Sohn leitete. Doch durch seine Krankheit hatten sich seine Sichtweisen und Prioritäten geändert. Jetzt wünschte er sich, sein Sohn würde, solange er noch jung war, etwas mehr leben und etwas weniger an Geld und Verantwortung denken. Ich fragte ihn scherzhaft, ob er lieber einen Sohn wie meinen hätte, der ungefähr im gleichen Alter, aber ein eingefleischter Weltenbummler ist, ein junger Mann, der als Einhandsegler die Meere befährt, nichts besitzt als sein kleines Boot, auf dem er wohnt, und nur arbeitet, wenn sein Bankkonto wieder aufgefüllt werden muß. Ich hatte erwartet, daß Dirk in dasselbe Horn stoßen und etwas wie »eine Mischung aus beidem, das wäre vielleicht das Richtige« sagen würde. Statt dessen aber meinte er ganz ernst, ich solle mich glücklich schätzen, ein solches Kind großgezogen zu haben – worauf ich zugeben mußte, daß ich nicht viel an dem Leben, das mein Sohn führte, auszusetzen hatte, egal wie die Welt darüber dachte. »Wie auch?« lachte Ilse. »Bei dem Beispiel, das ihm seine Mutter gibt!« Und plötzlich mußten wir alle drei lachen, froh und dankbar, und wollten gar nicht wieder aufhören, weil es nach unserem ernsten, düsteren Gespräch über den Tod so wunderbar erfrischend war. Sie hatten mich deshalb hereingebeten, vertraute Ilse mir beim Abschied an, weil ich mit meinem Fahrrad und meinem kleinen Zelt für Dirk einen Freiheitsdrang verkörperte, der ihm manchmal einen schmerzhaften Stich versetzte, wenn er an die langen Sommer seiner Jugend zurückdachte, als er durch Deutschland gezogen war und das ganze Leben noch vor sich gehabt hatte.

Ich fragte sie, wohin sie als nächstes fahren wollten, aber sie wußten es noch nicht; sie wollten einfach noch möglichst lange unterwegs sein. Sie hatten einen Punkt erreicht, an dem sie nichts mehr, nicht einmal den nächsten Tag, mit einiger Sicherheit planen konnten. Sie mußten ganz im Augenblick leben, was ja, wie ich mich plötzlich erinnerte, für viele Glaubensrichtungen die einzig angemessene Art zu leben ist. Ilse und Dirk hatten sich nicht etwa zu irgendeiner Religion bekannt; sie waren einfach nur auf Reisen, so wie ich auch. Unsere Wege hatten sich gekreuzt, wir hatten einander unsere Geschichte erzählt und würden uns nun wieder trennen. Als ich am nächsten Morgen nach einem Frühstück aus Kaffee und einer etwas verschrumpelten Orange – mehr hatte ich nicht mehr – aufbrach, waren die Rollos an ihrem Wohnwagen noch heruntergelassen, alles war still, und so konnten wir uns nicht mehr verabschieden. Aber ich dachte in den folgenden Tagen noch oft an sie und setzte sie, ohne daß sie mich darum gebeten hätten, auf die immer länger werdende Liste jener, für die ich in Compostela beten wollte.

3

Sanfter Süden

Die idyllische Landschaft des Bergerac machte mir wieder einmal bewußt, was für ein Glück es war, daß ich das Fahrrad als Transportmittel für Fernreisen entdeckt hatte. Bei einer Geschwindigkeit von fünfzehn Stundenkilometern konnte man den Anblick der engen Täler mit ihren schmalen, gewundenen Straßen und den von bescheidenen Schlössern gekrönten Weinbergen in vollen Zügen genießen; vom Auto aus wäre das bei den vielen Kurven gar nicht möglich gewesen, dazu war das alles außerdem auch viel zu klein. Die ganze Gegend war eine kleine Welt für sich, die man von einer richtigen Straße aus gar nicht wahrgenommen hätte. So aber trat ich im hellen Sonnenschein mit nicht zu viel und nicht zu wenig Anstrengung in die Pedale, kein motorisierter Verkehr verdrängte die ländlichen Düfte oder übertönte das Vogelgezwitscher, und ich fühlte mich im Frieden mit mir selbst und mit der Welt um mich herum, was ich in der Hektik des modernen Lebens nur selten schaffe.

Nach einer Weile gelangte ich über baumbeschattete Wege nach La Réole und ans Ufer der Garonne. La Réole ist ein bezauberndes Städtchen, ein wenig lärmend und heruntergekommen am einen Ende, am anderen aber mit ganzen Straßenzügen gut erhaltener mittelalterlicher

Häuser. Das *Hôtel de Ville* – das Rathaus – im Zentrum des alten Teils, einst eine große, prunkvolle Benediktinerabtei, verleiht dem verschlafenen Ort einen etwas deplaziert wirkenden Pomp, mit dem es an seine ruhmreiche Vergangenheit zu erinnern scheint, als die englischen Könige dank Heirat und Erbschaft in Frankreich praktisch ebensoviel Land besaßen wie die französische Krone selbst. Damals stand die Stadt im Brennpunkt des Geschehens und gewährte Richard Löwenherz ebenso Gastfreundschaft wie Eduard, dem Schwarzen Prinzen.

Sie gewährte auch mir Gastfreundschaft, auf einem kleinen grasbewachsenen *campement* am Ufer der breiten, braunen Garonne, das in der Spätnachmittagssonne auf eine müde Reisende wie mich besonders einladend wirkte. Der Platz war zwar offiziell geschlossen, doch die Frau am Empfang meinte, bei nur einer Übernachtung könne sie ein Auge zudrücken, ich dürfe mich nur nicht sehen lassen. Wie ich das anstellen sollte, war mir nicht ganz klar, denn der Platz lag voll im Blickfeld der Stadt, und sein Uferstreifen war für jedermann zugänglich, einschließlich eines halben Dutzends geduldiger Angler, die zum Inventar zu gehören schienen. Und da ich in dem noch nicht ganz fertiggestellten Sanitärbereich warmes Wasser vorfand, konnte ich der Versuchung nicht widerstehen, meine verschwitzten Kleider zu waschen, die ich dann zum Trocknen über die Zeltleinen hängen mußte, so daß mein sonst so unauffälliges, kleines grünes Zelt erst richtig ins Auge fiel.

Als Kompromiß verließ ich den Schauplatz. Mit einem Gefühl der Rechtschaffenheit, das die Erledigung selbst solch geringer und prosaischer Pflichten hervorruft, überließ ich den Platz den Anglern und ging über die Hängebrücke in die Stadt, um mir einen Stempel für meinen Pilgerpaß und ein Abendessen zu besorgen. Beides erwies sich als gar nicht so einfach. Ich hatte seit Tagen keine geöffnete Kirche mehr gefunden und fragte mich schon, ob Frankreich dem Christentum insgesamt den Rücken gekehrt hatte. Der rundliche *curé*, den ich schließlich aufstöberte, war alles andere als entgegenkommend und schloß nur unter Murren die eindrucksvolle Benediktinerkirche auf, damit ich einen raschen Blick hineinwerfen konnte, während er seinen Stempel suchte. Nachdem er ihn gefunden hatte, drückte er ihn mit solch überheblicher Nachlässigkeit auf meine Karte, daß die blaue Figur mit dem Heiligenschein völlig verwischte und der Name La Réole von Hand eingetragen werden mußte. Ein freundliches »Bon voyage« oder »Priez pour nous« blieb aus.

Das einzige, was ich zu essen bekam, war eine Pizza, die keineswegs billiger war als ein typisches Gericht der französischen Provinz, dafür aber wesentlich unbefriedigender. Es erschien mir seltsam, daß in einem gastronomisch so begnadeten Land wie Frankreich ein Schnellimbiß florieren konnte, doch da alle Tische besetzt waren, befand ich mich mit meinen Vorlieben ganz offenkundig in der Minderheit.

Als ich so dasaß und meinen Kaffee trank (wenigstens er war typisch französisch), kam mir der Gedanke, daß ich für jemanden, der sich auf Pilgerfahrt befindet, vielleicht allzuviel an Nahrung und Bequemlichkeit dachte. Lag das daran, so fragte ich mich, daß die vielen verschlossenen Kirchen meiner Fahrt einen anderen Schwerpunkt verliehen? In früheren Zeiten war es zweifellos leichter gewesen, sich auf spirituelle Dinge zu konzentrieren: Man ging täglich zur Messe, man konnte einen der Klostergottesdienste oder alle sechs besuchen und war ständig mit anderen Pilgern zusammen. Und da die Gottesdienste in der gesamten westlichen Christenheit auf lateinisch abgehalten wurden, hatte man zwischen all den fremden Sprachen und den seltsamen Sitten und Gebräuchen, mit denen man unterwegs in Berührung kam, immer einen vertrauten Bezugspunkt.

Nun sind aber Religion und Spiritualität nicht unbedingt dasselbe. Vielleicht führte das Übermaß an religiöser Betätigung zu einer Art Erschöpfung oder geistiger Trägheit, die im Verein mit dem Ablaßhandel und anderen korrupten Machenschaften der katholischen Kirche schließlich »Protest« hervorrief und den Protestantismus begründete. Doch so notwendig es auch war, solch skandalösen Praktiken ein Ende zu setzen und in der Kirche wieder einen weniger weltlichen Geist einkehren zu lassen, die protestantische Abspaltung hatte wiederum den Nachteil, daß der Protest weiterging und immer mehr Kirchen und Sekten entstanden, in Amerika bis auf den heutigen Tag. Die eine und unteilbare Kirche mag heute zwar noch ein religiöses Konzept sein, eine greifbare Realität aber, wie für den Pilger von einst, ist sie nicht mehr.

Während es für den Pilger des Mittelalters nur einen einzigen unwandelbaren Glauben gab, in dem er sich geborgen fühlen konnte, weiß der moderne Pilger um ein halbes Dutzend Weltreligionen und auch um ihre zahllosen Bedeutungsnuancen und Interpretationsprobleme. Klöster hatte es auf meiner Fahrt bisher nicht gegeben, und die einzige Kirche, die ich in den letzten Tagen betreten hatte, war – wenn man von dem kurzen Blick in das riesige gewölbte Kirchenschiff in La Réole absah – eine kleine Kapelle fern jeder Ortschaft: ein einsames, vernachlässigtes kleines Gebäude, dessen wie ein Mörser geformte Vorderfront passenderweise mit Muscheln verziert war. Weit mehr als das Symbol des heiligen Jakobus aber faszinierte mich der filigrane Spinnwebenvorhang hinter dem Altar. Vom goldenen Sonnenschein erleuchtet, der durch die kleinen Spitzbogenfenster fiel, ließ er die Natur unendlich reizvoller erscheinen als den modrigen Stein. War es möglich, daß ich durch diese Pilgerfahrt zur Heidin wurde, zur Anhängerin bloßer Naturverehrung?

Als ich zu dieser schönen Stunde am Ende des Tages, wenn die Zeit langsamer und sanfter dahinzufließen scheint, in der grellen Plastik-Pizzeria in La Réole über diese Dinge nachsann, während draußen Pärchen über den Platz schlenderten, kam mir die Geschichte vom Gang nach Emmaus aus dem Lukas-Evangelium in den Sinn. Um die nämliche Zeit des Tages erkannten die beiden Jünger in dem Fremden, der mit ihnen am Tisch saß, den auferstandenen Herrn. Er war den ganzen Tag mit ihnen gewandert, hatte mit ihnen geredet und sie in ihrem Kummer über die Kreuzigung getröstet, doch erst die simple Handlung des Brotbrechens hatte ihnen offenbart, wer er wirklich war. Und in dem Moment, als sie ihn erkannten, verschwand er.

Ich mußte auch daran denken, daß die besten Momente meiner Fahrt bisher nichts mit Kirchen zu tun gehabt hatten. Es waren Augenblicke wie dieser gewesen, wenn ich ruhig und ohne irgendwelche Erwartungen dasaß und plötzlich einer anderen Realität gewahr wurde, die weit über meine begrenzten Belange hinausging. Nichts an diesen Erlebnissen hätte ich benennen können, es waren keine Offenbarungen wie der Anblick des auferstandenen Herrn, ich fand keine Antworten auf tiefgründige Fragen, sondern freute mich einfach nur, so intensiv, daß es nur einen kurzen Moment währte; doch zurück blieb ein warmes, beruhigendes Gefühl, wie es auch die Worte der großen mittelalterlichen Mystikerin Juliana von Norwich vermitteln: »Und alles wird gut werden, und alle Dinge jeglicher Art werden gut werden.«

Die Angler schienen sich nicht von der Stelle gerührt zu haben, als ich zum Campingplatz zurückkam – Inbilder der Zufriedenheit. Als das Tageslicht schwand und elektrische Lichter aus dem sich verdichtenden Dunkel hervorsprangen, saßen sie immer noch da. Am anderen Ufer rollte ab und zu ein Zug westwärts nach Bordeaux oder ostwärts nach Toulouse und stieß beim Passieren des kleinen Bahnhofs ein melancholisches Pfeifen aus. Ich brachte im letzten Licht mit angestrengten Augen mein Tagebuch auf den neuesten Stand und zog mich dann widerstrebend aus der Welt des Flusses in mein Zelt und hinter das Moskitonetz zurück, wo ich die Taschenlampe benutzen konnte, ohne von Mückenschwärmen überfallen zu werden.

Jetzt, da ich den Fluß nicht mehr sah, drang mir sein anhaltendes leises Rauschen stärker ins Bewußtsein. Es war ein ruhiges, besänftigendes Geräusch wie das Atmen eines treuen Gefährten. Längst gezähmt, zwischen ihren Uferbefestigungen eingeschlossen und reichlich mit zweckmäßigen Brücken versehen, sind die Flüsse Europas kaum noch als T. S. Eliots »starke braune Götter – dunkel, unbeugsam und zerstörerisch« erkennbar. Erst nachdem ich vier Monate den weitgehend ungebändigten Niger in Westafrika entlanggefahren war, konnte ich mir halbwegs eine Vorstellung von den Gefahren machen, denen sich mittelalterliche Reisende in Gegenden ohne Straßen und Brücken ausgesetzt sahen. Eine so breite, mächtige Barriere wie die Garonne bot zwar einen prächtigen Anblick, aber das Überqueren brückenloser Flüsse bildete auf den Pilgerrouten des Mittelalters eine der größten Gefahren. Aimery Picaud hat sie in seinem Bericht einer Fährüberfahrt in der Gascogne anschaulich geschildert:

»Ihr Schiff ist klein, aus einem einzigen Baumstamm gefertigt, und kann Pferde kaum aufnehmen; wenn man es besteigt, muß man sich hüten, nicht ins Wasser zu fallen. Es ist ratsam, daß du dein Pferd am Zügel nach dir ziehst, und zwar außerhalb des Bootes, im Wasser. Besteige das Boot nur mit wenigen, denn wenn es zu sehr beladen ist, kentert es rasch. Oftmals lassen die Fährleute, nachdem die Pilger bezahlt haben, eine große Menge in das Boot einsteigen, damit das Schiff kentert und die Pilger im Wasser ertrinken. Dann freuen sie sich hämisch und bemächtigen sich der Habe der Toten.«

In dieser Nacht hatte ich folgenden kurzen Traum:

Ein armer Pilger kommt im dreizehnten Jahrhundert nach La Réole. Er bittet einen dicken Priester (der große Ähnlichkeit mit dem hatte, dem ich am Tag begegnet war) um ein Siegel für seinen Pilgerpaß. Der dicke Priester begegnet ihm arrogant und geringschätzig.

Richard Löwenherz tritt ein, in voller Kreuzritterrüstung. Er hat das Gespräch mit angehört und tadelt den dicken Priester wegen seines Mangels an christlicher Nächstenliebe. Zur Buße (sehr zur Verlegenheit des Pilgers und zum Zorn des Priesters) befiehlt er dem Priester, dem Pilger die Füße zu waschen.

Vielleicht war es das Schlafen so nahe am schnell dahinfließenden Wasser, das meine Tagesgedanken und -erlebnisse zu diesem Traum verwob.

Am nächsten Morgen um acht war ich, nachdem ich mir ein wunderschönes Spiegelei gebraten hatte (in einer dünnen Aluminiumpfanne ein kleiner Triumph), wieder unterwegs. Das Zelt war noch feucht vom Tau, aber ich wollte nicht warten, bis es trocknete. In der alten Pilgerkarte, die ich dabei hatte, war die Garonne als eine wichtige Scheidelinie gekennzeichnet; nachdem ich sie überquert hatte, kam es mir vor, als hätte ich einen bedeutsamen Punkt auf meiner Fahrt erreicht, und so hatte ich es eilig, weiterzukommen.

Auf dem kurzen Stück bis Bazas dachte ich über Flüsse nach und darüber, was für ein Glück es war, daß ich sie aus eigener Kraft überqueren konnte und nicht auf schurkische Fährleute und dergleichen mehr angewiesen war. Das hatte zur Folge, daß ich wenig von der Strecke mitbekam, außer daß sie angenehm ländlich war.

Bazas holte mich wieder in die Gegenwart zurück. Ruhig und golden lag der Ort in der Morgensonne – eine jener Provinzstädte, in denen es nichts Aufregenderes zu geben scheint als den Wochenmarkt. Und doch war sie Schauplatz eines der folgenschwersten Ereignisse in der Geschichte des Mittelalters. Die streitende Kirche wurde geboren, als Papst Urban II. im Jahre 1095 in Bazas zum ersten Kreuzzug aufrief und damit zum heiligen Krieg gegen die Heere des Islam, die den Zugang nach Jerusalem verwehrten. Sein Ruf brach wie eine Flutwelle der Veränderung durch die Welt des Westens und des Nahen Ostens, ihre Ausläufer reichten bis in die Mongolei, und man kann sagen, daß die Auswirkungen noch neunhundert Jahre später in Gebieten wie dem ehemaligen Jugoslawien zu spüren sind. Es war eine drastische Abkehr von der orthodoxen Lehre einer Religion, die vor allem anderen für Frieden stand und von den Gläubigen verlangte, ihre Feinde zu lieben und auch noch die andere Wange hinzuhalten. Gewiß, mehr als siebenhundert Jahre zuvor hatte Kaiser Konstantin der Große das Christentum als Staatsreligion anerkannt und es damit ebenfalls für immer verändert. Er aber hatte (obwohl selbst kein Christ) unter dem Banner des Christentums gekämpft, um sein rechtmäßiges Gebiet zu verteidigen und den Frieden seines Reiches zu sichern. Ein »heiliger Krieg« zum Zweck des Landgewinns – der Dschihad – war streng genommen ein moslemisches Konzept, natürlicher Ausdruck einer Religion, nach deren glühender Überzeugung man »lieber tot als kein Moslem« war und die den Islam durchzusetzen suchte, wo immer es Menschen gab.

Innerhalb von wenig mehr als hundert Jahren nach dem Tod des Propheten Mohammed hatte der rastlose Glaubenseifer des Islam im Namen Allahs ein großes Reich geschaffen, von den Beduinengebieten Arabiens quer durch die Levante, über Nordafrika bis nach Spanien, wo nur ein schmaler Küstenstreifen im Norden ausgenommen blieb. Nicht einmal die Pyrenäen hatten den Ansturm aufgehalten. Moslemische Truppen fielen über französische Städte wie Autun und Narbonne her, belagerten Toulouse und marschierten weiter nordwärts auf

Paris und den Ärmelkanal. Ganz Europa war bedroht. Es war der Alptraum des achten Jahrhunderts, ein Schreckgespenst noch über mehrere Jahrhunderte. Wie der Historiker Edward Gibbon schreibt, wären um ein Haar auch England und ganz Europa dem großen islamischen Reich einverleibt worden – es stand auf Messers Schneide. Vor dem Hintergrund dieser Bedrohung muß man die damalige Zeit sehen. Der Islam war der »Antichrist«.

Der erste Angriff des Islam war schon dreihundertfünfzig Jahre vor dem leidenschaftlichen Aufruf Urbans II. in Bazas zurückgeschlagen worden. Gibbon zufolge war es Karl Martell, der Europa und auch England der Christenheit erhielt, der Großvater Karls des Großen, Begründer der Dynastie der Karolinger. 732 v. Chr. brachte er den Moslems in offener Feldschlacht bei Tours und Poitiers ihre erste Niederlage bei. Und was vielleicht noch schwerer wog: Es gelang ihm, in seinem Reich ein gut funktionierendes Feudalsystem zu etablieren und auf dieser Grundlage eine Armee aufzustellen und zu unterhalten, die der fortdauernden islamischen Bedrohung Kontra bieten konnte. Immer wieder drangen in den folgenden hundert Jahren moslemische Truppen über die Pyrenäen vor, manchmal bis tief in französisches Gebiet hinein, doch jedesmal wurden sie geschlagen.

In Spanien dagegen faßte die maurische Kultur Fuß und blühte und gedieh in allen Bereichen der Gelehrsamkeit und der Kunst. Das ging so weit, daß eine Zeitlang, während des Kalifats von Córdoba, nicht mehr Bagdad, sondern Spanien der Mittelpunkt der islamischen Welt war. Der schmale Streifen christlichen Landes am Nordrand der Halbinsel war ständig von einer Invasion bedroht, besonders nachdem sich Santiago de Compostela zu einem der großen christlichen Wallfahrtsorte entwickelt hatte.

814 v. Chr. hatte ein Eremit namens Pelayo im äußersten Westen dieses Gebiets eine Vision von so weitreichender Wirkung, daß sie schließlich eine Wende in der islamischen Eroberung Spaniens herbeiführte. Pelayo träumte, ein Stern führe ihn zu einem Feld, auf dem Jakobus der Ältere begraben liege, der Sohn des Zebedäus und Bruder des Johannes, einer der bevorzugten Jünger Jesu. Pelayo erzählte seinem Bischof von der Vision, und bei Grabungen an der besagten Stelle stieß man auf einen Sarkophag mit den Gebeinen dreier Menschen. Triumphierend bejubelte man sie als die des heiligen Jakobus und seiner beiden Jünger; die Bestätigung des Papstes folgte auf dem Fuße. Jakobus wurde zum Schutzpatron Spaniens erklärt, man errichtete eine Kirche über dem Grab, und der wohl willkommenste Reliquienfund aller Zeiten löste eine der größten Pilgerbewegungen der Geschichte aus. Zugleich war er von entscheidender Bedeutung für die Reconquista, die christliche Rückeroberung Spaniens.

Wie man seit langem wußte, speiste sich die Durchschlagskraft des Islam aus dem religiösen Fanatismus seiner Krieger. Eine Pilgerfahrt nach Mekka, Ziel jedes frommen Moslems, bescherte ihm im Verein mit dem Tod im Kampf gegen die Ungläubigen die sofortige Aufnahme ins Paradies. Die Christenheit brauchte dringend etwas, was sie dieser militärischen Inbrunst entgegensetzen konnte, und sie bekam es – im Jahre 844 mit der Schlacht von Clavijo in der Rioja. Dreißig Jahre nach der Entdeckung seines Grabes sah man den Schutzpatron in schimmernder Rüstung auf einem weißen Roß an der Spitze des christlichen Heeres, in der hocherhobenen Hand eine weiße Fahne, auf der ein blutrotes Kreuz prangte. In der Rechten schwang er ein großes Schwert, und die Köpfe der Moslems fielen unter seinem Ansturm wie Körner in einem Weizenfeld zu Boden. Die Schlacht von Clavijo wird bis zum Ende des zwölften Jahrhunderts zwar nirgendwo erwähnt, doch war Jakobus bis dahin längst auf seine Doppelrolle festgelegt und wurde in Form von Statuen und Illustrationen entsprechend dargestellt: Er war *Santiago Peregrino*, der sanfte archetypische Pilger zu seinem eigenen Schrein, und er war *Santiago Matamoros*, Sankt Jakobus, der Maurentöter, Verteidiger seines Schreines und aller, die dorthin reisten. Der Glaube trieb nun nicht mehr nur den Islam in den Kampf. Gott oder zumindest sein Schlachtenhelfer Jakobus kämpfte auf der Seite der Christen.

Dennoch muß die Jakobspilgerfahrt in jenen frühen Tagen ein Unternehmen gewesen sein, das großen Mut erforderte, denn zu allen anderen Gefahren und Entbehrungen war man auch noch ständig von Tod oder Gefangennahme durch die Mauren bedroht. Anderthalb Jahrhunderte nach der umstrittenen Schlacht von Clavijo war auch der Schrein selbst noch keineswegs vor Angriffen sicher. 977 wurde die kleine Stadt Santiago, die um das Sternenfeld herum entstanden war, von dem Feldherrn Al-Mansur geplündert; die Kirchenglocken wurden nach Córdoba geschafft.

Doch die Idee des militanten Christentums hatte Wurzeln geschlagen, und nichts sollte sie mehr verdrängen. »Deus vult« – Gott will es –, predigte Urban II. in der vergessenen kleinen Stadt Bazas und beschwor alle gesunden, kräftigen Männer der Christenheit, den Kampf in moslemisches Gebiet hineinzutragen. Damals mag es in der Tat so ausgesehen haben, als wollte Gott es, denn bis 1095 hatte sich im Kräftegleichgewicht zwischen Moslems und Christen einiges geändert. In Spanien war die Reconquista im Gange, und das Christentum bot ein ganz neues Bild; offenbar hatte es von seinem schärfsten Rivalen gelernt. Es ist ein Wunder, daß bei all den Kämpfen um territoriale Vorherrschaft das Evangelium des Friedens, das Jesus von Nazareth lehrte, überdauert hat.

Vor der Kathedrale von Bazas – sie hat ebenso wie der Platz, auf dem sie steht, gewaltige Ausmaße im Verhältnis zur Größe der Stadt – begegnete ich einem deprimierten Amerikaner. »Machen die ihre Kirchen hier überhaupt jemals auf?« fragte er. »Der Tourismus scheint die Franzosen ja nicht besonders zu interessieren.« Ich konnte ihm nur mein aufrichtiges Mitgefühl aussprechen und hinzufügen, daß auch das Pilgerwesen sie nicht besonders interessierte. Später fand ich das Pfarrhaus, holte mir meinen Stempel und wurde ins Innere der Kirche eingelassen. Der Amerikaner war zu diesem Zeitpunkt schon empört abgereist; hätte ich ihn noch einmal gesehen, so hätte ich ihm sagen können, daß er das Beste schon gesehen hatte, denn das Kirchenschiff war nichts im Vergleich zur Westfassade, vor der wir einander unser Leid geklagt hatten.

Dieses architektonische Juwel ist das einzige, was von der mittelalterlichen Kirche erhalten geblieben ist. Wie alles in diesen Breiten hat es während der Religionskriege schwer gelitten, ist aber dennoch ein prachtvolles Fragment, allein schon des altehrwürdigen Eindrucks wegen, den es erweckt. Es ist eine Art großes steinernes Triptychon mit drei in gleichmäßigem Abstand angeordneten Portalen, jedes mit einem herrlichen Tympanon, dessen reicher Skulpturenschmuck die Geschichte Marias beziehungsweise Johannes des Täufers und des Petrus darstellt; einige Szenen handeln vom Jüngsten Gericht. Wie so viele mittelalterliche Bildhauerarbeiten strahlen sie etwas zutiefst Andächtiges aus, wie eine Aufforderung zum Gebet. Ich stellte mir vor, wie Urban II., Oberhaupt der christlichen Kirche, mit dieser großartigen Glaubensbekundung im Rücken Tod und Vernichtung der moslemischen Ungläubigen predigte – eine Botschaft, die in krassem Gegensatz zu der des Kunstwerks hinter ihm stand.

Als ich an die Ereignisse dachte, die in Bazas ihren Ausgang genommen hatten, wurde mir bewußt, daß die Kirche mit dem Papst an der Spitze damals eine Weltmacht gewesen war. Die pragmatischen Motive – manche würden sie sogar zynisch nennen –, aus denen heraus die Kirche zur Wallfahrt nach Santiago aufrief, waren leicht zu durchschauen. Schwerer nachvollziehbar war dagegen, wie die Pilger selbst in diese hochpolitische Szene paßten, denn die meisten von ihnen machten sich ja wohl aus reiner Gottesfurcht und Frömmigkeit auf den Weg. Erst zweihundert Jahre später, nachdem entlang der Strecke komfortable Herbergen entstanden waren, traten Chaucers eher touristische Pilger auf den Plan. Menschen, die sich mehr für die Wallfahrt als Freizeitvergnügen interessierten, unternahmen eher kürzere Reisen zu heiligen Stätten im eigenen Land, nach Canterbury beispielsweise oder nach Walsingham, wo sie nicht annähernd solchen Gefahren und Entbehrungen ausgesetzt waren wie die Jakobspilger. Ein Pilger mußte schon sehr entschlossen sein, wenn er sich nach Santiago aufmachte. Was, so fragte ich mich, hatten die Pilger des elften Jahrhunderts wohl dazu gesagt, daß ein Jünger Jesu zum blutrünstigen Santiago Matamoros, dem Maurentöter, wurde? Ein Jünger noch dazu, der bei den wichtigsten Ereignissen des Evangeliums, der Verklärung Jesu und der Nacht am Ölberg, dabei gewesen war?

Kurz hinter Bazas fuhr ich in die flachen, sandigen Ebenen der Landes hinab, wo mir schlechterdings keine andere Wahl blieb, als die D 932, eine Hauptverkehrsstraße, zu benutzen. Aber wenigstens hatte ich jetzt Rückenwind, so daß ich die langen geraden Asphaltstrecken durch die ausgedehnten, dunklen Wälder ziemlich schnell hinter mich brachte. Der goldene Tag wurde immer heißer, und auf jeder kleinen Lichtung, an der ich vorüberfuhr, saßen Paare und Familien bei einem gemütlichen Picknick an Holztischen. Dadurch herrschte auf der sonst vielbefahrenen Straße weniger Verkehr, und ich beschloß, diese Flaute weidlich zu nutzen. Das berauschend mühelose Fahren ließ mich Hunger und Durst vergessen, und ich fuhr die vierzig Kilometer bis Roquefort in einem Rutsch durch.

Der berühmte Käse kommt gar nicht aus Roquefort, wie ich zu meiner Enttäuschung erfuhr; er wird in Dörfern der Umgebung hergestellt und in Roquefort nur vermarktet. Die Stadt ist deshalb von Bedeutung, weil hier im Umkreis von vielen Kilometern die einzige Möglichkeit besteht, einen breiten Nebenfluß des Douze zu überqueren. Am Flaschenhals der schmalen Brücke treffen mehrere Straßen zusammen, und so endete die Euphorie des Tages im Lärm und Gestank langer Schlangen von Lastwagen. Als Radfahrer war man nur auf dem Bürgersteig halbwegs sicher, und während ich mein Rad dort entlangschob, stellte ich fest, daß ich bei dem Lärm sogar Mühe hatte, einen klaren Gedanken zu fassen.

Unter diesen Umständen war ich froh, als man mir sagte, der Campingplatz von Roquefort sei geschlossen, und mich nach Sarbazan weiterschickte, ein zwei Kilometer entferntes kleines Dorf, wo mein Zelt bald darauf einsam unter hohen Kiefern stand.

Picaud beschreibt die Region des Landes als eine »an allem arme Gegend«. »Man findet Brot, Wein, Fleisch und Fisch ebenso wenig wie Wasser und Brunnen«, warnt er. Das hat sich geändert. Ich bekam ein außerordentlich üppiges Mahl vorgesetzt, mit den verschiedensten Sorten Räucherfleisch, einem ausgezeichneten Nudelgericht mit Lachs und einem schönen Steak, dem ich nur deshalb noch zusprechen konnte, weil ich auf das Mittagessen verzichtet hatte. So gut war das Essen und so reichlich, daß es viel länger dauerte als sonst. Selbst die *crème caramel* war doppelt so groß wie normal. Bis ich die Rechnung bezahlt hatte, war es draußen stockdunkel und ein heftiges Gewitter ging nieder.

Um zu meinem Zelt zurückzukommen, mußte ich ungefähr anderthalb Kilometer auf Waldwegen zurücklegen, aber alles, was ich an Licht hatte, war eine kleine Höhlenlampe, die mit einem elastischen Band an der Stirn befestigt wurde. Sie eignete sich hervorragend zum Lesen oder Schreiben im Zelt und gab im Notfall auch eine zweckmäßige Fahrradlampe ab – zumindest wurde ich so vom entgegenkommenden Verkehr gesehen –, war aber wenig geeignet, den holprigen, wurzeldurchzogenen Boden auszuleuchten.

»Ich danke Gott und allen Heiligen und Engeln, die sich tollkühner Reisender annehmen«, so begann mein Tagebucheintrag an diesem Abend. Denn irgendwie wurde ich zu der buckligen, dünnen Nylonplane zurückgeführt, die in dieser schwarzen, durchweichten Welt mein zeitweiliges Zuhause war. Und daß ich es geschafft hatte, ohne mir an einem Baum den Schädel einzuschlagen oder Roberts zu Schrott zu fahren, war eine Meisterleistung, die ich nur auf göttliches Eingreifen zurückführen konnte.

Nachdem ich mich der schwierigen Aufgabe entledigt hatte, in das winzige, niedrige Zelt zu gelangen, ohne daß alles, was darin war, naß wurde, lag ich warm und trocken in meinem Schlafsack, machte pflichtgetreu meine Notizen und genoß das Gefühl der Geborgenheit, das der heftige Regen und das Donnergrollen draußen noch verstärkten.

4

Den Pyrenäen entgegen

Als ich den Fluß Adour überquerte, änderte sich die Landschaft wieder. Die Straße stieg jetzt steil an, und die weiten Ebenen der Landes mit ihren harzduftenden Kiefernwäldern und der sandigen Heide lagen plötzlich hinter mir. Zu beiden Seiten zogen sich Hügel bis zu den Pyrenäen hin, und man spürte bereits einen Hauch frischer Bergluft.

Bis ich mich auf die steigenden Anforderungen des Geländes eingestellt und meinen Tretrhythmus dem richtigen Gang angepaßt hatte, war ich schon in der kleinen Stadt Saint-Sever angelangt, erleichtert, die Straße verlassen und ans Mittagessen denken zu können. Saint-Sever war eine freudige Überraschung: so mittelalterlich, wie ein Pilger des zwanzigsten Jahrhunderts es sich nur wünschen kann, kreisförmig angelegt, mit einer besonders schönen romanischen Kirche im Zentrum. Und vielleicht dank des Marktes, der gerade stattfand, war die Kirche nicht nur geöffnet, sondern wirkte mit ihren Inseln aus Kerzenlicht auch besonders freundlich und anheimelnd. Männer und Frauen traten mit dem nüchternen Gesichtsausdruck alter Gewohnheit einer nach dem anderen aus dem Schatten des Kirchenschiffs an die Kerzenständer, entzündeten ihre Kerzen und sprachen ein kurzes Gebet.

Ihre vom warmen gelben Kerzenschein umflossenen Köpfe erinnerten mich an die Dramatik und Schönheit eines Rembrandt-Gemäldes.

Ich fühlte mich hier zu Hause, denn das Anzünden von Kerzen zur Unterstützung des Gebets gehört zu den zahlreichen Bräuchen, die mich mit Freude darüber erfüllen, in der Tradition der anglikanischen Kirche verhaftet zu sein. Manche Christen brauchen diese Theatralik einfach, diesen Zinnober mit Weihrauch und Glöckchengebimmel, wie er von Leuten, die einen einfachen, nüchternen Stil bevorzugen, oft verächtlich genannt wird. Ich erinnere mich an eine alte Dame, die ihre kirchlichen Praktiken einem streng protestantischen jungen Gastgeistlichen gegenüber verteidigte. Er hatte in seiner Predigt abschätzig von »bloßen Musical-Christen« gesprochen und damit gemeint, daß die Anglikaner mehr an dem schönen Drumherum ihres Glaubens als am Kern der christlichen Botschaft interessiert seien, daß sie Kirche und Theater verwechselten. »Junger Mann«, sagte die alte Dame zu ihm, »in Schauspiel und Oper bekommt man jede Menge mittelmäßiges Drama geboten, aber die Leute sehen sich das für teures Geld an, also werden sie wohl etwas davon haben. Das Leben und Sterben Jesu Christi ist die dramatischste und bewegendste Geschichte, die je geschrieben wurde – warum um Himmels willen sollten wir sie da nicht so schön, so gekonnt und leidenschaftlich zelebrieren, wie es nur irgend geht?«

Kerzen sind deshalb besonders wichtig, weil wir die Verherrlichung von Licht und Wärme, diesen großen Geschenken Gottes, nicht nur mit den Katholiken, der griechisch- und der russisch-orthodoxen Kirche teilen, sondern auch mit den Buddhisten, Hindus, Juden und den

Anhängern vieler anderer Glaubensrichtungen. Gerade dieses Ritual hatte mir die Augen für den starken gemeinsamen Kern im breiten Spektrum der Religionen geöffnet. Auf einer Reise durch den Himalaja besuchte ich einen tantrisch-buddhistischen Tempel in einem entlegenen Teil Sikkims. Eine Geisterbeschwörung war in der weiten Halle im Gange, und jede Geste, jeder Ton der farbenprächtigen, komplizierten Zeremonie wirkte auf mich fremd und anfangs sogar ein wenig abstoßend. Gleichzeitig aber war es wie ein Wiedererkennen, so als wäre ich irgendwie damit verbunden. Das hing damit zusammen, wie mir schließlich bewußt wurde, daß die Gläubigen allein oder zu zweien an den Wänden der Halle entlanggingen und den Hunderten blakender Butterlämpchen weitere hinzufügten als sichtbaren Ausdruck des universellen Gebets.

Seit dem Heraufdämmern menschlichen Lebens auf der Erde hat das Feuer dem Menschen eine ehrfürchtige Scheu eingeflößt, ein Gefühl, das den eigentlichen Kern religiösen Ausdrucks bildet. Für die alten Griechen war das Feuer etwas so Kostbares, daß es den Göttern im Olymp gestohlen und mit den Qualen des Prometheus bezahlt werden mußte. Die christliche Kirche hat es von Anfang an in den Mittelpunkt ihrer Liturgie gestellt – in Form des heiligen Osterfeuers, des Lichtes Christi, der Flammen des Pfingstwunders, mit denen der Heilige Geist über die Apostel kam, begleitet von der großen »Gabe der Zungen«.

Da saß ich nun im zwanzigsten Jahrhundert in einer alten Kirche in einer kleinen Stadt und empfand mich als Teil dieser jahrtausendealten Feier des Lichts, während ich die mittelalterlichen Gebete in meinem sträflich vernachlässigten Pilgerführer las. Ich hatte mir fest vorgenommen, sie jeden Abend zu lesen, um die Reise im richtigen Geist zu unternehmen, aber irgendwie war ich nie so recht dazu gekommen. Hätte es an einem geeigneten Punkt jeder Tagesetappe eine Kirche wie diese gegeben, so hätte ich vielleicht eher daran gedacht.

> »Erzengel Raphael, begleite mich wie einst den Tobias. Lenke meine Schritte, auf daß ich in Frieden, Sicherheit und Freude wandle.«

In der Kirche konnte ich keinen Stempel für meinen Paß bekommen – der Pfarrer war »wegen seiner Brust im Krankenhaus«, wie mir eines seiner besorgten Gemeindeglieder sagte, das mich jedoch freundlicherweise an die *Mairie* weiterverwies. Als ich Roberts zwischen den Marktständen durchschob, zog ich so viele neugierige Blicke auf mich wie noch nirgendwo sonst in Frankreich. Mit den Worten »Une pèlerine« – eine Pilgerin – machten die Leute sich gegenseitig auf mich aufmerksam. Einige kamen heran und fragten mich rundheraus, ob ich nach Santiago de Compostela unterwegs sei, berührten die Muschel und murmelten: »Un beau coquillage«. Sie schienen so aufrichtig erfreut, eine Pilgerin vor sich zu haben, daß sie bestimmt auch wußten, wo ich gut und preiswert essen konnte. Und in der Tat: Ohne zu zögern schickte man mich in ein seriös wirkendes Etablissement im Zentrum des Marktes.

»Chez Dumas« hatte noch keine Zugeständnisse an das Automobilzeitalter gemacht und hätte ohne weiteres die Bedürfnisse einer Gesellschaft wohlhabender Pilger und ihrer Pferde befriedigen können. Roberts wirkte völlig deplaziert, so allein zwischen den leeren Boxen und Futtertrögen des kopfsteingepflasterten Kutschenhofes. Ich wurde in einen dämmrigen, einfachen Speiseraum mit Holzbänken und langen wachstuchbedeckten Tischen geführt, dessen Farben mit den Jahren einen einheitlich cremigen Braunton angenommen hatten. Eine alte Frau begann mir die angebotenen Gerichte aufzuzählen, doch ihr Akzent war so schwer zu verstehen, daß es mir einfacher schien, die Entscheidung ihr selbst zu überlassen. Hätte ich nicht mehrere Stunden anstrengendes Radfahren hinter mir gehabt, wäre das ein schwerer Fehler gewesen: Denn obwohl ich eine große Leere zu füllen hatte, konnte ich nur mit Mühe die diversen Gänge bewältigen, von denen einer vorzüglicher schmeckte als der andere. Jeder war im Grunde eine Mahlzeit für sich: eine dicke Suppe, geschmortes Fleisch, eine große Platte rohes Roastbeef, Berge von Gemüse und eine köstliche Obsttorte. Als die Tische sich langsam mit Gästen füllten, merkte ich, daß ich doppelt so viel bekommen hatte wie die anderen, was jedoch vermutlich eher an meinem Pilgerstatus lag als daran, daß ich so hungrig ausgesehen hatte. Irgendwo hatte ich gelesen, daß es einst Brauch gewesen war, Pilgern doppelte Portionen aufzutischen. Nie hätte ich mir träumen lassen, daß man es noch heute so hielt, und ich war froh, daß ich mich so wacker geschlagen hatte.

Saint-Sever hielt noch eine weitere Überraschung für mich bereit. Nachdem ich mir auf der *Mairie* meinen Paß hatte stempeln lassen und mit den Mädchen dort geplaudert hatte, hielt mich der Pförtner an, ein älterer Mann in einer prächtigen grünen Uniform. Er steckte mir einen Zehn-Franc-Schein zu und sagte: »Pour un café sur la route, madame.« Schon früher, einmal in Indien und einmal in Ägypten, hatten mir freundliche Männer Geld aufgedrängt, in der Annahme, nur äußerste Armut könne mich veranlassen, ihr Land mit dem Fahrrad zu bereisen. Doch da das Radfahren in Frankreich ein nobler Sport ist, konnte der Mann nicht aus Mitleid gehandelt haben. Offensichtlich wollte er mit seiner Gabe das Pilgerwesen allgemein unterstützen. Ich tat in seinen Augen etwas Lohnendes, und indem er mir zu einem Kaffee verhalf, hatte er Anteil an dem Unternehmen. Es war eine freundliche, anrührende Geste, aber sie hatte auch einen ernsten Aspekt, denn sie machte meine Überzeugung, auf dieser Reise ganz mein eigener Herr zu sein, zunichte. So wurde mein Aufenthalt in Saint-Sever zu einem Wendepunkt: Von da an konnte ich die Pilgerfahrt nach Santiago nicht mehr als etwas betrachten, das nur mich anging.

Schwere Mahlzeiten erfordern zum Ausgleich ein Schläfchen oder einen geruhsamen Spaziergang. Radfahren ist jedenfalls nicht das Richtige, schon gar nicht, wenn man auch noch ein paar Gläser vollmundigen Wein getrunken hat. Wieder einmal strampelte ich mich auf den teilweise extrem steilen Bergstrecken, von denen es hier jede Menge gab, mühsam ab, und der Gedanke an die Gebirgsbarriere, die noch vor mir lag, beunruhigte mich immer mehr. Als sich um fünf eine schwarze, feuchte Gewitterfront näherte, kapitulierte ich und schlug mein Zelt mit Erlaubnis eines freundlichen Bauern im Schutze einer Baumgruppe auf. Nachdem ich beschlossen hatte, an diesem Tag auf weitere Mahlzeiten zu verzichten, las ich noch ein wenig und fiel bald in den bitter benötigten erquickenden Schlaf.

Am nächsten Tag machte die geschlossene Wolkendecke keine Anstalten aufzureißen. Die Gegend wirkte grau und melancholisch wie ein alter Schwarzweißfilm. Mir gefiel dieser altertümliche Effekt – alles troff, schwer hing die Nässe im Gras, und selbst an den langen Wimpern der Kühe, deren Köpfe über den Drahtzäunen auftauchten, saßen Tropfen, als wären es Tränen. Im grauen, verhüllenden Nebel hoben und senkten sich die Konturen des Landes fortwährend, und ich konnte mich nicht entscheiden, ob es ein Fluch oder ein Segen war, daß ich nicht sehen konnte, wie weit es vor mir bergauf ging. Während ich noch darüber nachdachte, erreichte ich Orthez, eine kleine Stadt am Ufer des Gave de Pau. In diesem Moment wagte sich die Sonne hervor, und sofort wirkte das ganze Leben fröhlicher. Um so mehr, als jetzt auch das Café auf dem Hauptplatz seine Pforten öffnete, um die Gemeinde aufzunehmen, die aus der gegenüberliegenden Kirche strömte. Als ich bei einer Tasse Kaffee die Karte studierte, sah ich, daß ich gar nicht mehr weit von meinem Etappenziel entfernt war. Freunde der netten Rigauds, die mich in Cluis aufgenommen und mein Kommen telefonisch angekündigt hatten, waren vor kurzem in ein Dorf gezogen, das an meiner Strecke lag, in dem spitz zulaufenden Winkel Aquitaniens zwischen den beiden breiten Armen des Gave, dessen nördlicher unter einer mittelalterlichen Brücke mit einem Wehrturm hindurch dunkel vor mir dahinströmte.

Eine Stunde später saß ich in einem geschickt modernisierten Bauernhaus beim Mittagessen, als Gast von André und Claire Legrain, einem ehemaligen Piloten und seiner Frau. Beide stammten nicht von hier, hatten die Gegend jedoch für ihren Ruhestand gewählt, aus dem einfachen Grund, weil sie von hier aus schnell zum Skifahren in den Pyrenäen waren. Sie wußten nichts von der Jakobspilgerfahrt und dem *Chemin de Compostelle*, der so nahe an ihrer Haustür vorbeiführte, doch jetzt, da ich ihnen davon erzählte, wurde ihnen klar, warum ihr kleines Dorf, aus dem die großen mittelalterlichen Gebäude längst verschwunden waren, *L'Hôpital d'Orion* hieß.

Ich verbrachte einen sehr angenehmen Tag mit André und Claire, bei denen ich die gleiche warmherzige Gastfreundschaft genoß wie bei den Rigauds, so daß ich mich wie zu Hause fühlte. Es überraschte mich, wie ungewohnt es mir schon nach zwei Wochen in meinem spartanischen kleinen Zelt vorkam, mich in einem komfortablen Haus aufzuhalten. Ich schwelgte geradezu in Sofas und Sesseln, und wenn man das weiche Doppelbett, in dem ich schlief, mit der schmalen dünnen Matte verglich, auf der ich meine Nächte im Zelt zubrachte, erschien es geradezu lächerlich anzunehmen, das eine könnte mit dem anderen irgend etwas gemein haben. Zu diesem Zeitpunkt meiner Reise war ich so müde, daß ich eine Ruhepause zu schätzen wußte – doch daß sie auch geistig erholsam gewesen wäre, kann ich nicht behaupten. Claire sprach kein Englisch und André gerade soviel, wie ein internationaler Pilot braucht, und so wurde mein erratisches Französisch aufs äußerste strapaziert. Zum Abendessen kam noch ein anderes Ehepaar, und je angeregter die Unterhaltung wurde, desto gründlicher verlor ich den Faden. Ich versuchte das Ausbleiben von Gesprächsbeiträgen meinerseits dadurch auszugleichen, daß ich aufmerksam und intelligent dreinsah, was zum Glück auch zu funktionieren schien, denn immer wieder sagte jemand: »Bettina versteht alles, nur das Sprechen ist schwierig für sie« – ein Irrtum, den aufzuklären ich tunlichst vermied. Schließlich ging ich zu Bett, fürstlich bewirtet, aber so erledigt, als hätte ich gerade eine mörderische Examensarbeit geschrieben.

Die Legrains hatten mich freundlicherweise eingeladen, ein paar Tage zu bleiben, aber sosehr ich sie auch mochte und so gern ich diesen schönen Teil Aquitaniens in ihrer Begleitung erkundet hätte – jetzt war nicht die Zeit dafür. Schon nach so kurzer Pause drängte es mich, auf den *Chemin de Compostelle* zurückzukehren, zu den härteren Bedingungen, dem engen Kontakt mit der Natur, den Zeiten der Stille und zur Herausforderung der Straße selbst mit ihren Überraschungen und Offenbarungen. Eine Pilgerfahrt, so stellte ich fest, diktiert ihre eigenen Regeln ebenso wie ihre eigenen Belohnungen, und solche Abstecher paßten im Grunde nicht dazu.

Ich brach früh auf, kämpfte mich im weichen, warmen Regen von neuem steil bergauf und bergab, und als ich schließlich gründlich durchnäßt war, konnte ich die Fahrt auch genießen, denn noch immer streckten die hübschen Kühe mit ihren langen Wimpern – die Rasse hieß *Blanche d'Aquitaine*, wie ich inzwischen wußte – schelmisch die Köpfe über Mauern und Zäune.

Kurz bevor ich den südlichen Arm des Gave überquerte, stieß ich in Sauveterre de Béarn auf das rare Phänomen einer geöffneten Kirche und nutzte die Gelegenheit, um mich eine Weile im Trockenen aufzuhalten und meinen Paß abstempeln zu lassen. Der Pfarrer, ein geborener Komiker, sagte: »Beaucoup de descentes maintenant, Madame« und fügte nach einer kurzen Pause hinzu: »Et monts aussi, naturellement.« Wie recht er hatte – je mehr sich die Aussichtspunktsymbole auf meiner Karte häuften, desto stärker wurde das Gefälle.

Am Nachmittag kam ich in Saint-Palais an, ein Name, der mich zumindest auf einen Anflug von Glanz und Komfort hoffen ließ, doch meine Erwartungen wurden enttäuscht: Der Ort machte einen ziemlich heruntergekommenen Eindruck, noch verstärkt durch die Pfützen, die nassen Mauern und die Unmöglichkeit, ein Mittagessen zu bekommen – die Zeit dafür war längst vorüber. An der Ecke der Avenue Gibraltar (der Name hat nichts mit dem Felsen zu tun, sondern ist eine baskische Verballhornung von Saint-Saveur) fand ich das schäbige kleine Franziskanerkloster, seinem Aussehen nach das älteste Gebäude am Ort. Ich ging hinein und bekam den Etappenstempel für meinen Paß, versehen mit der Inschrift »Paix et joie« samt ihrer baskischen Entsprechung, die, soweit ich es entziffern konnte, »Bake ta Bozkario« lautete.

Bei Saint-Palais treffen die Pilgerrouten von Vézelay, Le Puy und Paris zusammen. Heute kennzeichnet ein baskischer Grabstein die Stelle; eine Imbißbude wäre angebrachter gewesen, aber zumindest lud der Stein zu einer kleinen Pause auf meiner verregneten Fahrt ein, nach der ich etwas frohgemuter nach Ostabat weiterfuhr. Doch leider: Fehlanzeige auch hier, denn es gab nicht einmal einen Dorfladen, in dem eine hungrige Radlerin auch nur ein Stück trocken Brot hätte kaufen können. Ostabat, die erste Pilgerstation nach der Vereinigung der drei Routen, konnte sich einst der stattlichen Zahl von nicht weniger als zwanzig Hospizen rühmen; jetzt aber war selbst die feuchte, trübselig wirkende Kirche geschlossen. Ich schöpfte jedoch neue Hoffnung, als mich jemand von den Stufen des gegenüberliegenden *Hôtel de Ville* – Renovierungsarbeiten retteten es derzeit vor dem völligen Verfall – auf englisch anrief. »Wie wär's mit einer Tasse Kaffee?« fragte ein junger Mann, ein Baske, wie sich später herausstellte, der dort eine offizielle Funktion zu bekleiden schien. Kaum war ich eingetreten und hatte meine triefende Regenjacke abgelegt, warf der Mann einen mehr als flüchtigen Blick in die Kaffeedose und schob sie mit der beiläufigen Bemerkung »Das reicht höchstens für ein schwaches amerikanisches Gebräu« beiseite, was den Verdacht in mir weckte, daß ich unter Vorspiegelung falscher Tatsachen hierher gelockt worden war. Aber ich konnte es ihm nicht verübeln. Hätte ich mich an einem so traurigen, durchweichten Ort aufhalten müssen, wäre ich wohl auch versucht gewesen, Durchreisende anzulocken, um die Monotonie zu unterbrechen.

Aimery Picaud nennt die Basken »ein barbarisches Volk« und führt Beispiele ihrer mörderischen Bräuche an, ihrer perversen Sexualpraktiken und abstoßenden Eßgewohnheiten. Ihre Sprache muß sich ein nicht minder vernichtendes Urteil gefallen lassen: »Wenn man sie reden hört, erinnert es an Hundegebell.«

Der Ursprung der Basken und ihrer einzigartigen Sprache liegt im Dunkeln. Picaud meint, sie stammten von den Schotten ab, und führt als Beweis die Ähnlichkeit der Sitten und Gebräuche an – offenbar hegte er auch von der kaledonischen Rasse eine recht geringe Meinung. Wenn die Franzosen generell Picauds Ansichten über die Basken teilten, dann war es nicht verwunderlich, daß ich bei meinem Gastgeber eine unterschwellige Feindseligkeit spürte. Er äußerte sich unverhohlen provokativ.

»Kennen Sie Brighton?« begann er ganz harmlos, nachdem ich Platz genommen hatte. »Ich war da mal mit meiner Punkgruppe.« Inzwischen habe er nichts mehr mit Punk zu tun, sagte er, bis auf den Ohrring, den er trug – als Erinnerung und auch weil er ihm bei seiner Arbeit mit baskischen Jugendgruppen zugute kam. Meine Frage, ob es ihm in England gefallen habe, verneinte er. »Gräßliches Land, mit einer schlimmen Vergangenheit.« Das Britische Reich war in seinen Augen das übelste aller Reiche, besonders in bezug auf Indien; die Verbrechen, die es begangen habe, seien noch grauenvoller als der Völkermord an den Indianern. Nachdem er in Kurzform die Schlechtigkeit des Britischen Reichs abgehandelt hatte, folgte eine umfassende Liste anderer, ausnahmslos blutiger und unterdrückerischer Reiche. Nur das Römische Reich blieb verschont, für das er aus unerfindlichen Gründen uneingeschränkte Bewunderung hegte. Mir war noch ganz schwindlig von diesem Rundumschlag gegen die Sünden der Geschichte, als er einen politischen Vortrag über die Niedertracht sowohl der Franzosen als auch der Spanier im Umgang mit seinem Volk vom Stapel ließ. Ihr größter Frevel, so wurde ich belehrt, sei es, daß sie den Basken das Recht auf ihre Sprache verweigerten. Mir drehte sich der Kopf, und ich wollte nur noch weg, aber er versperrte mir ganz im Stil von Coleridges Altem Matrosen den Weg. Ich mußte mir noch einen längeren Diskurs anhören, diesmal über die unverständliche baskische Sprache, deren Struktur der keiner anderen menschlichen Sprache gleiche, wie er stolz erklärte. Endlich erwischte ich einen günstigen Moment und schlüpfte blitzschnell unter seinem Arm durch, den er fest in den Türrahmen gestemmt hatte.

Wenigstens das Wetter hatte sich während meines wenig ersprießlichen Aufenthalts gebessert. Als ich Ostabat und die einseitigen Meinungsäußerungen des jungen Mannes hinter mir ließ, lösten sich die Wolken an den hohen bewaldeten Hängen der Pyrenäen auf, ein Anblick, der meine Stimmung sprunghaft hob. Es war nur ein kurzer Moment, aber er reichte aus, um mein Herz höher schlagen zu lassen. Schon schoben sich neue Wolkenbänke heran und verhüllten die Berge wieder. Bis ich die kleine Stadt Saint-Jean-Pied-de-Port am Fuß der Pyrenäen erreichte, hatte der Regen meine Verteidigungslinien durchbrochen und tröpfelte mir kalt den Hals hinunter. Man hätte glauben können, die Berge existierten gar nicht, wäre da nicht der bedrohlich angeschwollene Fluß gewesen, der in seinem tiefen, unebenen Bett über die Felsblöcke rauschte und sprang. Doch wenn ich an die hoch aufragende Barriere dachte, die ich einen Moment lang aus der Nähe gesehen hatte, lief mir ein aufgeregter Schauer über den Rücken. Heute würde ich in dieser winzigen, von Mauern und Toren umschlossenen Stadt, die den Paß bewacht, übernachten, und morgen, so Gott wollte, würde ich in Spanien sein.

5

Auf dem *Camino Francés*

Wer die Pyrenäen von Saint-Jean-Pied-de-Port aus überquert, hat die Wahl zwischen zwei Routen, die eine so geschichtsträchtig und sagenumwoben wie die andere. Die Hauptstrecke führt über den Ibañeta-Paß nach Valcarlos; die Route Napoléon, Teil einer alten Römerstraße, ist nicht mehr als ein steiniger Pfad über den Cisa-Paß. Beide bringen den Reisenden zum Kloster von Roncesvalles, doch die Route Napoléon erklimmt größere Höhen mit spektakuläreren Ausblicken und ist außerdem die traditionelle Strecke jener Pilger, die den leichteren Weg meiden – alles zwingende Gründe für mich, diese Variante zu wählen, selbst wenn ich die meiste Zeit zu Fuß gehen und Roberts über schwierige Stellen hinwegtragen mußte. Die Einsamkeit und die frische Luft fern von Verkehrslärm und -gestank würden mir Lohn genug sein, und wenn ich es am Tag nicht bis Roncesvalles schaffte, hatte ich ja immer noch mein Zelt, das ich mit Freuden in den Bergen aufschlagen würde.

Ein Wort von Madame Debril machte meine Entschlossenheit zunichte: »Impossible.« Schnee, Regen und Vernachlässigung, sagte sie, hätten dem Cisa-Paß so zugesetzt, daß er schon für einen gut durchtrainierten und ausgerüsteten Wanderer kaum begehbar sei; als Radfahrer würde man vor Ende Juni wahrscheinlich gar nicht durchkommen. Das Wetter sei im Moment so schlecht, fügte sie düster hinzu, daß ich von Glück sagen könne, wenn mich nicht auch auf dem Ibañeta-Paß sintflutartige Regenfälle oder gar Schneestürme am Weiterkommen hinderten.

Madame Debril figuriert in jedem Führer als die »Pilgermutter von Saint-Jean-Pied-de-Port«. Sie ist die Autorität für den *Camino*, wie die Pilgerstraße ab hier heißt. Der volle spanische Name *Camino Francés* – französische Straße – verweist darauf, welch bedeutende Rolle Frankreich und seine mächtigen Klöster, insbesondere Cluny, bei der Etablierung der Jakobspilgerfahrt gespielt haben. Fünf Mönche aus Cluny wurden im Mittelalter Päpste, zu einer Zeit, da nicht der Staat, sondern die Kirche die beherrschende, einigende Macht Westeuropas war. Das Pilgerwesen wurde zweifellos aus echter Frömmigkeit gefördert, doch unbestreitbar war es auch eine starke Stütze für Macht, Reichtum und Einfluß der Kirche.

Solche Gedanken liegen nahe in Madame Debrils uraltem Haus an der früheren Hauptstraße des Ortes, deren Kopfsteinpflaster durch die engen Wehrtore steil auf den von der Zitadelle gekrönten Hügel führt. Daß ein Ort in solcher Lage in unserem Zeitalter des Massentourismus zur Touristenfalle wird, ist zwar nicht zu vermeiden, aber man hat Saint-Jean-Pied-de-Port doch so behutsam restauriert, daß die Atmosphäre der großen Zeit religiöser Reisen noch heute zu spüren ist.

Madame Debrils gefliestes, dunkles kleines Büro war mit Pilgersouvenirs vollgestopft, zwischen denen sich zahllose graugetigerte Katzen räkelten. In offenen Samtetuis prangten Auszeichnungen, meist in Form silberner

Muscheln, mit denen Bruderschaften und andere Organisationen Madame Debril zum Dank für ihre Hilfe über Jahre hinweg überhäuft hatten. Als Repräsentantin der *Amis de Saint Jacques de Compostelle,* der französischen Jakobusbruderschaft, verwahrte sie den Schlüssel zur Herberge, einer einfachen Pilgerunterkunft, wie man sie auch in einigen anderen Städten findet. Außerdem gab sie an Wanderer, die ihre Reise in Saint-Jean-Pied-de-Port antraten, Pilgerpässe aus. Doch als ich an diesem Morgen zu ihr kam, saß auf den Stufen vor ihrer Tür ein weinender junger Engländer, dem sie gerade eine barsche Abfuhr erteilt hatte. Er schien ein ganz normaler, vernünftiger Mensch zu sein, etwas überempfindlich vielleicht, aber eine Pilgerfahrt ist nun einmal eine sehr emotionale Angelegenheit, und er war schon mehrere Wochen unterwegs. Madame Debril habe sich von Anfang an feindselig verhalten, erzählte er, sie habe ihm vorgeworfen, kein richtiger Pilger zu sein, und sich geweigert, den Schlüssel herauszurücken.

Solchermaßen vorgewarnt, war ich über den nicht eben freundlichen Empfang, der mir selbst zuteil wurde, nicht allzu verstimmt. »Warum haben Sie nicht gestern abend angerufen?« fuhr Madame Debril mich an. Wie man jedoch ohne ein Türschild mit ihren Sprechzeiten wissen sollte, welche Zeiten ihr genehm waren, blieb mir unerfindlich. Nach und nach aber besserte sich ihre Laune, sie wurde geradezu freundlich und machte mir sogar Komplimente zu einigen offenbar recht seltenen Stempeln in meinem Pilgerpaß, was mich angesichts der vielen verschlossenen Kirchen auf meiner Fahrt nicht weiter überraschte.

Nach einiger Zeit erfuhr ich den Grund für Madame

Debrils Übellaunigkeit: Sie war ein Opfer der wachsenden Beliebtheit, deren sich die Pilgerfahrt nach Santiago erfreute, und ihres eigenen Anteils daran. Die freiwillig übernommene Pflicht des Registrierens durchreisender Pilger hatte vor fünfzehn Jahren, als der Pilgerstrom noch ein dünnes Rinnsal war, weiter keine Mühe gemacht. Viele ihrer Gäste waren Akademiker, die die Route erkunden wollten, und das alles war für Madame Debril sehr interessant gewesen. Doch seit der spanische Abschnitt – der *Camino Francés* – zur Europäischen Kulturstraße erklärt wurde, klopfen einfach zu viele Menschen an ihre Tür. Trotzdem möchte sie weder ihr Amt aufgeben noch Abstriche bei seiner Ausübung machen. Was sie von den Hunderten von Pilgern erfährt, die zu ihr kommen (seltsamerweise ärgert sie sich darüber, daß wahrscheinlich ebenso viele nicht kommen), trägt sie später in gestochener Schrift sorgfältig in ihre Bücher ein. Wer einen »Paß« von ihr will, wird einer strengen Überprüfung seiner Motive unterzogen. »Es gibt nicht viele echte Pilger«, sagte sie zu mir. »Die meisten, besonders die Spanier, sind nur auf einen billigen Urlaub aus. Sie kommen mit nichts hier an, nicht einmal einen Rucksack haben sie dabei. Echte Pilger können sich legitimieren, und sie sehen auch wie Pilger aus.« Der junge Engländer hatte den Fehler begangen, seinen Rucksack in einem Geschäft am Fuß des Hügels zu deponieren, und da er keine Papiere oder Abzeichen einer Bruderschaft besaß, hielt sie ihn für ein verdächtiges Subjekt wie so viele andere.

»Drogenabhängige, Diebe, Faulenzer, Hippies.« Madame Debrils Liste jener, die auf dem Weg nach Santiago eine Gratisübernachtung ergattern wollen, hätte von Chaucer stammen können. Ich hörte fasziniert zu, denn ohne es zu wissen, verlieh damit auch sie meiner Reise etwas Magisches. Was sie beschrieb, war das Leben selbst, vollblütig, kraftvoll und gesund, und nicht irgendein realitätsfernes esoterisches Nebengleis. Während sie redete, wurde mir eines klar: Wenn bei meiner Pilgerfahrt des zwanzigsten Jahrhunderts irgend etwas Sinnvolles herauskam, dann würde es im ganz normalen täglichen Leben wurzeln. Die Reise fand nicht etwa außerhalb von Zeit und Realität statt, sondern sie bot mir die Möglichkeit, die Realität aus einem anderen Blickwinkel und in einem anderen Kontext zu betrachten. Meine und Madame Debrils Ansichten lagen zwar weit auseinander, doch als wir – nicht ohne Herzlichkeit auf beiden Seiten – Abschied nahmen, sagte ich mir, daß die Welt und das Pilgertum ohne diese reizbare, aber leidenschaftlich engagierte Frau ein wenig ärmer wären.

Als ich mich anschickte, Saint-Jean-Pied-de-Port zu verlassen, regnete es zu meiner großen Enttäuschung immer noch, mit jener verbissenen Hartnäckigkeit, die wenig Hoffnung auf ein baldiges Ende läßt. Ich würde nichts sehen, während ich mich über den Paß kämpfte, und überlegte deshalb, ob ich meine Abreise nicht besser auf den nächsten Tag verschieben sollte. Aber es gab keine Garantie, daß der Regen dann aufhörte; außerdem war mein Hotel laut und teuer, und die Stadt hatte ich in einer strammen Zweistundentour am Abend zuvor bereits besichtigt. Besser, ich nahm die Dinge, wie sie kamen, im Guten wie im Schlechten; irgend etwas Gutes hatte vielleicht sogar dieses trübe Wetter. Ich ging in das am wenigsten touristisch wirkende Geschäft, um ein paar feste Plastiktüten als Nässeschutz für meine Schuhe zu kaufen, denn der mitgebrachte Tütenvorrat war aufgebraucht. Als ich dem Inhaber erklärte, wozu ich sie brauchte, bestand er darauf, mir die besten zu geben, die er hatte – gratis für eine *pèlerine*! Kunden und Angestellte schauten interessiert zu, als ich über jeden Schuh eine Tüte streifte und sie mit einem Gummiband am Knöchel befestigte. Meine Kleider und die übrigen Sachen lagen bereits in Plastiktüten verpackt in den Satteltaschen, eine Vorsichtsmaßnahme, die mir längst zur Selbstverständlichkeit geworden ist, denn bei anhaltendem Regen bleibt keine Packtasche ganz wasserdicht. Die Lenkertasche ist besonders anfällig, wie ich einmal in Indien feststellen mußte, als ich in einen tropischen Regenguß geriet und mein ganzes Geld, die Reiseschecks, mein Paß und alle übrigen Papiere zu einem einzigen Brei verschmolzen. Ich halte deshalb immer eine Extratüte bereit, die ich notfalls darüberstreifen kann.

Angemessen verpackt in eine Goretex-Jacke und eine Goretex-Hose, die Kapuze weit über meine Mütze nach vorn gezogen, damit mir nicht das Wasser in die Augen lief und die Sicht behinderte, brach ich auf. Ich fühlte mich höchst abenteuerlustig, auch wenn das unter den gegebenen Umständen nicht ganz angebracht schien. Der Regen, mein zweifellos etwas lächerlicher Anblick und der Umstand, daß ich eine fünfunddreißig Kilometer lange Bergstrecke vor mir hatte, auf der ich das Rad wahrscheinlich größtenteils würde schieben müssen, taten diesem Gefühl keinerlei Abbruch. Ich hatte das Valcarlos vor mir, das Tal Karls des Großen, in dem das Rolandslied seinen Ursprung hat, und die entsprechende Stimmung hatte mich bereits erfaßt. Manche mittelalterlichen Pilgergruppen sollen in Begleitung von Troubadouren gereist sein, die die *Chansons de geste* des Rolandsliedes sangen. Es war eine Zeit, in der die Ideale des Rittertums und der Religion miteinander verschmolzen und sich gegenseitig stützten, so daß sich die Grenzen verwischten. Die Geschichte wurde nach und nach umgeschrieben, und der Mythos entstand, alle großen christlichen Könige und Helden hätten nicht in erster Linie den Erhalt ihres Reichs und Besitzes im Auge gehabt, sondern ihr Leben und Sterben der Verteidigung des Glaubens geweiht. Die Kirche selbst soll an dieser Verzerrung der historischen Tatsachen maßgeblich beteiligt gewesen sein, und da außerhalb der Klöster kaum jemand lesen und schreiben konnte, ist das auch mehr als wahrscheinlich. Ich fand es sehr erheiternd, mir vorzustellen, wie sich Mönche und Nonnen in ihrer Freizeit diese romantischen, erbaulichen Geschichten ausdachten.

In unserer Ära der Massenmedien können wir uns nur schwer vorstellen, wie wichtig Sagen und Lieder im mittelalterlichen Europa waren und welch gewaltigen Einfluß sie auf die Ideen und Überzeugungen der damaligen Zeit hatten. Die Ritterepen standen den Berichten von den Taten des heiligen Jakobus selbst, als Maurentöter wie auch als Pilger und Wundertäter, in nichts nach. Es muß außerordentlich schwierig gewesen sein, Fakten von Fiktion zu unterscheiden. Sicher ist, daß die *Chansons de geste* für die Santiagopilger eine Quelle der Inspiration waren. Ein Wald von Kreuzen soll die Paßhöhe, zu der ich unterwegs war, geschmückt haben, von Pilgern zu Ehren Karls des Großen hinaufgetragen. Auch Karl selbst, so will es die Sage, soll dort ein Kreuz errichtet haben und dann zum Gebet niedergekniet sein, das Gesicht dem Schrein des heiligen Jakobus im fernen Galicien zugewandt. Da dessen Grab jedoch erst siebzig Jahre später entdeckt wurde, gehört das wohl ebenso ins Reich der Legende wie der Mythos, Karl der Große sei der erste Santiagopilger gewesen. Die Stelle wurde auch als Schauplatz des letzten Gefechts seines großen Paladins Roland verehrt, der von den heimtückischen Mauren getötet wurde. In Wirklichkeit waren es keineswegs die Mauren, sondern gerissene Basken aus Pamplona, ebenfalls Christen, die die Nachhut von Karls Heer in einen Hinterhalt lockten. Die Ermordung seiner Paladine, Roland und Oliver eingeschlossen, war die Rache dafür, daß Karl auf dem Rückweg von seinem Spanienfeldzug Pamplonas Stadtmauern geschleift hatte.

Ich sollte bald merken, daß der Glaube nicht unbedingt auf nüchternen historischen Tatsachen gründet, schon gar nicht, wenn es um einen so gefeierten Helden geht. Noch neun Jahrhunderte später und im vollen Bewußtsein der »Fakten« war es der Karl der volkstümlichen Legende, der mir im Kopf herumging, während ich so dahinfuhr, und das, obwohl die Straße entlang dem trüben, angeschwollenen Fluß nicht eben dazu angetan war, romantische Bilder heraufzubeschwören. Einige trostlos wirkende, nasse Dörfer zogen sich das gegenüberliegende Ufer hinauf; sonst gab es nur das schwarze Band der Straße und die triefenden Bäume. Doch in meinen wasserdichten Sachen war es noch warm und trocken, und da ich keinen Troubadour zur Hand hatte, machte ich mir mit Kirchenliedern meine eigene Musik.

Nach einer Rechtskurve vor einer Brücke hatte ich plötzlich die Grenze vor mir. Es war eine Enttäuschung. Der französische Beamte stand vor dem Regen geschützt unter einer Tür und winkte mich einfach durch, und sein spanischer Kollege ließ mich mit einer ebenso knappen

Geste passieren. Weibliche Radfahrer waren offenbar über jeden Verdacht erhaben, oder aber sie waren es nicht wert, daß man ihretwegen naß wurde. Gleich darauf brachte mich eine scharfe Linkskurve wieder in die ursprüngliche Richtung, und der eigentliche Anstieg begann. Ein bißchen eitel sind wohl die meisten von uns, und bei mir äußert sich das darin, daß ich so tue, als machte mir eine starke Steigung weiter keine Mühe – allerdings nur, wenn ich mich beobachtet glaube. So trat ich energisch in die Pedale, bis die Grenzposten mich nicht mehr sehen konnten. Als ich um die nächste Kurve war, hatten Herz, Lunge und Muskeln sich vom Schock der ersten Anstrengung erholt, und es gab keinen Grund, weshalb ich nicht versuchen sollte, es bis zur nächsten Kurve und weiter zur übernächsten zu schaffen. Bei jeder Biegung wurde die Straße steiler, und ich glaubte, nicht mehr zu können und absteigen zu müssen. Doch jedesmal trug mich ein neuer Energieschub weiter, und da das Gefälle ein wenig abnahm, schaffte ich auch noch die nächste Kurve. Die Straße war leer, nur gelegentlich überholten mich hoch mit Baumstämmen beladene Laster, die nur knapp um die Haarnadelkurven kamen. Zu wissen, daß ich nicht die einzige war, die sich hier abmühte, war mir ein weiterer Ansporn.

Auf halbem Wege hatte ich das deutliche Empfinden, vom heiligen Jakobus persönlich angeschoben zu werden. Es war keine plötzliche Offenbarung, und es erschien mir nicht einmal ganz und gar ungewöhnlich, es war einfach nur das Gefühl der Hilfe von Seiten eines freundlichen, praktisch denkenden Wesens, ein Gefühl, das sich ganz allmählich einstellte. Ein paarmal war ich nahe daran, mich umzudrehen und mich zu bedanken. Erst später kam mir die Sache seltsam vor, denn ich glaubte keinen Augenblick daran, daß der heilige Jakobus je in Spanien war, ob zu Lebzeiten oder nach seinem Tod.

Doch es gibt an bestimmten Orten seltsame Kräfte, die rational nicht zu erklären sind. Einige winzige Inseln der Hebriden, auf denen keltische Mönche ihre Zellen bauten, haben diese Aura, ebenso die Ruinen des Sumela-Klosters in der Osttürkei, Lindisfarne und viele andere heilige Stätten. Schauplätze von Greueltaten scheinen eine entgegengesetzte Ausstrahlung zu besitzen und stoßen selbst Menschen ab, die durch Zufall dorthin gelangen und nichts von dem Geschehenen wissen. Wie ich später erfuhr, war ich nicht die einzige, die die Gegenwart eines gütigen Wesens spürte. Viele moderne Pilger spüren es ebenfalls und nennen es, obwohl nicht weniger skeptisch als ich, kurzerhand den heiligen Jakobus. Das zu glauben oder nicht zu glauben, steht jedermann frei.

Es regnete noch immer, mit Unterbrechungen, die aber nie so lange dauerten, daß ich meine Regensachen hätte ablegen können. Trotzdem genoß ich die Fahrt aus dem grünen Tal Karls des Großen hinaus in vollen Zügen. Die Straße windet sich größtenteils durch Laubwälder, und das zarte Grün ringsum vermittelte einen Eindruck von Fülle und Erneuerung. Das eigentliche Vergnügen aber war der Anstieg selbst. Obwohl ich trotz Jakobus' Hilfe alle Kräfte aufbieten mußte, war ich in Hochstimmung, ob es nun daran lag, daß das Gehirn bei schwerer körperlicher Anstrengung Endorphine ausschüttet, die wie eine euphorisierende Droge wirken, oder nicht. Als ich bei Ibañeta die Paßhöhe erreichte – den Ort, an dem Roland und Oliver ihr Leben ließen und die mittelalterliche Ära des idealisierten Rittertums ihren Anfang nahm –, fühlte ich mich in mehr als einer Hinsicht auf einem Gipfel angelangt.

Das hätte mein Verderben sein können. Erhitzt, wie ich war, hätte ich vernünftigerweise Schutz suchen oder mich wenigstens wärmer anziehen sollen, um das Abfallen der Körpertemperatur nach einer solchen Strapaze zu verhindern. Statt dessen wanderte ich im Regen auf dem kahlen, ausgesetzten Gipfel umher und versuchte an den wenigen noch vorhandenen Mauerresten im Gras den Grundriß des Klosters zu erkennen, das Karl der Große an der historischen Stätte gegründet hatte.

Als ich den Berg an seiner geschützten Ostflanke erklommen hatte, war ich dem starken Westwind entgangen, hier aber, auf dieser ungeschützten Fläche, blies er klagend und eindringlich wie Roland einst in sein berühmtes Horn.

An jenem schicksalhaften Tag des Jahres 778 v. Chr. stieß er vergeblich in das Horn, denn Karl der Große war mit dem Haupttroß des Heeres bereits im Tal und konnte der Nachhut nicht mehr rechtzeitig zu Hilfe eilen. Die Bedingungen wären für eine Verfilmung der Szene perfekt gewesen: das graue keltische Licht, der windgepeitschte Regen und die riesigen verstreuten Felsblöcke, von denen jeder ein Teil jenes Felsens hätte sein können, den Roland mit seinem mächtigen Schwert spaltete, in dem vergeblichen Versuch, es entzweizuschlagen, bevor er starb.

Erst als ich völlig durchnäßt war und vor Kälte zitterte, wurde mir klar, daß die Bedingungen auch perfekt für eine Lungenentzündung waren. Von der Paßhöhe bis Roncesvalles ist es zum Glück nicht weit, doch der Regen kam jetzt direkt von vorn, so daß ich kaum noch etwas sehen konnte. Nach der letzten Biegung hatte ich plötzlich die trostlosen Wellblechdächer des Klosters vor mir, für mich jedoch ein alles andere als enttäuschender Anblick, denn sie verhießen willkommenen Schutz.

Neben dem ausgedehnten Klosterkomplex gibt es ein kleines Gasthaus namens »Casa Sabina«, und da ich es als erstes erreichte, ging ich hinein. Meine Körpertemperatur war während des kurzen Abstiegs noch weiter gesunken, und so erschien mir der warme Heizkörper in dem winzigen Vorraum köstlicher als alle Freuden der Alhambra. Mitgenommen, wie ich war, schloß ich ihn in die Arme, und im selben Moment tauchte eine junge Frau aus der Küche auf, um zu sehen, wer gekommen war. Als sie merkte, daß sie eine Engländerin vor sich hatte, holte sie ihren Vater. Ich erkannte die Basken inzwischen am gewaltigen Umfang ihrer schwarzen Mützen, und die Mütze, die dieser weißhaarige kleine Mann trug, schien ebenso breit wie er selbst hoch. Bei meinem durchweichten, desolaten Anblick schüttelte er den Kopf und schenkte mir wortlos ein Glas dunkelroten Wein ein, der in meinem erschöpften Zustand mit Lichtgeschwindigkeit durch meine Adern raste und mich noch mehr berauschte als die Euphorie des Bergauffahrens. Fast augenblicklich hörte ich auf zu zittern.

Ungefähr eine Stunde später, nachdem ich eine große Portion Rote-Bohnen-Eintopf mit Paprika und Wurst verzehrt und zusammen mit meinem Gastgeber die Flasche vorzüglichen navarresischen Weins geleert hatte, kam ich zu dem Schluß, daß sich Aimery Picauds Verurteilung der Basken doch auf sehr begrenzte Feldforschungen gestützt haben muß. Ihr Wein, ihr Essen und ihre Gesellschaft schienen mir ganz eindeutig kultiviert, ja geradezu vergnüglich.

Nach diesem ausgedehnten und erholsamen Mahl erschien mir das Kloster von Roncesvalles wesentlich interessanter als zuvor. Die Gebäude stellen zwar eine seltsame Stilmischung dar, ihr Erhaltungszustand ist nicht der beste, und die steilen Zinkblechdächer passen zu den würdevollen Bauten wie die Faust aufs Auge, aber eines haben sie unbestreitbar: Atmosphäre. Was immer man von ihrer Architektur halten mag, ihre Lage zwischen alten Buchenwäldern ist lieblich und ihre Geschichte eindrucksvoll. Im zwölften Jahrhundert von einem Bischof von Pamplona gegründet, wurde das von Augustinern betriebene Pilgerhospiz zu einem der bedeutendsten entlang der ganzen Strecke. An der Schwelle zu Spanien gelegen, Sankt Jakobus' auserwähltem Land, durch Karl den Großen und Roland mit der christlichen Reconquista verknüpft und erste Station nach einem der beschwerlichsten Abschnitte des Weges, spielte Roncesvalles zwangsläufig eine besondere Rolle. Noch heute ist es einer der am stärksten emotional besetzten Orte des *Camino*.

Zu ihrer Blütezeit waren Hospiz und Kloster eine Art kleine Stadt, und die Pilger, die es bis hierher geschafft hatten, konnten sich drei Tage lang in einem für die damalige Zeit geradezu berauschenden Luxus ausruhen. Es gab ein Spital und für kleinere Beschwerden eine Apotheke, und die Schlafräume, für Männer und Frauen getrennt, hatten Betten anstatt nur Stroh auf Steinfliesen. Man konnte baden, Schuster flickten das Schuhwerk, Schmiede beschlugen die Pferde wohlhabenderer Pilger. Für das spirituelle Wohl sorgte eine wundertätige Marienstatue in der Kirche (sie war nicht von Menschenhand gemacht und durch einen Hirsch mit einem leuchtenden Stern zwischen den

Geweihstangen entdeckt worden). Auch eine Grabkapelle, in der angeblich die gefallenen Helden Karls des Großen ruhten, lud zum Gebet ein. Sie und die eigentliche Pilgerkapelle am Klostertor sind die ältesten Bauten des heutigen Komplexes.

Ich lehnte Roberts an die Mauer eines Gebäudes aus dem neunzehnten Jahrhundert, das die Unterkünfte der Mönche, die Kasse und diverse Büros beherbergt, und versuchte in Erfahrung zu bringen, ob ich im *refugio* übernachten konnte. Nach kurzer Wartezeit erschien Don Javier Navarro, der diensthabende Pater, auch er ein Baske, modern gekleidet und mit wagenradgroßer Baskenmütze, und führte mich in ein kleines Büro, in dem ich einen Fragebogen ausfüllen mußte. Außer den üblichen Fragen nach Alter, Geschlecht, Staatsangehörigkeit, Religion, Startpunkt und so weiter wurden auch Angaben zum Motiv der Reise verlangt. Das bereitete mir einiges Kopfzerbrechen, denn man hatte die Wahl zwischen fünf möglichen Gründen: religiöse, spirituelle, kulturelle, sportliche und Freizeitgründe. Don Javier forderte mich auf, so viele Motive anzukreuzen, wie mir zutreffend schienen. Als ich darüber nachdachte, stellte ich fest, daß sie alle auf meine Radreise nach Santiago zutrafen, auch wenn ich ohne die Liste gar nicht erst angefangen hätte, mir über die feinen Unterschiede etwa zwischen »spirituell« und »religiös« Gedanken zu machen. Das einzige, was ich nicht ankreuzte, war »sportlich«, da ich Sport ausschließlich mit organisierten Aktivitäten wie Fußball oder der Tour de France in Verbindung brachte, die mir nicht zu einem einsamen Reisenden zu passen schienen. Doch als ich später noch einmal darüber nachsann, kam mir der Gedanke, daß Risiko und Abenteuer für das Pilgern genauso wesentlich sind wie für den Sport. Insofern trafen alle fünf Motive auf mich zu und auch noch andere, die nicht aufgeführt waren, Neugier zum Beispiel und Reiselust.

Der Pater schien mit dem ausgefüllten Formular zufrieden, schüttelte mir die Hand und übergab mir einen neuen Pilgerpaß mit der eindrucksvollen Aufschrift *Credencial del Peregrino*, gebührend abgestempelt und unterschrieben. Damit, so erklärte er, sei ich berechtigt, in den *refugios* der Städte und Dörfer am Weg zu übernachten. Außerdem könne ich in bestimmten Gaststätten verbilligt essen (ich habe nie eine dieser Gaststätten gefunden, war aber auch nie so knapp bei Kasse, daß ich sie gebraucht hätte). In Santiago, so fügte er hinzu, würde man mir, sofern das Pilgerbüro mich für würdig befand, meine *Compostela* ausstellen, die mich berechtige, meine Ankunft mit kostenlosen Mahlzeiten im renommierten »Hostal de los Reyes Católicos«, von König Ferdinand und Königin Isabella für die Pilger erbaut und heute ein Fünf-Sterne-Hotel, zu feiern.

Dummerweise hatte ich von der exzessiven körperlichen Betätigung und dem schweren Rotwein zum Mittagessen ziemlich weiche Knie, und als ich Roberts aufschloß, verlor ich irgendwie das Gleichgewicht und fiel mitsamt dem Rad und dem kleinen Mönch um. Als wir uns wieder aufgerappelt hatten, nahm Don Javier das Rad entschlossen an sich und schob es auf Armeslänge vorsichtig neben sich her. Ein Kollege rief ihm etwas zu, einen Scherz über den ungewohnten Anblick offenbar, und er erwiderte mit einem Nicken zu mir nach hinten, »die Arme« sei »von der Fahrt ganz erschöpft«. Besser so, als wenn man mich verdächtigt hätte, beschwipst zu sein – auch wenn ich nicht der erste Pilger gewesen wäre, der zu tief ins Glas schaut.

Das *refugio* von Roncesvalles kann es mit dem Komfort seines mittelalterlichen Vorgängers in keiner Weise aufnehmen. Es liegt etwas erhöht in einem älteren Teil des Komplexes und ist über uralte, zugige Steinkorridore zu erreichen, deren Boden in einem einfachen Fächermuster grob gepflastert ist. Eine Eichentreppe mit schiefgetretenen Stufen führt zu den beiden Schlafräumen, in denen dreistöckige Metallbetten dicht an dicht stehen. Licht dringt jeweils nur durch ein einziges kleines Fenster herein. Ein kleiner innerer Saal ist mit einem langen Tisch und Bänken ausgestattet und von zwei nackten, schwachen Glühbirnen spärlich erleuchtet. In der winzigen Küche hängt ein altersschwacher, altertümlicher Gas-Durchlauferhitzer an der Wand, sonst gibt es dort lediglich zwei Töpfe mit Löchern darin, ein paar Stühle und einen leeren Herd. Der Mönch hielt ein brennendes Streichholz an den Durchlauferhitzer, der mit einem lauten, unheilverkündenden Knall augenblicklich explodierte. Todesmutig versuchte er es noch einmal und konnte das Gerät mit bewundernswerter Beharrlichkeit schließlich dazu bewegen, seine Aufgabe zu erfüllen, worauf er mir in dem spartanischen kleinen Waschraum nebenan stolz demonstrierte, daß jetzt heißes Wasser zur Verfügung stand. Er teilte mir noch mit, daß die Messe um acht beginne, und überließ mich dann mir selbst.

Trotz der Kälte und des Fehlens jeglichen Komforts erschien mir die Pilgerherberge von Roncesvalles, die ja immerhin nicht ganz in die Kategorie härenes Gewand fiel, durchaus angemessen. Die kühle Luft und das feuchte Wetter taten der Romantik der Jahrhunderte keinen Abbruch. Wären Fetzen von Troubadourliedern um die Dachsparren geschwebt, vermischt mit fernen Leierkastenklängen, so hätte es gut gepaßt. Aus dem winzigen Schlafraumfenster konnte ich einen großen Teil des Klostergeländes überblicken. Der Regen prasselte noch immer auf die wirklich scheußlichen Wellblechdächer herab. Die Bildhauerarbeiten an den Mauern darunter aber waren von großer Zartheit und Schönheit, besonders an der Westfront mit ihrer wunderbaren Fensterrosette. Der ganze Komplex strahlte die Atmosphäre der Zeiten und Ereignisse aus, die ihn geformt hatten. Ausgesetzt und abgenutzt lag er da, nachdem zwölf Jahrhunderte wechselnder Geschichte über ihn hinweggegangen waren, einschließlich der Heerhaufen Dutzender von Armeen auf ihren Eroberungs- und Rachefeldzügen. Daß er das alles überlebt hatte und in unserer heutigen materialistischen Welt noch immer Pilgern Schutz und Obdach bot, grenzte an ein Wunder. Ich empfand es als eine Ehre, hier zu sein, schlüpfte wieder in meine klammen Regensachen und begab mich auf einen Erkundungsgang.

Die modrigen Arkaden führten mich nach einer Weile in einen feuchten spätgotischen Kreuzgang von bescheidenen Ausmaßen, aus dessen nassen Wänden in den oberen Regionen ganze Büschel einer vielfältigen Flora sprossen. Von hier ging es weiter in einen renovierten Kapitelsaal aus einer früheren Periode. Vor einigen Jahrzehnten hat dort König Sanchos VII., genannt der Starke, sein Grab erhalten, einer der Sieger über die Mauren in der entscheidenden Schlacht von Las Navas de Tolosa im Jahre 1212. Dem riesigen Marmorsarkophag in der Mitte nach zu schließen muß Sancho ein Hüne gewesen sein. Von seiner um nichts geringeren Körperkraft zeugen zwei rostige Kettenstücke an der Wand, Teile jener Kette, die den Zugang zum Zelt des Maurenkönigs versperrte und die Sancho mit einem einzigen Hieb seines gewaltigen Schwertes zerschlug. Nach der Schlacht wurden Ketten in das Wappen Navarras aufgenommen.

Sowohl die Kapelle zum Heiligen Geist als auch die kleine Jakobskapelle daneben waren geschlossen, doch es gelang mir, einen kurzen Blick auf das berühmteste Stück des Kirchenschatzes von Roncesvalles zu werfen, das »Schachbrett Karls des Großen«. Das hatte ich der besonderen Gunst einer jungen Frau zu verdanken, die den Schlüssel zur Schatzkammer verwahrte und die Tür sonst nur nach besonderer Vereinbarung und auch nur für Reisegruppen aufschloß. Sie sei vor allem für die Mahlzeiten der Patres zuständig und könne nicht überall gleichzeitig sein; erst müsse sie noch den Boden des Sprechzimmers putzen, aber wenn ich so lange warten könne, werde sie danach versuchen, mich für fünf Minuten hineinzulassen. Ich nahm es als eine Übung in Geduld (einer Tugend, an der es mir schmerzlich gebricht) und stand mir eine halbe Stunde lang die Beine in den Bauch, denn um den großen Moment nicht zu verpassen, wagte ich nicht weiter herumzuschlendern. Als es schließlich soweit war, bestand die Frau strikt auf Einhaltung der zugestandenen fünf Minuten, so daß ich vom Rest des Raumes nur einen vagen Eindruck von email- und goldglänzenden Bildern, Monstranzen und Kelchen gewann. Das unschätzbar wertvolle Reliquiar Karls des Großen war ebenfalls mit Emailarbeiten verziert und wie ein Schachbrett geformt, mit kreuzförmig angeordneten, kristallbedeckten Kästchen, die einst Splitter vom Kreuze Christi enthielten. Es war ein ebenso liebevoll wie kunstvoll gearbeitetes Stück, was jedoch wenig über seine Wirkung aussagt. Irgendwann im achten Jahrhundert für Karl den Großen angefertigt, lag es den ungewöhnlichen Ereignissen, die es verherrlichte, wesentlich näher als mein Jahrhundert dem Karls des Großen. Heute mag man den zahllosen angeblichen Splittern vom Kreuze Christi skeptisch gegenüberstehen, aber man vergißt dabei, daß sie Gegenstand tiefer Andacht waren. Und ein wenig von dieser Andacht spürte ich noch, als ich das Schachbrett Karls des Großen betrachtete.

Wieder in der Pilgerunterkunft, war ich dort nicht mehr allein. Im anderen Schlafraum herrschte reges Treiben – eine Busladung von etwa zwanzig Spaniern und Spanierinnen war eingetroffen, die am nächsten Tag zu Fuß nach Santiago aufbrechen wollten. In meinem Schlafraum fand ich zwei Belgierinnen vor, eine Frau meines Alters mit ihrer Nichte Eva, die ebenfalls die achthundert Kilometer zum Schrein des heiligen Jakobus wandern wollten. Sie hatten sich von Saint-Jean-Pied-de-Port aus über den Cisa-Paß gekämpft und waren völlig durchnäßt und todmüde, besonders die Ältere, Sophie. Sie bestätigten alles, was Madame Debril mir über den Weg gesagt hatte: Er war in einem miserablen Zustand, stellenweise einen halben Meter unter Wasser, und sie hatten über zehn Stunden für den Aufstieg gebraucht. Das war eine Gewalttour für den ersten Tag, und ihre Füße waren voller Blasen. Da sie außerdem noch nicht die segensreiche Wirkung von Plastiktüten entdeckt hatten, war der Inhalt ihrer Rucksäcke größtenteils klatschnaß, Kleider, Brot und Bücher eingeschlossen. Ihre durchweichten Sachen lagen im ganzen Raum ausgebreitet, also konnte ich ihnen wohl am besten helfen, indem ich Feuer machte.

Neben dem Herd in der Küche hatte ich einen Stapel Reisig entdeckt, der offenbar für ebendiesen Zweck gedacht war. Unterdessen bot ich ihnen in Ermangelung des stärkenden Weins der »Casa Sabina« einen Schluck von meinem Notfall-Whisky an, meinem Allheilmittel gegen Erkältungen. Das Feuer brannte inzwischen halbwegs, wir machten uns auf unseren Kochern Tee, und so hatten wir es in unserer gemischten Gesellschaft, die sich in dem rauchigen kleinen Raum zusammendrängte, warm und gemütlich. Die Spanier konnten nicht viel Französisch oder Englisch und hatten sich wie die meisten Gruppen am Anfang eines Unternehmens viel zu sagen, machten sich aber immerhin die Mühe, uns anzulächeln und uns einzubeziehen, wenn sie Kekse oder Schokolade herumreichten, so daß es in der Herberge recht gesellig zuging.

Die Belgierinnen und ich tauschten in einer hinreichend polyglotten Mischung aus Englisch, Französisch und Niederländisch Geschichten aus. Ich erfuhr, daß es bereits Sophies zweiter Versuch war, nach Santiago zu wandern. Im Jahr zuvor hatte sie etwa ein Drittel des Weges geschafft, mußte dann aber mit einer schweren Lungenentzündung ins Krankenhaus. Ihr Mann hatte sie nach Hause holen müssen, und er hatte sie nur deshalb wieder ziehen lassen, so gestand sie, weil Eva mitkam, die Schwesternschülerin war. Doch weshalb sie überhaupt nach Santiago wollte, fand ich nicht heraus. Sie war weder in irgendeinem landläufigen Sinne religiös, noch schien sie Antworten auf die großen Fragen des Lebens zu suchen; es zog sie nicht zu den herrlichen Kirchenbauten an der Strecke, und sie war auch kein besonders sportlicher Typ, der einfach die Bewegung an der frischen Luft liebt. Sie hatte nicht einmal sehr viel für die

Spanier übrig, die ihr viel zu laut waren. »Du wirst sehen«, flüsterte sie mir verschwörerisch zu, »die sind heute noch keinen Schritt zu Fuß gegangen, da werden sie bis ein oder zwei Uhr morgens reden und lachen und uns wachhalten.« Doch nicht einmal solch schroffe, unchristliche Bemerkungen konnten über die schöne Ehrlichkeit und Wärme hinwegtäuschen, die ihre Haupteigenschaften waren. Nachdem die Spanier sich als absolut harmlos erwiesen hatten und schon um zehn Uhr schlafen gegangen waren, machte Sophie selbst uns darauf aufmerksam und tadelte sich für ihre lieblosen Äußerungen.

Es war offensichtlich, daß Sophie eine resolute Person war – man hätte sie auch dickköpfig nennen können –, die ein bestimmtes Ziel erreichen wollte, und wenn sie ihr ganzes Leben dazu brauchte. Eva vertraute mir an, daß ihre Tante häufig Probleme mit den Bronchien hatte und nicht sehr kräftig war. Niemand in der Familie glaubte, daß sie es bis nach Santiago schaffen würde, aber es konnte sie auch niemand von dem Versuch abhalten.

Als ich in der Nacht wach wurde und auf das fremde Knacken und Knarren des alten Gebäudes lauschte, kam mir im Zusammenhang mit dem, was Eva mir über ihre Tante erzählt hatte, Keats' »Ode auf eine griechische Urne« in den Sinn. Der Töpfer hatte die Figuren auf der Vase in einem Moment eingefangen, als sie die Arme nach etwas heiß Ersehntem ausstreckten, der Geliebte nach der Geliebten beispielsweise. Für Keats ist diese erstarrte Leidenschaft, die ihr Ziel nie erreicht, ein gesegneter Zustand:

> »... doch sei nicht bang: ... und wird dir kein Genuß,
> Liebst du doch ewig und bleibt sie so schön!«

Wahrscheinlich würde auch Sophie ihr Ziel nie erreichen, aber der Drang, nach Santiago zu wandern, würde immer dasein und ihrem Leben etwas Besonderes geben, etwas Großes, auf das sie sich freuen konnte, das sie planen, zu dem sie Jahr für Jahr von neuem aufbrechen konnte. Viele machen diese Erfahrung: Nicht das Ankommen zählt, sondern die Reise selbst.

6

Durch Navarra

Obwohl mich auf der Südseite der Pyrenäen ein müheloses Abwärtsgleiten erwartete – eine herrliche Aussicht für jeden Radreisenden –, brach ich am nächsten Morgen nur widerstrebend auf. Etwas Besonderes war mir – vor allem während der Abendmesse – in Roncesvalles begegnet, das ich ungern zurückließ.

Einen besseren Ort für eine Pilgermesse als die Stiftskirche von Roncesvalles kann man sich kaum wünschen. Trotz der zahlreichen Umbauten ist aus ihr über mehr als acht Jahrhunderte ein steter Strom von innigen Gebeten aufgestiegen, und wie ich nun aus eigener Erfahrung wußte, ist man als Reisender, der durchgefroren und müde in Roncesvalles ankommt, überaus dankbar dafür, daß es diesen Ort gibt. Doch die Dankbarkeit des modernen Reisenden kann nur ein Bruchteil dessen sein, was ein Pilger im Mittelalter empfunden haben muß. Zu den Hauptaufgaben der Mönche von Roncesvalles (eine Pflicht, die sie noch heute erfüllen) gehörte es laut Don Javier, für die Seelen der Tausende von Pilgern zu beten, die auf dem Weg nach Santiago ihr Leben ließen. Die Gebeine vieler, die den Schrein des heiligen Jakobus nie erreichten, liegen in dem Beinhaus unter der Grabkapelle am Tor. So viele Pilger fielen den Wölfen, marodierenden

Banden oder den berüchtigten Gebirgsnebeln zum Opfer, in denen sie sich verirrten und dann verhungerten oder erfroren, daß in Ibañeta eine Glocke geläutet wurde, um ihnen den Weg zu weisen. Gebet und Dank jener, die all diese Gefahren überstanden hatten, müssen besonders inbrünstig gewesen sein, und es wäre seltsam, hätte sich das nicht in der Aura der Kirche niedergeschlagen.

Nach der Beschreibung in meinem Führer hatte ich ein lieblos restauriertes Gotteshaus bar jeglicher Atmosphäre erwartet. Doch was ich vorfand, war das genaue Gegenteil – ich muß allerdings gestehen, daß mich das gut geheizte Kirchenschiff nach den eisigen Schlafräumen sofort für den Bau einnahm. Vielleicht bin ich auch kein Purist, denn ich habe es lieber, wenn ein Gebäude gut erhalten ist, wenn die Skulpturen gereinigt und beschädigte Teile ersetzt sind. Schließlich zog in vergangenen Jahrhunderten ein Heer von reisenden Steinmetzen, Glasmachern, Zimmerleuten und anderen Handwerkern von Kirche zu Kirche, von Kathedrale zu Kathedrale, um auszubessern und zu erneuern, wo immer es nottat.

Das ursprüngliche Gebäude wurde um 1200 im Stil der französischen Gotik errichtet, als dreischiffige Basilika mit Triforium und zierlichen Säulen. Besonders gefiel mir das milde indirekte Licht, das ein für eine Kirche sehr passendes geheimnisvolles Flair erzeugte. Hätte es damals schon elektrisches Licht gegeben, hätte man es bestimmt in genau der gleichen Weise eingesetzt. Über dem Hochaltar steht die berühmte wundertätige Muttergottes von Roncesvalles mit ihren Diamanttränen. Es scheint, als wollte das Jesuskind aus ihren Armen flüchten und sie versuchte es im Wissen um sein Schicksal noch ein wenig länger festzuhalten. Anfangs war ich nicht sehr angetan von diesem Objekt der Pilgerverehrung, vielleicht weil wundertätige Skulpturen in meiner religiösen Erziehung keine Rolle gespielt haben, ebensowenig wie Reliquien. Möglicherweise verhindert ja auch die Silberschicht, mit der Maria und das Kind überzogen sind, daß man die Wirkung des ursprünglichen Werks wahrnimmt. Doch je länger ich die Statue betrachtete, desto besser gefiel sie mir, besonders das dunkle, unbedeckte Antlitz Marias, dessen rätselhafter Ausdruck seinen Reiz nicht halb so schnell verlieren wird wie das Gesicht der Mona Lisa den seinen.

Ich hatte Don Javier gefragt, ob ich als Anglikanerin in der katholischen Messe die Kommunion empfangen könne, und er hatte bejaht. Ich kläre diesen Punkt immer gern vorher, weil die Zeremonie bei Katholiken und Protestanten recht unterschiedlich abläuft, was mit der schwierigen Frage der Transsubstantiation zusammenhängt – werden Brot und Wein tatsächlich zu Leib und Blut Jesu Christi? Oder ist es ein rein symbolischer Akt? Manche Kleriker sind strikt dagegen, daß Protestanten und Katholiken an der Abendmahlsfeier der jeweils anderen Religion teilnehmen. Ich persönlich sehe darin kein Problem, und die anglikanische Kirche wählt einen Mittelweg: Sie läßt beide Vorstellungen zu, ohne sie allzu wörtlich zu nehmen.

Etwa fünfzig Menschen besuchten den Gottesdienst, die Hälfte Pilger, die andere Hälfte Einheimische, die im Kloster wohnten oder arbeiteten, außer den Belgierinnen und mir alles Katholiken. Die Belgierinnen gehörten gar keiner Kirche an und waren daher von keinerlei theologischer Haarspalterei angekränkelt. Sie glaubten an Gott, wie sie sagten, waren Jesus gegenüber unvoreingenommen und meinten, daß ohnehin alle Religionen mehr oder weniger dasselbe meinten. Sie gaben sich Mühe, die fremden Bewegungen mitzuvollziehen, knieten nieder, wenn die anderen niederknieten, und bekreuzigten sich an den richtigen Stellen. Als sich beim Friedensgruß alle ihrem Nachbarn zuwandten, war Sophie sichtlich bewegt. Sie ging herum und gab jedem einzeln die Hand – ein Beispiel dafür, wie ein Neuling frischen Wind in ein Ritual bringen kann. Wäre freilich die ganze Gemeinde ihrem Beispiel gefolgt und jeder hätte jeden umarmt, hätte der Gottesdienst ziemlich lange gedauert. Als wir nach vorn gingen, um die Kommunion zu empfangen, kamen Sophie und Eva mit. Vielleicht waren sie beide nicht getauft – daß sie nicht konfirmiert waren, wußte ich –, aber irgendwie schien es in Roncesvalles auch darauf nicht anzukommen. Worauf es ankam, das war die Atmosphäre des Friedens und des Angenommenseins, das Gefühl der Einigkeit unter so verschiedenartigen Menschen, die sich an einem ganz besonderen Ort versammelt hatten.

Am Ende wurden die Pilger ans Altargitter gerufen, und der Priester segnete jede Gruppe in ihrer Sprache mit den alten Gebeten aus dem Pilgerführer.

»... O Gott, der Du Deinen Diener Abraham von Ur in Chaldäa fortführtest und ihn auf allen Wegen seiner Pilgerfahrt unversehrt bewahrtest, wir flehen dich an, bewahre auch diese Deine Diener. Sei ihnen gnädig bei ihrem Aufbruch, ein Trost auf ihrem Weg, ein Schatten in der Hitze, ein Schutz in Wind und Kälte, eine Festung in der Not... auf daß sie unter Deiner Führung glücklich das Ende ihrer Reise erreichen mögen...«

Nachdem diese feierlichen und tief bewegenden Gebete beendet waren, breitete der Priester weit die Arme aus und sprach in schlichten spanischen Worten, die selbst ich verstand: »Pilger, betet für uns, wenn ihr nach Santiago de Compostela kommt.«

Ich glaube, dieser Moment war es, der mich zur wahren, wenn auch widerstrebenden Pilgerin machte. Das »Priez pour nous« hatte mich schon in Frankreich berührt, doch in der Atmosphäre von Roncesvalles hatte es etwas Drängendes, dem ich mich nicht mehr entziehen konnte. Ich mußte Farbe bekennen und mir eingestehen, daß dies keine Reise wie jede andere war, daß ich bei aller anfänglichen Unbeschwertheit eine Verpflichtung eingegangen war, die mehr umfaßte als nur das Ankommen an einem bestimmten Ziel. Was diese Verpflichtung bedeuten mochte, wußte ich zu diesem Zeitpunkt noch nicht, doch daß ich sie akzeptierte, wirkte irgendwie beruhigend. Es war wie das Ablegen einer schweren Last.

Als ich erwachte, war Roncesvalles in seinen berüchtigten Nebel gehüllt und wirkte dadurch noch mittelalterlicher als am Tag zuvor. Sophies und Evas Kleider tropften noch immer traurig vor sich hin, und die beiden beschlossen, schön warm verpackt in ihren Schlafsäcken zu bleiben, bis die »Casa Sabina« zum Frühstück ihre Pforten öffnete. Ich hätte ohne weiteres ihrem Beispiel folgen können, aber obwohl ich Roncesvalles und die ersten Pilgergefährten meiner Reise nur ungern verließ, schien es mir doch das beste, gleich aufzubrechen. Frühstücken wollte ich nicht, denn ich mußte mich erst noch vom Abendessen erholen. Zu Hause esse ich zwischen sechs und sieben, und gestern war es zehn geworden, bis Gabriel uns dreien seine navarresische Spezialität brachte,

Bergforelle, mit einer dicken Schinkenscheibe darin gebraten. Sie war vorzüglich gewesen, hatte mir jedoch eine schlaflose Nacht beschert. Offenbar mußte ich mich in Spanien an andere Essenszeiten gewöhnen; bis Pamplona brauchte ich allerdings erst einmal nicht mehr ans Essen zu denken.

Die fromme und ruhige spanische Gruppe hatte sich bereits fertiggemacht und war aufgebrochen, noch ehe ich mich an dem spartanischen Waschbecken gewaschen hatte. Kurz bevor sie von der Straße abbogen, holte ich sie ein, und wir riefen uns die gebührenden Pilgergrüße zu, bevor uns der Nebel verschluckte.

Von der spanischen Grenze an ist der Pilgerweg nach Santiago im Gegensatz zu der Route von Vézelay bestens markiert, auch wenn man sich an manchen Stellen, wie mir schien, immer noch leicht verirren konnte. Ich würde nicht die ganze Zeit auf dem ursprünglichen Weg bleiben können, denn er ist über weite Strecken so uneben und feucht, daß man ihn nur zu Fuß gehen kann; nicht einmal ein Mountainbike oder ein breitbereiftes Mitteling wie Roberts würde durchkommen, schon gar nicht so schwer beladen. Doch wo immer es ging, verließ ich die Straße, um dem eigentlichen Pilgerweg zu folgen, und ohnehin trafen Straße und Weg bei den wichtigsten Städten und Dörfern des *Camino* immer wieder zusammen.

Ich mußte nach gelben Pfeilen Ausschau halten, die zusammen mit den offiziellen Muschelschildern und den Informationstafeln an den Überlandstraßen den Verlauf des *Camino* markierten. Der erste gelbe Pfeil war an der Abzweigung, an der meine Gefährten aus Roncesvalles im Nebel verschwunden waren, ungelenk auf einen Felsen gemalt.

Mit herrlichem Rückenwind von Norden befand ich mich bald unterhalb der wirbelnden Wolken und brauste vergnügt bergab, nur um kurz danach wieder aufwärtskeuchen zu müssen, bis auf die Höhe von Roncesvalles. So ging es noch eine Weile auf und ab, wenn auch mehr ab als auf, dann erreichte ich Pamplona, die baskische Hauptstadt, die Stadt Hemingways.

Pamplona wurde im ersten Jahrhundert v. Chr., als die Römer die unruhigen Basken zu unterwerfen suchten, von Pompejus gegründet. Die Stadt hat eine interessante Geschichte, aber sie zeigte mir anfangs kein sehr freundliches Gesicht. Vielleicht erwachen die Basken ja erst dann wirklich zum Leben, wenn die Stiere durch die Straßen stürmen, bevor sie in der Hitze eines Julinachmittags in der Arena ihr Leben lassen müssen. Das Bild, das man sich als Reisender von einem Ort macht, ist bis zu einem gewissen Grad von den Menschen bestimmt, auf die man dort trifft, und in Pamplona sah ich kein einziges lächelndes Gesicht. Der Tag war grau, was die Stadt nicht gerade freundlicher wirken ließ, und obendrein war die berühmte Kathedrale verschlossen. Das wäre trotz der verlockenden Dinge, die ich über sie gelesen hatte, nicht allzu schlimm gewesen, hätte nicht ein Anschlag am Portal behauptet, daß sie in ein bis zwei Stunden geöffnet würde. Ich wartete eine Ewigkeit über die angegebene Zeit hinaus, doch die Tore blieben verschlossen. Als ich schon glaubte, verrückt zu werden oder den Anschlag nicht richtig verstanden zu haben, hielt ich schließlich einen vorbeigehenden Pfarrer an und bat ihn um Aufklärung. Der Mann reagierte wie das weiße Kaninchen in *Alice im Wunderland*: Er fuhr fort, in seinem Brevier zu lesen, beschleunigte seinen Schritt und gab nur mit einem kaum wahrnehmbaren, mürrischen und geringschätzigen Heben des Kinns in Richtung des irreführenden Anschlags zu erkennen, daß er meine Bitte vernommen hatte. Das brachte das Faß zum Überlaufen. Ich schüttelte, bildlich gesprochen, den Staub Pamplonas von meinen Reifen und kehrte auf den *Camino* zurück. Wenigstens regnete es jetzt nicht mehr!

Gerettet wurde der Tag durch ein Dorf am Stadtrand, in dem ich übernachtete. Cizur Menor liegt auf einem kleinen Hügel und beherbergt die Reste einer Festung der Johanniter oder Hospitaliter, eines Ordens, der normalerweise eher mit den Kreuzzügen und der Pilgerfahrt nach Jerusalem in Verbindung gebracht wird. Doch gemeinsam mit den Templern verteidigten die Johanniter auch den Pilgerweg nach Santiago, besonders ab dem zwölften Jahrhundert, nachdem Saladin die letzten Kreuzritter aus Akko, ihrer einzigen noch übrig gebliebenen Festung im Heiligen Land, vertrieben hatte. Viel war von diesem Relikt ihrer langen, ereignisreichen Geschichte nicht mehr zu sehen, doch für mich war die Hauptattraktion von Cizur Menor ohnehin der ehemalige Hühnerstall einer wohlhabenden ortsansässigen Familie.

Verantwortlich für die Verwandlung des geräumigen Stalls in eine gehobene Unterkunft für zwölf Pilger war Isbil Roncal, eine Frau, die sich ebenso intensiv mit Geschichte und Politik des *Camino* befaßt wie Madame Debril in Saint-Jean-Pied-de-Port. Auch Isbil engagiert sich in diversen Komitees für den Ausbau des Weges und wollte, als ich ankam, gerade in die Stadt fahren, um an einer Sitzung zu diesem Thema teilzunehmen. Als ich ihr von der Enttäuschung erzählte, die ich in Pamplona erlebt hatte, bestand sie darauf, mich mitzunehmen, um eine echte Pilgerin vorweisen zu können, die einigen ebenfalls anwesenden einflußreichen Leuten erzählen konnte, was für einen schlechten Eindruck die verschlossene Kathedrale machte. Offenbar waren die Öffnungszeiten ein ständiger Streitpunkt in Pamplona. Ich wollte nicht in die Lokalpolitik hineingezogen werden, hatte aber gegen Isbils stürmischen Enthusiasmus keine Chance. Ehe ich mich's versah, war Roberts im *refugio* eingeschlossen, und ich saß in meinen Pilgersachen, noch ungewaschen und verschwitzt, in einem prächtigen Saal voller gutgekleideter Leute.

Zum Glück fand Isbil keine Gelegenheit, ihre Pilgerin wie ein Kaninchen aus dem Hut zu zaubern. Freundlich und aufmerksam, wie sie im Grunde war, merkte sie, daß ich, da ich kein Spanisch konnte, nicht viel mitbekam, und verließ mit mir die Sitzung, um mir die Stadt zu zeigen.

Doch trotz Isbils Hilfe blieb die Kathedrale fest verschlossen, und die wenigen geöffneten Barockkirchen machten mir allenfalls die Welt El Grecos ein wenig begreiflicher. Ich würde mich langsam in die spanische Kirchenarchitektur einfühlen müssen, besonders in ihre Bildhauerkunst, denn beides war mir völlig neu.

Ein unmittelbares Vergnügen bereiteten mir die kurzen Einblicke in das spanische Leben, die Isbil mir verschaffte. Wir gingen zu einer Lotterieannahme, um zu sehen, ob sie diese Woche etwas gewonnen hatte. Es fehlte ihr ganz offensichtlich nicht an Geld, aber in Spanien ist es, wie ich erfuhr, für fast jedermann, ob arm oder reich, etwas ganz Alltägliches, an der einen oder anderen der zahlreichen Lotterien teilzunehmen. Der Zufall schien dabei eine weit größere Rolle zu spielen als im Fußballtoto; es war reine Glückssache. Der Computer wurde befragt, und Isbil erfuhr, daß sie etwa die Hälfte ihres monatlichen Einsatzes gewonnen hatte. Das schien bei ihr das Übliche zu sein: Sie bekam die Hälfte bis zwei Drittel des Geldes, das sie ausgegeben hatte, wieder herein und kaufte sofort neue Lose. Der Einsatz sei gering, meinte sie, und es komme ihr auch überhaupt nicht aufs Gewinnen an; das Schönste sei die Spannung.

Und noch eine Überraschung erlebte ich, als wir auf einem schmalen Bürgersteig an den hohen Mauern der Klosterschule entlanggingen, die Isbil als Kind besucht hatte. Durch diese Straße werden die Stiere zur Arena getrieben. »Das ist so ein herrlicher Anblick«, sagte Isbil, »so herrlich und auch so traurig, denn sie sind wunderschön und man weiß, daß sie am Nachmittag sterben werden.« Mit diesen Worten versuchte sie die Gefühle zu beschreiben, die die alljährlich stattfindende berühmte Fiesta von Pamplona in ihr weckte. Es war seltsam, das Geschehen aus der Perspektive der Opfer geschildert zu hören und nicht aus derjenigen der Matadore, aber vielleicht sagte das etwas über den spanischen Volkscharakter aus. Den blutrünstigen Darstellungen gefolterter Heiliger nach zu schließen und den extrem realistischen Kreuzigungsszenen in den Kirchen, die wir gerade besichtigt hatten, wird im spanischen Christentum das Leiden besonders stark betont. Die spanische Inquisition war der fanatischste Zweig dieser unheilvollen Einrichtung, des Heiligen Offiziums, das mit seiner grausamen Verbissenheit alle anderen Institutionen in den Schatten stellte. Seine Beliebtheit beim spanischen Volk machte es in Spanien besonders erfolgreich. Die *autos da fé* (»Glaubensakte«), bei denen die Bestrafung verurteilter

Ketzer – in der Regel auf dem Scheiterhaufen – öffentlich vollzogen wurde, waren große Volksfeste. Möglicherweise liegt dem ein tiefes Bedürfnis der spanischen Psyche zugrunde, das heute, nach Abschaffung der Inquisition, der Stierkampf erfüllt. Isbils Begeisterung machte mir klar, wie leicht man im zwanzigsten Jahrhundert vergißt, daß Leiden und Opfer im Mittelpunkt des christlichen Glaubens stehen.

Zurück in Cizur Menor brachte Isbil mich in der Pilgerherberge unter und kassierte die bescheidene Übernachtungsgebühr. Fast alle ihre Äußerungen drehten sich um das Tun und Lassen der Pilger, und ich fragte mich, ob sie sich mit dem diskret rustikalen kleinen *refugio* nicht einen Kindheitstraum erfüllt hatte. Es erinnerte seltsam an ein Puppenhaus, ein Bau, der gewiß nicht billig gewesen war und in dem sich jedes Möbelstück harmonisch in das Gesamtbild fügte. Es war alles vorhanden, was zwölf wohlerzogene, stubenreine kleine Pilger sich nur wünschen konnten, eine Garnitur für jeden, bis hin zu den zwölf hochglanzpolierten Messern, Gabeln und Löffeln. So komfortabel die Herberge war, hatte sie doch auch etwas Skurriles an sich, und ich ertappte mich dabei, wie ich mit etwas makabren Phantasien spielte, zum Beispiel, daß ich elf starre kleine Holzpilger in einer Reihe vor mir hätte und wüßte, daß ich das Dutzend voll machte, oder daß plötzlich ein riesiges Kinderauge durchs Fenster spähte.

Doch mein Schlaf blieb von Alpträumen verschont. Friedlich lag ich in meinem ordentlich mit Vorhängen versehenen hölzernen Etagenbett und las die Komplet, die mit den passenden Worten »Eine ruhige Nacht und ein seliges Ende verleihe uns der Herr, der Allmächtige«

beginnt. Dann wußte ich nichts mehr, bis ich am nächsten Morgen um sechs erwachte.

Die nächste Nacht wollte ich in Estella verbringen. Es würde keine anstrengende Etappe werden, denn selbst mit dem einen oder anderen Umweg waren es nur etwa fünfundfünfzig Kilometer. Aber ich wollte mir unterwegs einiges ansehen, und auf keinen Fall wollte ich mich abhetzen. Bis Santiago waren es keine achthundert Kilometer mehr, und ich hatte dafür noch zwei Wochen Zeit.

Isbil hatte mir empfohlen, gleich zu Beginn einen Umweg zu fahren, um den Schrecken eines besonders unangenehmen Streckenabschnitts der Überlandstraße zu entgehen, der bekanntermaßen ein Martyrium des modernen Pilgers sei. So fuhr ich durch leicht hügeliges Grasland mit vereinzelten, seltsam aussehenden Industrieanlagen, die irgend etwas mit Steinbrüchen zu tun haben mußten, denn ab und zu kamen schwere Bruchsteinlaster vorbei, die die ganze Breite der Straße einnahmen; ihr Belag war vom Gewicht der Fahrzeuge voller Risse und Schlaglöcher. Wenn ich sie kommen hörte, wich ich vorsichtshalber gleich auf den Randstreifen aus. Durch das ständige Anhalten und das viele Auf und Ab wäre die Fahrt Schwerarbeit gewesen, hätte ich nicht noch immer kräftigen Rückenwind gehabt.

Die Fahrt auf der N 111 überzeugte mich davon, wie klug Isbils Rat gewesen war; doch unter inbrünstigen Gebeten zum heiligen Raphael, dem Schutzengel der Reisenden, überstand ich die paar Kilometer bis zur nächsten Abzweigung unversehrt. Von hier würde ich auf Nebenstraßen das letzte Stück der vierten klassischen Route nach Santiago erreichen, bevor sie bei Puente la Reina, der Brücke der Königin, mit den drei anderen zusammentraf. Es war die Strecke von Arles, die von Pilgern aus Südfrankreich und Italien benutzt wird und die Pyrenäen als einzige auf dem Somport-Paß überquert. Ich hatte mich für diese Route entschieden, nicht nur um von der N 111 wegzukommen, sondern auch weil ich die Kirche von Eunate sehen wollte, auch sie ein berühmter Bestattungsplatz mittelalterlicher Pilger.

Die schöne kleine, achteckige Kirche, im romanischen Stil erbaut, liegt in erhabener Einsamkeit inmitten weiter Felder, die um diese Jahreszeit gerade ihr erstes Grün zeigten. Die sanft gewölbte, von einem offenen Glockenturm gekrönte Kuppel und der kleine runde Turm, Totenlaterne genannt, zeichneten sich scharf gegen den blauen Himmel ab. Das zierliche Gebäude strahlte in der Weite der Landschaft eine Melancholie aus, die gut zu seiner Rolle paßte.

Diese runden oder achteckigen Kirchen wurden meist von den Tempelrittern nach dem Vorbild des Heiligen Grabs in Jerusalem errichtet. Doch obwohl die Templer in Navarra auf der Höhe ihrer Macht standen, ist diese Kirche, einst Teil eines Pilgerhospizes, nicht ihr Werk, wie es in den meisten Führern heißt, sondern das der Johanniter oder Hospitaliter. Von ihrem Grundriß abgesehen, konnte ich wenig Ähnlichkeit mit dem Heiligen Grab entdecken. Die schönen äußeren Arkaden bilden einen Kreuzgang rings um den Bau und verleihen ihm etwas außerordentlich Zartes. Von ihnen leitet sich sein baskischer Name »Kirche der hundert Tore« her.

Ich saß da, freute mich an der Ruhe und Schönheit des Ortes und dachte gerade, daß es keine schlechte Idee wäre, Wasser für eine Tasse Kaffee aufzusetzen, als ein

Bus vorfuhr, aus dem eine ganze Schulklasse quoll, zehnjährige Spanier, zwitschernd wie ein Schwarm aufgeregter Stare. Sie holten mich abrupt und unsanft ins zwanzigste Jahrhundert zurück, und ihr lebhaftes Interesse an meiner Person – nachdem ihre Lehrerin ihnen die *peregrina* gezeigt hatte, ein lebendes Exemplar für den Geschichtsunterricht –, war mir alles andere als angenehm. Doch dann entsann ich mich gerade noch rechtzeitig, daß ich in Roncesvalles meine Rolle als Pilgerin akzeptiert hatte. Auch dies gehörte offensichtlich dazu, und es war zwecklos, mir Gedanken darüber zu machen, was für eine Figur ich vor diesen jungen Spaniern abgab. So bekamen sie wenigstens aus erster Hand mit, daß es auch heute noch Menschen gab, die den alten Weg nicht in schnellen Autos oder Bussen zurücklegten. Nach den Limonadendosen und Chipstüten zu urteilen, die man mir von allen Seiten zusteckte, machte ich keine allzu schlechte Figur. Zahlreiche Fotos wurden auch von dem schwerbeladenen Roberts gemacht, und dann wurde ein Kassettenrekorder für ein Interview gezückt. Leider erwies sich die Sprachbarriere für die Kinder wie auch für mich als zu hoch, und die Lehrerin mußte mich auf französisch befragen. Den größten Eindruck schien mein Alter zu machen. »Über fünfzig und radelt von England bis hierher!« übersetzte die Lehrerin. Die großen Augen und die erstaunten Ausrufe der Kinder sprachen Bände.

Noch gute drei Kilometer, und ich hatte Obanos erreicht, wo die vier Pilgerwege zusammentreffen. Die moderne Plastik eines mittelalterlichen Pilgers, den Blick auf das ferne Ziel gerichtet, weist auf die Bedeutung dieses Ortes hin, denn ab hier führt nur noch eine einzige Route zum Schrein von Santiago. Anderthalb Kilometer weiter wartete schon die nächste Augenweide – der Puente la Reina, die mittelalterliche Brücke über den Fluß Arga. Eine wohltätige Königin hat sie irgendwann im elften Jahrhundert aus Mitleid mit den Pilgern errichten lassen, für die der Fluß mit seinen reißenden Fluten und den schurkischen Fährleuten eine große Gefahr darstellte. Es ist eine völlig schmucklose Brücke, nichts als ein hoher, schlanker Steinbogen, der das Wasser in einer einzigen klaren Linie überspannt, doch mir stockte der Atem vor Bewunderung, als ich sah, wie vollendet ein reiner Zweckbau geformt sein kann.

So wichtig war die Brücke, daß hier bis zum dreizehnten Jahrhundert eine ummauerte Stadt aus dem Boden schoß, ein betriebsamer Handelsplatz, der ebenfalls Puente la Reina hieß. Die moderne Straße führt daran vorbei, auf dem Pilgerweg aber gelangt man durch einen Torbogen in die schmale Hauptstraße, die Calle Mayor. Wie die Mitglieder einer Freimaurerloge wurde ich von besonderen Zeichen geführt, gelben Pfeilen in meinem Fall, von Hand auf Randsteine und Mauerecken gemalt, unauffällig, aber vielsagend. Sie reihten mich in das unsichtbare Heer jener ein, die vor mir über das Kopfsteinpflaster gegangen waren, und plötzlich erschien mir der Weg breit und bedeutungsvoll. Die Straße verläuft im Schatten dichter Laubkronen zwischen romanischen Kirchen und Häusern mit gotischen Eingängen hindurch, und das Fehlen augenfälliger Renovierungen verstärkt den mittelalterlichen Eindruck noch. Ein letzter Pfeil wies mich wieder aus den Mauern hinaus und auf den schmalen Puente la Reina. Wäre auch nur eine der berühmten Kirchen geöffnet gewesen, ich hätte mindestens einen halben Tag hier verbracht.

Dasselbe Problem stellte sich in Cirauqui, einem kleinen, auf einem Hügel gelegenen Dorf nicht weit von Puente la Reina. Die Straße führt zwar nicht wie dort schnurgerade durch den Ort, sondern um den Fuß des Hügels herum, aber Cirauqui ist so alt und interessant und so voller erstaunlicher Bauten, daß man es nicht gut links liegen lassen kann. Und als ich erst einmal angefangen hatte, die steilen Kopfsteingäßchen zu erkunden, die sich durch Torbögen mit Wappenschildern aufwärts winden, die Terrassen und Plätze und die Kirche aus dem dreizehnten Jahrhundert, waren im Nu mehrere Stunden vergangen. Offensichtlich hatte man auf dem Jakobsweg die Qual der Wahl, und ich konnte seine Schätze beim besten Willen nicht alle besichtigen.

Die letzten fünfzehn Kilometer bis Estella fuhr ich ohne Halt durch. Ich widerstand der Versuchung, mir die Stelle nahe dem Dorf Lorca anzusehen, an der Aimery Picaud zufolge navarresische Gauner durchreisende Pilger zum Tränken ihrer Pferde ermuntert hatten. Der Fluß war hochgradig verseucht, so daß die Pferde auf der Stelle starben, worauf ihnen die hinterhältigen Navarresen, die unterdessen bereits ihre Messer gewetzt hatten, postwendend die Haut abzogen. Picauds Gesellschaft verlor auf diese Weise zwei Tiere, was ihn begreiflicherweise empörte. Mehrere Seiten seines Führers informieren den Pilger darüber, aus welchen spanischen Flüssen man unbedenklich trinken könne und in welchen die Fische giftig oder für Fremde ungenießbar seien. Daß die Wasserverschmutzung schon im Mittelalter ein Problem war, brachte mir diese Epoche erneut ein Stück näher.

Ich mußte an Picauds Versicherung denken, das Wasser des Flusses Ega, an dem Estella liegt, sei besonders gesund, als ich in dieser Nacht nur wenige Meter entfernt schlaflos im *refugio* lag und seinem Donnern lauschte, denn er hatte Hochwasser und führte entwurzelte Bäume und allerlei Unrat mit sich. Der Tag war sonnig und angenehm gewesen, aber der reichliche Regen der letzten Wochen wirkte sich noch auf die Flüsse Nordspaniens aus, von denen einige über die Ufer getreten waren.

Das *refugio* in Estella war groß und trübselig; es nahm den ersten Stock eines heruntergekommenen modernen Gebäudes ein und hatte weder Wasch- noch Kochgelegenheit. Man konnte dort nicht viel mehr tun als sich auf wenig vertrauenerweckenden Matratzen in schmutzigen Räumen aufs Ohr legen. Von dem Komfort in Cizur Menor war es weit entfernt. Wäre ich früher angekommen, hätte ich mir wahrscheinlich ein Hotel gesucht, doch im nachhinein war ich froh, daß ich es nicht getan hatte. Jetzt, da ich die Möglichkeit dazu hatte, schien es mir wichtig, die Dinge auf meiner Reise so zu nehmen, wie sie kamen, und weder Zeit noch Gedanken an Nebensächlichkeiten zu verschwenden.

Ich hatte Estella gerade noch rechtzeitig erreicht, um die ungewöhnliche gewundene Säule in der Kirche San Pedro de la Rúa zu sehen, bevor das Portal für die Nacht zugesperrt wurde. Die anderen sechs oder sieben alten Kirchen waren bereits fest verschlossen, aber Estella gehört zu jenen Orten, in denen es ein Vergnügen ist, einfach nur durch die alten Straßen zu schlendern. Für Aimery Picaud war die Stadt, Sitz der Könige von Navarra und stark französisch geprägt (zweifellos der Grund, weshalb der sonst allem Fremden abholde Picaud so von ihr angetan war), »aller Glückseligkeiten voll«. In dem frisch restaurierten, bescheidenen Palast gegenüber der

Peterskirche zeigt ein Kapitell den Kampf Rolands mit dem Riesen Feracut. Im Jahre 1492 wurden aus Kastilien vertriebene jüdische Kaufleute aufgefordert, sich in Estella anzusiedeln, und in derselben breiten Straße steht eine Reihe ihrer sehr schönen Häuser, die zur Zeit ebenfalls renoviert werden.

Am Abend fand ich ein angenehmes Restaurant, in dem ich seltsamerweise der einzige Gast war. Das war jedoch durchaus von Vorteil, denn die Bedienung, die mich mit der für mich unverständlichen Speisekarte kämpfen sah, konnte sich die Zeit nehmen, mich in die Küche zu führen, wo ich mir einen wunderbaren Fisch aussuchen durfte (Picaud äußert sich auch positiv über Estellas Fisch). Bis ich aufgegessen hatte, war es Nacht geworden, und ich war mehr als bettreif.

Den Schlüssel zum *refugio* hatte ich mir zusammen mit dem Stempel für mein *Credencial del Peregrino* auf dem Rathaus geholt. Dort hatte man mir auch den Weg beschrieben, und im Licht des Vollmondes, der sich im Fluß neben mir spiegelte, machte ich mich auf zu meinem Bett.

Ich fand in dem dunklen, weitläufigen Gebäude keinen Lichtschalter, doch durch die vorhanglosen Fenster, die auf den Fluß hinausgingen, strömte das Mondlicht herein. Ich suchte mir den kleinsten Raum aus und breitete meine Bodenplane über das Bett. Schweiß und Schmutz des Tages hätte ich allenfalls in dem reißenden Fluß abspülen können, der mir aber für mehr als ein flüchtiges Waschen von Gesicht und Händen zu gefährlich schien. Für den Rest mußte ein nasser Waschlappen genügen.

Es war so kalt, daß ich in meinen Schlafsack schlüpfte, um die Komplet zu lesen. Dann knipste ich die Taschenlampe aus und schaute zu, wie der Mond durch die rasch dahinziehenden Wolken segelte, deren Weiß vor der leuchtenden Scheibe in einen bronzefarbenen Ton überging. Fluß, Wolken und Mond waren eins, wie eine große Symphonie, und sie spiegelten die Worte wider, die ich gerade gelesen hatte:

»Brüder, seid nüchtern und wachet; denn euer Widersacher, der Teufel, gehet umher wie ein brüllender Löwe und suchet, welchen er verschlinge. Dem widerstehet, fest im Glauben.«

7

In die Rioja

Von Estella führt der *Camino* in südwestlicher Richtung weiter, was mich einem kalten, stürmischen Wind direkt in den Rachen trieb. In dem weiten, offenen Gelände gab es nichts, was seine Kraft hätte brechen können, und obwohl ich fast alles, was ich dabeihatte, am Leib trug – zwei Hemden, den Muschelpullover, eine winddichte Jacke und darüber noch die Regenjacke –, zitterte ich, und meine Augen tränten hinter der Radbrille. Doch so widrig die Umstände auch waren, die Landschaft war faszinierend. Hellgrüne Felder bildeten einen nahtlosen, gewellten Teppich bis an den Fuß eines hohen weißen Felsabbruchs im Norden, und die vielfarbigen Hügel ringsum zeichneten sich scharf gegen den grellblauen, mit schwarzen Wolken gefleckten Himmel ab. Die Weite aber war entmutigend: Da der Blick nirgends hängenblieb, ließ sie das Vorwärtskommen unendlich langsam und mühselig erscheinen. Es war eine Strecke, auf der wohl so mancher müde Fußpilger die Hoffnung, Santiago je zu erreichen, aufgegeben hatte. Und die Verbrecher, die – in Belgien noch bis ins zwanzigste Jahrhundert – statt einer Gefängnisstrafe auf Pilgerfahrt geschickt worden waren, müssen sich gefragt haben, ob die Zelle nicht doch die angenehmere Alternative gewesen wäre.

Auf dem Fahrrad, einem ansonsten unbestreitbar energiesparenden Gefährt, war es ein Tag, an dem es ungleich besser gewesen wäre, in die entgegengesetzte Richtung zu fahren. Jede Anstrengung schien vergeblich. Wenn es bergauf ging, brachte mich die Kombination von Wind und Steigung oft zum völligen Stillstand. Dann hilft nur eines weiter: schiere Willenskraft, im Verein mit der – auf Erfahrung beruhenden und trotzdem nicht leicht aufzubringenden – Überzeugung, daß es sich am Ende lohnen wird.

Unter solchen Umständen ist jeder Vorwand für eine Pause willkommen, und mein erster Halt in der reich geschmückten, von Gold strotzenden Pfarrkirche von Los Arcos hatte noch den zusätzlichen Vorteil des krassen Gegensatzes. Das hoch aufstrebende gotische Kirchenschiff mit seiner bunten Stilmischung wirkte weder beruhigend, noch war es architektonisch übermäßig interessant, und trotzdem war es ein Vergnügen, besonders die alles beherrschenden, überschäumenden Barockaltäre und Holzschnitzereien. Ganz besonders gefielen mir die Orgelpfeifen, die in luftiger Höhe zu beiden Seiten des schmalen Chors wie schmetternde Trompeten waagerecht hervorstanden. Auf die größeren von ihnen waren Gesichter gemalt, mit breiten viereckigen Mündern um die Öffnungen.

»O Herr, öffne du unsere Lippen,
Und unser Mund soll dich preisen.«

Die Kirche hatte mir der *padre* aufgeschlossen, ein freundlicher Mann, der mir einen Kaffee und einen bequemen Platz am Kamin anbot und dann seinen *sello* holen ging, um meine *certificación de paso* abzustempeln. Mit Hilfe meines kleinen Wörterbuchs und einiger Brocken Englisch und Französisch sagte er mir, wie gut ich daran täte, um diese Jahreszeit nach Santiago zu fahren. »Da haben die Leute Zeit, mit Ihnen zu reden. Im Juli ist es schrecklich, so viele Leute, Busse und viele, viele Autos. Man kommt auf der Straße kaum vorwärts. Für echte Pilger ist das die falsche Zeit.« Bei diesen Worten fand ich die Kälte und den Wind gleich nicht mehr so schlimm, ebensowenig wie das Fehlen anderer Pilger, das mich schon ein wenig beunruhigt hatte.

Ich fuhr weiter bis zum nächsten Halt, an dem mich die Aussicht auf ein frühes Mittagessen weit mehr interessierte als die Besichtigung einer weiteren achteckigen Kapelle, denn an manchen Tagen scheint der Gedanke ans Essen alles zu beherrschen. Als ich in dem Weiler Torres del Río ankam und feststellen mußte, daß es dort nicht nach einem Imbiß aussah, konnte ich mich kaum aufraffen, den kleinen Hügel bis zur Kirche hinaufzusteigen. Hätte ich es nicht getan, wäre das jedoch sehr schade gewesen, denn schon von außen war der anmutige kleine Bau einen längeren Umweg wert als die hundert Meter, die ich zurücklegen mußte. Auch die steile Dorfstraße mit ihren alten Häusern war nicht zu verachten. Füllige Frauen hingen dort aus den Fenstern und riefen einander zu, wo denn Señora Miranda sei, die den Kirchenschlüssel verwahrte. Die achteckige Kirche von Torres del Río – auch sie von Kreuzfahrern gegründet, den Templern in diesem Fall – wurde von maurischen Baumeistern errichtet. Der kleine Kirchenraum vermittelt einen Eindruck von Weite, der hauptsächlich durch die schöne Kuppel mit ihrem Laternenaufbau zustande kommt, und erinnert weit mehr an die Architektur des Heiligen Landes als Eunate. Aber all die Schönheit konnte meinen nagenden Hunger nicht stillen, und ich mußte mich noch elf Kilometer weiterquälen, gegen einen Grobian von Wind, dem offenbar nichts ferner lag, als mir das Leben leichter zu machen.

»Mangiare, mangiare?« fragte ich die blaugefrorenen Passanten in den Kopfsteinstraßen des hübschen kleinen Ortes Viana auf italienisch, in der Hoffnung, das spanische Wort würde so ähnlich klingen. Und da man hier an alle möglichen barbarischen Äußerungen durchreisender Ausländer gewöhnt schien, wies man mir ohne irgendwelche Anzeichen von Unverständnis den Weg zu einem seriös aussehenden Café voller Arbeiter, die mit Appetit ihr Essen verzehrten. Nachdem ich einen Platz gefunden hatte, holte ich meinen Sprachführer hervor und fragte nach dem *menú del día*. Das verhalf mir zu einer großen Schüssel Kichererbseneintopf, einer weiteren Forelle mit einer knusprig gebratenen Scheibe Schinkenspeck darin – für mich das letzte Exemplar dieser navarresischen Spezialität, denn ich würde Navarra demnächst verlassen – und einer *crème caramel*, alles zusammen zu einem sehr günstigen Preis. Leise Schuldgefühle beschlichen mich, weil bloßes Essen mich so glücklich machen konnte. Ein wahrer Pilger hätte seinen Sinn gewiß auf Höheres gerichtet.

Zu meiner Enttäuschung gab es in Viana nichts mehr, was an das Pilgerwesen des Mittelalters erinnerte. Seinen Anspruch auf Berühmtheit gründet der Ort heute hauptsächlich darauf, daß hier der geniale, skrupellose Cesare Borgia begraben liegt, der illegitime Sohn des zügellosen Papstes Alexander VI. Er war eines der Vorbilder für Machiavellis *Der Fürst*, und wie sein literarisches Pendant kannte er bei der Durchsetzung seiner Ziele keine moralischen Bedenken. Nach einer atemberaubenden Karriere politischer Morde und Intrigen kam er 1507 im Alter von zweiunddreißig Jahren bei einem Scharmützel ums Leben. Hätte nicht ein gehässiger Geistlicher getreu dem Rachedenken seiner Zeit das Grab aus der Kirche entfernt, hätte ich es gar nicht zu Gesicht bekommen, denn wie in Spanien üblich waren Vianas Kirchen ab dem Nachmittag fest verschlossen. Aber da war es, unter den Füßen der Passanten – eine große alte, ins Pflaster eingelassene Grabplatte mit der Inschrift »Cesare Borgia«.

Von Viana gelangte ich fast übergangslos in die fruchtbare Landschaft der Rioja, heute eine autonome Region, einst aber heftig umkämpft und neuerdings wertvoller Teil Kastiliens. Nachdem Alfonso VI. sie im Jahre 1076 Navarra entrissen hatte, galt eine seiner ersten Amtshandlungen dem Pilgerweg, den er ausbauen ließ, um den Handel zu fördern. Breite Flüsse bewässern die Ebenen der Rioja, und einer von ihnen, der Río Oja, gab der Region ihren Namen. Für die Brückenbauten über diese Flüsse nahm Alfonso die Dienste zweier talentierter Mönche in Anspruch, der späteren Heiligen Domingo de la Calzada und Juan de Ortega. Auf einer Brücke, die der ursprünglichen nachgebaut ist, gelangte ich über den eindrucksvollen Fluß Ebro in das betriebsame Logroño, die Hauptstadt der Region, die im Gefolge des Brückenbaus am Westufer aus dem Boden schoß.

Logroño war die modernste Stadt, die ich sah, seit ich London verlassen hatte. Mit ihrem Verkehrsgewühl und den gesichtslosen hohen Gebäuden hätte es jede beliebige Stadt sein können. Ich fand mich schwer zurecht, bis mich der erste gelbe Pfeil zu dem nun schon vertrauten Zeitsprung führte, jener Stelle, wo der *Camino* seinem ursprünglichen Verlauf durch das mittelalterliche Logroño folgte, während zur Rechten der Verkehr auf der modernen Durchgangsstraße dahinbrauste. Da die Kathedrale geschlossen war, gab es nichts, was zum Verweilen einlud, aber immerhin sah ich mir die Fassade der Kirche Santiago el Real mit dem lebensechten Standbild des heiligen Jakobus als *Matamoros* an. Nicht weit von Logroño liegt das Schlachtfeld von Clavijo, wo im Jahre 844 König Ramiro I. gegen die Mauren kämpfte, weil er es satt hatte, ihnen den jährlichen Tribut von hundert Jungfrauen zu zahlen. In dieser Schlacht erschien der heilige Jakobus auf einem weißen Roß an der Spitze des christlichen Heeres und schlug mit seinem großen Schwert um sich. Siebzigtausend Ungläubige fielen ihm zum Opfer.

Nach Ansicht vieler Gelehrter ist die Schlacht von Clavijo ein Mythos – auch ohne das Eingreifen des Heiligen. Sicher aber ist, daß sie, ob sie nun stattgefunden hat oder nicht, Grundlage einer der langlebigsten Betrügereien der Geschichte war. Etwa dreihundert Jahre nach dem ersten Auftritt des Jakobus als Maurentöter behaupteten gewisse Würdenträger der Kathedrale von Santiago, König Ramiro I. habe zum Dank für die Hilfe des Heiligen in der Schlacht von Clavijo eine Getreide- und Weinsteuer erhoben, die das spanische Volk auf unbegrenzte Zeit in die Schatullen der Kathedrale einzuzahlen habe. In deren Archiven, so hieß es, gebe es eine Urkunde Ramiros' I. darüber, und auf dieses Dokument berief sich jeder der späteren Monarchen, um die Abgabe von seinen Untertanen einzutreiben. Es gab immer wieder Versuche, die Vorlage des Ramiro-Diploms zu erzwingen, und als schließlich keine Ausflüchte mehr halfen, mußte das Kirchenamt zugeben, daß das Originaldokument verlorengegangen sei. Es existierte nur eine angeblich echte Abschrift aus dem zwölften Jahrhundert, die aber niemanden zu täuschen vermochte. Kaum jemand, den es betraf, kann auch nur einen Moment lang bezweifelt haben, daß die ganze Sache ein Betrug war, vom Kirchenamt ersonnen, um die Baukosten für die prächtige Kathedrale bestreiten zu können. Trotz allem aber wurde die Steuer erst 1834, tausend Jahre nach der umstrittenen Schlacht, endlich abgeschafft.

Als ich den Heiligen auf seinem stolzen Roß betrachtete und mich fragte, was er wohl zu der betrügerischen Steuer gesagt hätte, die in seinem Namen erhoben worden war, sprach mich ein alter Mann an. Er war, wie sich herausstellte, ein in Logroño ansässiger Pilger, der viermal zu Fuß in Santiago gewesen war und darauf brannte, mir davon zu erzählen. Er wäre wohl gern ins Detail gegangen, hätte ihn nicht das Fehlen einer gemeinsamen Sprache daran gehindert. So aber war es einfach eine nette Begegnung: Ich weckte in ihm Erinnerungen an die Pilgerfahrt, und er machte mir einmal mehr bewußt, daß meine Reise kein einsames Unternehmen war, auch wenn ich die meiste Zeit allein war.

Der niedrige Torbogen, durch den ich Logroño verließ, war das Schönste, was ich dort sah. Auch er erinnerte mich an *Alice im Wunderland*, denn er war wie Alices Spiegel: Auf der anderen Seite fand ich mich schlagartig im zwanzigsten Jahrhundert wieder und mußte versuchen, mich nicht von der lebensgefährlichen Straße nach Navarette einschüchtern zu lassen. Es folgten zehn Kilometer Fegefeuer, eine Strecke, auf der ich mich bemühte, keine lieblosen Gedanken über die rasenden Autofahrer zu hegen. Dann war der Kampf für diesen Tag vorbei, und ich quartierte mich im ruhigen, friedlichen *refugio* auf dem Gelände des *seminario* der *Padres Camilos* in Navarette ein.

Der kleine Ort hat nichts Besonderes an sich außer einer Atmosphäre des Zurückgelassenseins mit seinen Erinnerungen an vergangene Schlachten und große Ereignisse. Doch auch hier fand ich mich, nur ein kleines Stück von der modernen Straße entfernt, auf vertrautem Terrain wieder. Bruchstücke von kunstvollem altem Mauerwerk waren da und dort in neuere Mauern und Schwellen eingelassen, und das schöne romanische Portal des Johanniterhospizes San Juan de Acre hatte man am Eingang zum Friedhof wiedererrichtet – spärliche Erinnerungen an eine Zeit, da Navarette bedeutender war als Logroño, und doch genug, um die Atmosphäre des *Camino Francés*, der jetzt leicht zu erkennen war, lebendig zu erhalten.

Um das glückliche Ende einer weiteren Tagesetappe zu feiern, erstand ich eine Flasche weißen Rioja. Eine geduldige, mütterliche Frau schaute mir, gemütlich auf die Theke gestützt, beim Einkaufen zu. Langsam und deutlich nannte sie den Namen jedes Gegenstandes, den ich nach einem Blick in mein Wörterbuch falsch ausgesprochen hatte, und wartete dann darauf, daß ich ihn korrekt wiederholte. Es war wie einst im Kindergarten – ein schönes, anheimelndes Gefühl der Sicherheit und Geborgenheit.

Im *refugio* waren inzwischen noch zwei andere Pilger eingetroffen: Kurt, ein Arzt im Ruhestand aus Bayern, und Theo, ein zweiundzwanzigjähriger Ingenieurstudent aus Eindhoven in den Niederlanden. Theo war wie ich mit dem Rad unterwegs, Kurt ging die Route von Arles zu Fuß. Wir freuten uns, Pilgergefährten vorzufinden, und da wir alle drei im *refugio* essen wollten, beschlossen wir, unsere Vorräte zu einem zivilisierten gemeinsamen Mahl zusammenzulegen. Einen Eßraum oder eine Küche gab es nicht, nur zwei kleine Schlafräume und ein Kaltwasserbad, aber mit ein bißchen Hin- und Herschieben der Betten bekamen wir einen Tisch und Sitzgelegenheiten und bereiteten ein einfaches Essen mit Brot, Käse, Obst, Salat und dem Rioja. Wir hatten sogar zwei Flaschen – Theo hatte ebenfalls eine gekauft –, die uns zweifellos ermunterten, den alten Pilgerbrauch des Geschichtenerzählens zu pflegen. Wir unterhielten uns bis tief in die Nacht, und nachdem wir uns am nächsten Morgen getrennt hatten, wußte ich mehr über die beiden als über Leute, die ich seit Jahren kenne. Man ist freier, wenn man mit Menschen redet, die man wahrscheinlich nie wiedersehen wird.

Theo war ein kräftiger junger Mann, der mindestens sechshundertfünfzig Kilometer mehr gefahren war als ich, und das in der halben Zeit. Er interessierte sich im Grunde nicht für alte Kirchen und ähnliches und machte daher wenig Pausen. In einem Reisemagazin hatte er von der Pilgerfahrt gelesen und Lust bekommen, sich selbst auf den Weg zu machen. Es war eine Herausforderung. Er hatte genug von seinem Studium und war sich nicht mehr sicher, ob er überhaupt Ingenieur werden wollte. Er hoffte, auf der Reise würde er Zeit finden, darüber nachzudenken, aber selbst wenn er zu keinem Ergebnis kam, so glaubte er, würde sich die Erfahrung lohnen. Auch das Alleinsein war neu für ihn, und es war ein sehr fremdes Gefühl. Ein paarmal war er nahe daran gewesen, aufzugeben und nach Hause zurückzukehren, doch nach einer Woche hatte sich das geändert, und jetzt genoß er die Fahrt. Er freute sich auf Santiago und wollte so schnell wie möglich dort sein.

Für Kurt dagegen spielte es keine Rolle, wann er ankam. Den *Camino* zu gehen war leicht, trotz Blasen, nassen Füßen, schmerzenden Schultern und dergleichen. Das Leben war auf wenige Grundbedürfnisse reduziert – Essen, Schlafen und Gehen –, der Kopf war frei. Kurt hatte etwas Besonderes an sich, das ich nach einer Weile als den »Pilgerblick« erkannte. Man sieht ihn auch bei Menschen, denen man auf fernen Bergeshöhen oder bei einer Wüstendurchquerung begegnet. Ich glaube, er kommt daher, daß man über lange Perioden mit seinen Gedanken allein ist, während der Körper durch anhaltende starke Beanspruchung diszipliniert wird. Vielleicht spiegelt der »Pilgerblick« etwas von dem inneren Kampf wider, vielleicht offenbart er auch eine neue Zielbewußtheit oder Achtsamkeit. Aber wie man ihn auch deuten mag – es ist ein Blick, der weniger auf der Hut ist als der, den man der Welt normalerweise zeigt.

Kurts Geschichte war sehr interessant. Er war der einzige Sohn eines Mannes, der das Priesteramt aufgegeben hatte, um heiraten zu können – vor sechzig Jahren eine ziemlich skandalöse Angelegenheit. Kurt meinte, sein Vater sei im Grunde seines Herzens immer Priester geblieben und nie wirklich glücklich oder im Frieden mit sich selbst gewesen. Er war jung gestorben, und Kurt hatte schon lange vorgehabt, ihm mit der Pilgerfahrt eine Art Denkmal zu setzen. Sein Vater wäre selbst gern nach Santiago gereist, aber er hatte geglaubt, das Recht darauf verwirkt zu haben.

Kurts Leben war im Vergleich zu dem seines Vaters sehr geradlinig verlaufen. Er hatte als Mediziner Karriere gemacht, eine Frau geheiratet, die er schon als Kind gekannt hatte, und vier gesunde Kinder großgezogen, die inzwischen alle selbst glücklich verheiratet waren. Der Tod seiner Frau, kurz nachdem er in den Ruhestand getreten war, hatte den letzten Anstoß gegeben, endlich zu tun, was er seinem Vater schuldig zu sein glaubte. »Ich wußte«, sagte er, »wenn ich es jetzt nicht tue, bringe ich nie mehr den Mut auf. Aber man muß nur den Anfang machen, alles andere kommt dann von selbst.«

Nach dem Abend mit Kurt und Theo stellte ich mir vor, wie schön es wäre, mit anderen zusammen zu reisen. Das Ideale wäre, den Tag über allein zu wandern oder zu radeln und sich am Abend wieder zu treffen, gemeinsam zu essen, die Erlebnisse des Tages auszutauschen und Themen der vorangegangenen Abende weiterzuspinnen. So aber würde ich Dinge, über die wir zu dritt gesprochen hatten, oder neue Gedanken, die uns dabei gekommen waren, allein weiterverfolgen müssen.

Über eines waren wir uns einig gewesen: Wir alle fanden es richtig, in den *refugio*s zu übernachten, deren einfache Ausstattung so viel besser zum Geist des *Camino* paßte als ein Hotel. Nur wenn es kein warmes Wasser zum Waschen gab oder wenn die Kleider tropfnaß waren, sehnte man sich nach mehr Komfort.

Am nächsten Morgen war es noch dunkler als tags zuvor, und ich war froh, daß ich nur eine kurze Tagesetappe eingeplant hatte. Theo würde bis zum Mittag schon meilenweit voraus sein, Kurt ein Stück hinter mir, und so würden wir uns wohl kaum wiedersehen. Entsprechend fiel unser Abschied aus, und ich glaube, wir fühlten uns alle drei durch den Abend, den wir miteinander verbracht hatten, ein wenig bereichert.

In meinem Reisetagebuch sind für diesen Tag »steile Hügel, eine wahre Sintflut und bittere Kälte« verzeichnet. Etwas später folgt ein weiterer tiefer Seufzer: »Wind wie eine kalte Faust im Gesicht, schneidender Regen, eiskalte Hände, vorbeirasende Autos und Laster und immer neue Hügel, die das Ganze zu einem höchst einseitigen Kampf machen.« Einige Zeilen von Bunyan mit einem Fragezeichen am Ende machen deutlich, auf welchem Tiefpunkt meine Stimmung angelangt war:

>»Was man ihm auch erzählt,
>nichts von dem Weg ihn hält,
>den er einmal erwählt:
>Pilger zu sein«?

Zwischen diesen beiden Gemütskrisen findet sich der Bericht über meine Besichtigung des Klosters Santa María la Real in Nájera. Ich glaube, es war das einzige Mal an diesem Tag, daß mich der eisige Regen, der mir in den Kragen lief, nicht störte. Die Kirche beherbergt das Pantheon der Könige von Navarra, deren Hauptstadt Nájera war, bis es von Kastilien annektiert wurde. Hier im Zentrum der Altstadt, durch das der Fluß im Bogen an dem überhängenden Felsen entlangfließt, in dessen Schutz die Kirche steht, spürt man den Geist des *Camino* sehr deutlich. Das heutige, aus dem sechzehnten Jahrhundert stammende Gebäude ist in jüngster Zeit von Grund auf restauriert worden, die Gräber der Könige aber ruhen, vom Zahn der Zeit angenagt und passend von grünlichem Licht erleuchtet, in einer Felsenhöhle unter dem Chor. In

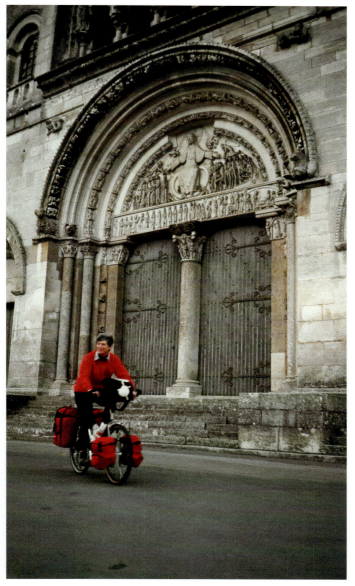

Bettina Selby, ganz am Beginn ihrer Reise, vor der großen Kathedrale La Madeleine, in Vézelay.

Die romanische Kirche von Fromista mit ihrem einzigartigen Fries.

Im Kreuzgang des Klosters San Pedro de la Rua, Estella.

Hontanas, ein sehr gut erhaltenes Pilgerdorf in der kahlen, ausgedörrten *meseta*.

Einer der wenigen Bewohner von Hontanas. Wie fast überall in der *meseta* verlassen die jungen Leute ihre Dörfer auf der Suche nach Arbeit.

Villafranca del Bierzo – Der heilige Jakob als Pilger.

Mittelalterliche Kreuze finden sich wie Wegweiser auf dem gesamten *Camino*.

Eine Landschaft im westlichen Galicien.

Das „Sternenfeld", die Plaza del Obradoiro, mit dem Reyes-Católicos-Hospiz, das Ferdinand und Isabella 1501 für die Pilger erbauen ließen. Heute ist das Hospiz ein Luxushotel, das jedoch nach wie vor die Tradition der Gastfreundschaft gegenüber den Pilgern wahrt.

Die Obradoiro-Fassade der Kathedrale von Santiago de Compostela. Nach der Treppe in üppigstem spanischen Barock steht der Pilger vor dem mittelalterlichen Pórtico de la Gloria, der ursprünglichen Westfassade der romanischen Kathedrale.

Der Hochaltar der Kathedrale, der Legende nach das Grab des heiligen Jakob.

einer Seitenkapelle steht das Grabmal der Königin Doña Blanca von Navarra, die bei der Geburt des späteren Königs von Kastilien starb. Die Reliefs gehören zum Schönsten, was ich außerhalb Griechenlands je an einem Sarkophag gesehen habe. Sie stellen überwiegend biblische Szenen dar, nur ein Abschnitt zeigt, wie Doña Blancas Seele in Gestalt eines kleinen Kindes ihren Körper verläßt. Doch die Gräber erklärten den Zauber dieses Ortes nur zum Teil. Die ganze Kirche vermittelte einen Eindruck von Weite und Harmonie, wie ich ihn auf meiner Reise bisher noch nicht erlebt hatte. Vielleicht lag das daran, daß sie unter der Obhut der Franziskaner stand und etwas von der Schlichtheit des Ordensgründers widerspiegelte.

Zwischen Nájera und Santo Domingo de la Calzada liegt einer der Streckenabschnitte, die mich eines Tages hierher zurückführen werden, um die Pilgerfahrt zu wiederholen. Ich sah keine der Sehenswürdigkeiten, die am Weg liegen, und machte auch keinen der traditionellen Abstecher zu interessanten Gräbern, Dörfern und Klöstern abseits der Route. Ich konnte nur mit gesenktem Kopf gegen die Unbilden der Witterung ankämpfen und mich auf das Treten in die Pedale konzentrieren.

Der Lohn für meine Ausdauer war das höchst komfortable *refugio*, in dem das himmlische Vergnügen einer heißen Dusche ganz wesentlich dazu beitrug, meine darniederliegenden Lebensgeister wieder zu wecken. Santo Domingo de la Calzada ist die Stadt des heiliggesprochenen Brückenbauers, hier stand seine Einsiedlerklause, und hier starb er im Jahre 1109. Die Brücke, die er baute, überspannt den Fluß noch heute, und sein Grab befindet sich in der Kathedrale am Beginn des Pilgerweges, deren hoch aufragender Turm schon von weitem zu sehen ist. Das alles läßt ihn wie einen realen Menschen erscheinen, was ich beileibe nicht von allen Heiligen behaupten kann, am wenigsten von den unbekannteren.

Wäre Santo Domingo nur ein genialer Baumeister von Brücken, Straßen, Pilgerhospizen und Kirchen gewesen, hätte die Geschichte mit seinem Tod geendet. Heiligkeit aber verlangt Wunder, und was das betrifft, schneidet Santo Domingo durchaus zufriedenstellend ab. Doch das berühmteste Wunder dieser Stadt wird von manchen dem Eingreifen des heiligen Jakobus selbst zugeschrieben. Wer immer dieses Wunder für sich in Anspruch nehmen kann – gefeiert wird es bis heute auf höchst originelle Weise.

Die Geschichte handelt von einem älteren Ehepaar, das mit seinem jungen Sohn auf der Pilgerfahrt nach Santiago durch Santo Domingo kommt. Der Sohn wird von einer Magd, deren Avancen er zurückgewiesen hat, des Diebstahls beschuldigt. Nachdem er unschuldig gehängt worden ist, setzen die trauernden Eltern ihre Pilgerfahrt fort und bringen am Schrein in Santiago ihre Opfer dar. Als sie auf dem Rückweg wieder nach Santo Domingo kommen, blicken sie zu dem Galgen auf, an dem ihr Sohn hängt, und zu ihrer Verwunderung spricht er zu ihnen. Der heilige Jakobus hatte eingegriffen und ihn ins Leben zurückgeholt (oder der heilige Domingo hatte ihn um seiner Unschuld willen am Leben erhalten). Wie auch immer: Die sprachlosen Eltern laufen geradewegs zu dem Richter, der die Hinrichtung angeordnet hatte, und erzählen ihm von der verblüffenden Wendung der Dinge. Der Richter sitzt gerade beim Essen, vor sich eine fette Henne und einen knusprig gebratenen Kapaun. Wenn der Junge nach so langer Zeit noch am Leben sei, erwidert er sarkastisch, dann sei es auch das Geflügel, das zu verzehren er im Begriff stehe. Worauf Hahn und Henne (offenbar wieder voll flugfähig) von der Platte aufflattern und ein großes Krähen und Gackern anstimmen.

Das schöne Innere der Kathedrale von Santo Domingo beherbergt zahlreiche Schätze, nicht zuletzt das herrliche spätgotische Grabmal des Heiligen. Und ganz in der Nähe ist hoch oben an der Wand der wohl prunkvollste Hühnerkäfig angebracht, den je ein sehr lebendiges weißes Hühnerpaar bewohnt hat. Die beiden sollen Abkömmlinge jener auf so wundersame Weise wiederauferstandenen Brathühner sein, und man reißt sich um ihre Federn ebenso wie früher um die Reliquien von Heiligen. Aber irgendwie vermitteln sie nicht das gleiche Gefühl von Realität wie der heilige Domingo selbst, und das heisere Kikeriki, das selbst in Momenten wie der Erhebung der Hostie durch die Kirche schallt, erfordert wohl ein größeres Abspaltungsvermögen, als ich es besitze. Ich freute mich jedoch zu hören, daß die Vögel in ihrem goldenen Käfig nicht zu einer lebenslangen Freiheitsstrafe verurteilt waren, sondern jeweils nach sechs Wochen von einem anderen Paar abgelöst wurden.

8

Altkastilien

Ich verließ die Rioja an einem frischen, blauen und ungewöhnlich windstillen Tag. Die Sonne erzeugte eine Illusion von Wärme, aber meine Finger schmerzten und kribbelten vor Kälte, und mein Atem hing in der glitzernden Luft. Die Straße führte schnurgerade über eine weite, gewellte Ebene mit vereinzelten braunen Bäumen, an denen sich das erste Grün zeigte – für mich das dritte Frühlingserwachen in diesem Jahr. Es war, als hätte die Zeit vergessen weiterzufließen. Dann sah ich plötzlich die hoch aufragenden Schneegipfel der Sierra de la Demanda über der grünen Ebene, und sofort veränderte sich die Landschaft. Jetzt erschien es mir nicht mehr seltsam, daß ich trotz des strahlenden Tages fror. Die Aussicht, in exotischere Gegenden zu gelangen, als ich sie auf meiner Reise bisher gesehen hatte, beschleunigte meinen Puls, und das Gefühl, die Zeit stünde still, verflüchtigte sich.

Es war ein gebührend eindrucksvoller Empfang, den mir Altkastilien bereitete, das Herz Spaniens, dessen Name auf die vielen Schlösser verweist, die im Kampf gegen die maurischen Heere des Islam hier über die Jahrhunderte errichtet wurden. Was für ein Tag, um dieses Land zum ersten Mal zu sehen! Eben noch hatte ich mit gesenktem Kopf und zusammengebissenen Zähnen gegen den Wind angekämpft, und jetzt breitete sich dieser Reichtum vor mir aus! Nachdem die Sonne die morgendliche Kälte ein wenig gemildert hatte, war das Radfahren ein reines Vergnügen. Ich hätte stundenlang so fahren und jede Umdrehung der Pedale genießen können. War es das, was der Fragebogen in Roncesvalles mit »Sport« als Motiv für die Pilgerfahrt gemeint hatte? Wenn ja, dann hätte ich diesen Punkt doppelt ankreuzen müssen, denn in solchen Augenblicken fühle ich mich Gott am nächsten. Wie der Psalmist, der sich an den Wundern der Schöpfung und dem Platz des Menschen darin erfreut, empfinde auch ich eine tiefe Ehrfurcht und Freude bei dem Gedanken, daß ich »wunderbar gemacht« bin.

Doch ich konnte mich nicht uneingeschränkt dem Rausch der Bewegung hingeben, denn ich mußte immer wieder anhalten und irgend etwas bewundern. Dörfer verlangten einen Abstecher, damit ich mir ein besonders interessantes Taufbecken, eine Reihe alter Hütten oder ein Wegkreuz ansehen konnte, von denen es am *Camino* natürlich eine Menge gibt, viele davon sehr schön. Und auch um die Aussicht besser genießen zu können, mußte ich Pausen einlegen, denn die Landschaft zeigte mir immer neue, faszinierende Facetten.

Das alles schmeckt mehr nach Urlaub als nach Pilgerfahrt, dachte ich und fragte mich sofort, was ich damit meinte. Durfte ich mich überhaupt so freuen? Mußte es einem Pilger nicht schlecht gehen? Ich war zwar gewiß nicht mit der Vorstellung aufgebrochen, eine Pilgerfahrt müsse eine Bußfahrt sein, aber inzwischen hatte ich an den Wänden mittelalterlicher Kirchen so viele Jüngste Gerichte gesehen und war so übersättigt von Darstellungen der Hölle und all der ausgeklügelten, grausamen Foltern, die mittelalterlicher Erfindungsreichtum als der Sünde Lohn ersonnen hatte, daß ich der Vorstellung erlegen war, jeder ernsthafte Pilger müsse in tiefer Sorge um sein Seelenheil sein und die aufrichtige Absicht hegen, seine Sünden zu büßen, ehe es zu spät war. Die vergangenen Tage mit ihrem Kampf gegen Wind und Regen hatten nicht gerade dazu beigetragen, solche Gedanken zu vertreiben.

Auch an John Bunyan und seinen Pilger Christ mußte ich oft denken, der alles andere als ein Ausbund an Fröhlichkeit ist. Der Autor hat seine *Pilgerreise* im Gefängnis geschrieben, vermutlich aus einer recht verbitterten Weltsicht heraus. Jedenfalls kann man nicht behaupten, daß Christ an irgendeinem Punkt seiner Reise zur himmlischen Stadt von der Freude erfüllt gewesen wäre, die aus den Psalmen spricht. Auch die himmlische Stadt selbst ist ein Problem. Man mag es das Neue Jerusalem nennen, den Himmel, das Paradies, was auch immer – es wirkt doch ziemlich langweilig. Wen außer einem Musiker, dem seine Musik über alles geht, könnte es glücklich machen, den ganzen Tag auf einer Harfe herumzuklimpern? Oder »das Lamm zu preisen in Ewigkeit«? Mir ist natürlich klar, daß es ein sprachliches Problem ist, das Unsagbare zu sagen; die meisten Christen interpretieren diese Worte und Bilder auf ihre eigene Art und hegen vermutlich unterschiedliche Vorstellungen von deren Bedeutung. Doch die Hölle wird stets anhand von Beispielen aus dem täglichen Leben dargestellt, zu denen man leicht einen Bezug herstellen kann, und es wäre doch überaus hilfreich, würde auf ähnliche Weise auch das Bild des Himmels lebendiger gestaltet.

Der einzige Schriftsteller, der im Hinblick auf das Leben nach dem Tod im allgemeinen und den Himmel im besonderen die Phantasie anregt, ist C. S. Lewis mit seinen *Chroniken von Narnia*. Deren letzter Band mit dem Titel *Der letzte Kampf* greift viele der komplizierteren theologischen Fragen des Christentums auf, vor allem jene, die mit dem Tod, dem Jüngsten Gericht und dem Jenseits zu tun haben. Da Lewis das Buch für Kinder geschrieben hat, konnte er diesen Themen nicht ausweichen, und obwohl es eine fesselnde Lektüre ist, wie es sich für gute Kinderliteratur gehört, ist es in seiner Einfachheit zugleich tiefschürfend und gelehrt und wird von vielen bedeutenden Theologen sehr bewundert. Ich liebe daran besonders die Freude des auferstandenen Aslan, der durch eine idyllische Landschaft läuft und hüpft, ohne je zu ermüden. Lewis gebraucht dieses Bild, um einen Blick auf die Freuden des Himmelreichs zu vermitteln – Freuden, die auch in den Psalmen anklingen.

Wenn das Wahrnehmen Gottes mit Freude verbunden ist, wie sowohl der Psalmist als auch C. S. Lewis glaubten, dann war diese Etappe meiner Reise besonders gesegnet. Ich empfand ein so anhaltendes Gefühl allumfassenden Glücks, daß ich mich allmählich fragte, ob auf dem *Camino* nicht ein ganz besonderer Einfluß wirksam ist – der Einfluß Santo Domingos vielleicht, des Erbauers der Straße, der nicht weit entfernt begraben liegt und der den Pilgern so hingebungsvoll geholfen hat. Auch ein Besuch in der »Bar León«, in der ein eigenes Pilgerbuch geführt wird, konnte diese Phantasie nicht verscheuchen. Die Einträge in dem Buch reichten mehrere Jahre zurück und machten mir klar, daß ich nicht die einzige war, die diesen Abschnitt des Jakobsweges besonders inspirierend fand. Viele Formulierungen darin – »von Engeln begleitet« und ähnliches mehr – hätte ich unter normalen

Umständen stark übertrieben genannt. Ich verstand nur die Einträge in englischer, französischer und niederländischer Sprache; was Angehörige weniger gehemmter Völker geschrieben hatten, konnte ich nur ahnen. In krassem Gegensatz zu diesen blumigen Worten stand jedoch ein englischer Text, geschrieben von jemandem, der offensichtlich keinen sehr guten Tag gehabt hatte. Seit Santo Domingo de la Calzada hatte er über die Geschichte der wundersamen Rettung des Gehenkten nachgegrübelt. Angespornt von einer leeren Seite, hatte er sich in eine feurige, detailgenaue Schilderung des Wunders gestürzt, an das er vorbehaltlos zu glauben schien. Am Ende aber hatte er in blankem Unverständnis geschrieben: »Verdammte Spanier! Das sieht ihnen ähnlich: einen Pilger aufzuhängen!« Viele Reisende haben ab und zu fremdenfeindliche Anwandlungen, und ich konnte nur hoffen, daß S. G. aus Blandford auch die Freundlichkeit der Spanier kennengelernt hatte. Der nächste Eintrag, in der runden Schrift eines Kindes, war wunderbar knapp: »Kes, 9 Jahre, Pilger«. Wer sich nach der Lektüre all dieser Ergüsse nicht auf der Stelle in das Menschengeschlecht verliebt, für den gibt es in diesem Leben wenig Hoffnung.

Am Mittag war der Tag golden. Es war wieder Wind aufgekommen, aber er war um hundertachtzig Grad von seiner gewohnten Richtung abgewichen und kam jetzt direkt von hinten, ein seltener »Sonntagswind«, den Isbil Roncal »Sankt Jakobus, der die Pilger schiebt« genannt hatte. Ich saß die meiste Zeit nur im Sattel und überließ die Arbeit dem Wind – Radsegeln! Ich flog mit einer Leichtigkeit über die Hügel, die ich längst verloren geglaubt hatte, zusammen mit meiner Jugend. Hätte ich nicht näherliegende Ziele im Auge gehabt, ich hätte immer so weiterfahren können, der stetig zurückweichenden blauen Ferne entgegen. Doch ich wollte im *refugio* eines einfachen alten Klosters kurz vor Burgos übernachten, ein wenig abseits der Straße, und so tauschte ich die Freuden breiten, glatten Asphalts und müheloser Schnelligkeit gegen holprige, schmale Sträßchen und Wege, um dann jedoch festzustellen, daß die plötzliche Stille und die veränderten Gerüche, Geräusche und Bilder eine noch größere Freude waren. Die letzten Kilometer führten den Wanderweg entlang, der mich schließlich auf eine Lichtung in den Wäldern der Montes de Oca brachte, wo ich den schönen Gebäudekomplex vorfand, mit dessen Errichtung noch San Juan de Ortega begonnen hatte, der Schüler und Mitbruder Santo Domingos.

Die Bauten wurden gerade renoviert, das heißt, man hatte umfangreiche Arbeiten durchgeführt und sie dann kurz vor ihrer Vollendung abgebrochen. Man findet in Spanien viele solcher aus Geldmangel eingestellten Projekte, ein gemeinsames Problem von Ländern, in denen ein reiches architektonisches Erbe auf begrenzte Mittel stößt. Hinter dem Kloster versteckt lagen ein zerlegter Kran, Gerüstteile und anderes Baugerät, Rostfraß und Zersetzung preisgegeben, im hohen Gras eines ehemaligen Kreuzgangs. Der sichtbare romantische Verfall der Gebäude war aufgehalten und stabilisiert, aber nicht aus der Welt geschafft – ein bewundernswerter spanischer Kompromiß. Der ganze Komplex aus Kirche, Schrein und Pfarrhaus bot in der Spätnachmittagssonne, die schräg auf die Westfassade der Klosterkirche fiel, ein friedliches, heiteres Bild.

Ein einzelner Mann kümmerte sich um diesen schönen Ort, der ansonsten verlassen dalag. Als ich ankam, saß

Don José María Alonso in seinem Auto und hörte sich eine Fußballreportage an, deren aufgeregtes Geschnatter so gar nicht in die Stille paßte. Wie sein heiliggesprochener Vorgänger aus dem zwölften Jahrhundert war Don José ein Freund der Pilger und hingebungsvoll um ihr Wohl besorgt. Er bestand darauf, sein Fußballspiel im Stich zu lassen, um mich willkommen zu heißen und mir einen Kaffee zu kochen. Er hätte mir auch ein komplettes Mahl serviert, hätte ich nicht protestiert und ihm gesagt, daß ich erst vor einer Stunde zu Mittag gegessen hatte und nichts mehr hinunterbringen würde. Erst als er mir die Pilgerunterkunft gezeigt und sich davon überzeugt hatte, daß es mir an nichts fehlte, kehrte er zu seinem Fußballspiel zurück, in das er bald wieder völlig versunken war.

Nachdem ich dem schönen Grab des Heiligen einen Besuch abgestattet und die anderen Gebäude erkundet hatte, saß ich die letzten Stunden des Tageslichts auf einer Bank an einem geschützten Platz im Freien, genoß die Sonne und brachte mein Tagebuch auf den neuesten Stand. Und da es Sonntag war und ich keinen Gottesdienst hatte besuchen können, las ich in der Klosterkirche das Mittagsoffizium. Teile dieser schönen Kirche waren noch so erhalten, wie San Juan sie gebaut hatte – ein Zeugnis seiner großen Fähigkeiten als Architekt. Der lange, nachdenkliche Psalm 119, der den Großteil des Mittagsoffiziums ausmacht, schien mir eine passende Lektüre, und ich stellte mir vor, daß er San Juan sehr vertraut gewesen sein muß. Ob es nun daran lag, daß ich den Psalm an diesem Ort laut las, oder ob mich die Freude dieses Tages alles mit anderen Augen sehen ließ – ich entdeckte in dem Psalm einen neuen Sinn, den ich bisher nicht darin gesehen hatte. Da er vor allem vom Befolgen der Befehle Gottes handelt, hatte ich ihn nie besonders gemocht. Ich brachte ihn mit einer schrecklichen Phase meiner Kindheit in Verbindung, als ich kriegshalber in eine äußerst engstirnige, bigotte Nonkonformisten-Familie evakuiert worden war. In einer Atmosphäre finsterer Ignoranz mußte ich mehrere Jahre die schlimmsten Sonntage erdulden, die man sich vorstellen kann (noch heute kann ich das Wort Sonntag nicht ohne Schaudern aussprechen). Man zwang mich, Stunde um Stunde untätig und tödlich gelangweilt dazusitzen, ohne auch nur den Trost eines Buches, nur weil es der »Tag des Herrn« war. Es war furchtbar. Das Gefühl des Eingesperrtseins war für ein sechsjähriges Kind schon schlimm genug, das größere und heimtückischere Übel aber war das Bild eines rächenden, strafenden Gottes, das mir eingeimpft wurde, eines Gottes, der von seinen Geschöpfen verlangt, daß sie unglücklich sind. Daß ich mich, teilweise zumindest, von dieser frühen Verbiegung wieder erholt habe, verdanke ich wohl einer besonderen Gnade.

An diesem Tag aber und in San Juans schöner Kirche vermochte ich den 119. Psalm zu lesen, als wäre es das erste Mal, und ich merkte, daß es darin nicht um Zwang, sondern um Freiheit geht, um eine Antwort der Herzens. Der ganze Psalm handelt von der Annäherung an Gott und seine Gebote durch die Freude; es ist das genaue Gegenteil dessen, was meine tyrannischen Erzieher mir beizubringen versucht hatten.

Im Mittagsoffizium kommt auch ein kurzer Satz aus dem Galaterbrief vor, der im Ton an den 119. Psalm erinnert, den Kern der Sache aber unmittelbarer trifft.

»Einer trage des andern Last, so werdet ihr das Gesetz Christi erfüllen.«

Ich blieb noch eine Weile sitzen und überlegte, wie man als einsamer Reisender wohl des anderen Last tragen kann. Ich dachte daran, was ich in den Pilgerbüchern der *Bar León* und der *refugios* gelesen hatte, und es schien mir, als stünden die Menschen, auch wenn sie sich nicht persönlich begegneten, durch das Mitteilen ihrer Gedanken untereinander in Verbindung, manchmal sogar sehr intensiv. Nach und nach waren nicht nur Leute in mein Bewußtsein gerückt, die die Reise heute unternahmen, sondern das ganze große Netzwerk all jener, die – ob in Vergangenheit oder Gegenwart – auf dem *Camino* unterwegs waren. Die Bücher erinnerten mich immer wieder daran, daß ich die Fahrt nicht allein machte. Und von da war es nur ein kleiner Schritt zu dem Wunsch, an diese Menschen zu denken und sie ins tägliche Gebet einzuschließen.

Eine Pilgerin fiel mir besonders auf, eine junge Frau namens Tamsin Hooper, deren Einträge ich schon mehrfach gelesen hatte. Sie war Anfang Februar hier durchgekommen, und da sie zu Fuß unterwegs war, hoffte ich sie bis Santiago einzuholen. Das geschah zwar nicht, aber dennoch war sie mir eine echte Weggefährtin. Ihre knappen, direkten Einträge nahmen in diesem Kloster einen emotionaleren Ton an. Nach einem mühseligen, kalten Tag war sie im Dunkeln hier angekommen. Während sie noch durch den Wald stapfte, war es Nacht geworden, sie hatte nichts zu essen gehabt und sich gerade damit abgefunden, ein einsame, hungrige Nacht im Zelt zu verbringen, als plötzlich die schwachen Lichter von San Juan de

Ortega vor ihr auftauchten. Don José hatte ihr zu essen gegeben und sie auch sonst verwöhnt, und in ihren Zeilen schwang ihre Dankbarkeit mit.

Als Don Josés Fußballreportage zu Ende war, rief er mich in seine chaotische Küche. »Keine Frau, die sich um mich kümmert«, scherzte er und schob ein paar Gegenstände auf dem vollgestellten großen Tisch beiseite. In Situationen wie diesen bedauerte ich meine fehlenden Spanischkenntnisse ganz besonders, denn Don José hatte offenkundig einen ausgeprägten Sinn für Humor und verfügte über einen reichen Schatz an Informationen. Schon innerhalb der Grenzen unserer rudimentären Verständigung hatte er es geschafft, mich unbarmherzig damit aufzuziehen, daß ich per Rad unterwegs war – von einer wirklichen Pilgerfahrt könne nur dann die Rede sein, wenn man zu Fuß gehe. Nach den wenigen kurzen Strecken, die ich auf Wanderwegen gefahren war, konnte ich ihm nicht ganz Unrecht geben. Da weite Teile des *Camino* unter dem Asphalt einer vielbefahrenen Fernstraße liegen, fühlte ich mich mehr im Einklang mit dem Geist mittelalterlichen Pilgertums, wenn ich abseits davon unterwegs war. Die ideale Lösung wäre es, so dachte ich, die Wanderwege so auszubauen, daß auch Radfahrer sie benutzen können. Doch Don José hatte etwas Subtileres gemeint als die Freude am Wandern oder das Heraufbeschwören der Vergangenheit. Die innere Erfahrung des Pilgerns erschloß sich seiner Meinung nach leichter, wenn man zu Fuß ging, gerade jungen Leuten, die ihm besonders am Herzen lagen. Es gebe allerdings Menschen, so räumte er überraschend ernst ein, die bis nach Santiago wanderten, ohne je den Sinn des Pilgerns zu erfassen, während andere mit dem Bus führen und dennoch wahre

Pilger seien. Es spiele sich alles »im Herzen« ab. Pilger hätten etwas an sich, das er lieben gelernt habe: Sie seien »das Salz der Erde«.

Wie sich herausstellte, mußte ich – wenn man von den Reliquien San Juans de Ortega in ihrem prächtigen Sarkophag jenseits der Wand und vom Geist der Hieronymus-Mönche, die vierhundert Jahre lang hier gelebt hatten (und auch von der Kameradschaft meines unsichtbaren Pilgerheeres) absah – die Nacht allein im Kloster verbringen. Don José ist kein junger Mann mehr; bis gegen Ende Juni ist es ihm nachts in dieser Höhe viel zu kalt, und er fährt abends nach Burgos in die Ebene hinunter. Bevor er mich verließ, machte er mir zum Abendessen köstliche, in Olivenöl gebratene Eier, gefolgt von Joghurt und Obst, mit einem Glas von seinem herben Rotwein als Schutz gegen die Kälte. Danach wurde ich ins Kloster geleitet und darüber aufgeklärt, wie ich mich selbst und Roberts für die Nacht sicher einschließen konnte.

»Brüder, seid nüchtern und wachet.«

Don José hatte Recht gehabt: Es wurde sehr kalt. Als ich die Treppe zu den Schlafräumen hinaufging, schien die Kälte förmlich aus den Wänden zu sickern. Das Kloster ist ein zweistöckiges Gebäude aus dem fünfzehnten Jahrhundert, um einen kleinen Brunnen herum angelegt und mit einem schmalen Balkon rings um den oberen Stock, ein reiner Zweckbau, der keinerlei Zugeständnisse an menschliche Schwächen oder gar an Komfort macht. In den Schlafräumen stehen schwarze Eisenbetten auf dem nackten Boden, sonst nichts. Doch so wenig die jüngste Restaurierung den Räumen etwas von ihrer primitiven

Einfachheit genommen hatte, so wenig hatte sie auch ihren ursprünglichen Charakter angetastet. Es war hier unbeschreiblich friedlich, und ich hatte von neuem das undefinierbare Gefühl, daß alles seine Richtigkeit hatte. Keine Sekunde wünschte ich mich fort von hier, nicht einmal für ein heißes Bad. Ich ging in langer Seidenunterhose, Radfahrerstrumpfhose, Socken, Seidenunterhemd und Pullover zu Bett und schichtete Decken auf und unter meinen Schlafsack. Hätte ich eine Wollmütze dabeigehabt, ich hätte sie auch noch aufgesetzt. Eigentlich war es lächerlich, daß ich so tief vermummt und mit eiskalter Nase dalag und mich doch privilegiert fühlte, weil ich hier sein durfte, von dem warmen Glücksgefühl durchströmt, das mich schon den ganzen Tag erfüllt hatte.

Die lange Fahrt im Freilauf die Montes de Oca hinab ließ sich an einem weiteren kalten, sonnigen Morgen gut an, wurde aber immer unerfreulicher, als ich die ausgedehnten, vom hektischen Montagmorgenverkehr erfüllten Außenbezirke von Burgos erreichte, der Stadt des spanischen Nationalhelden El Cid. Ich hatte mich auf Burgos als einen der Höhepunkte der Pilgerfahrt gefreut, doch erst als ich an der schönen Steinbrücke gegenüber dem herrlichen Arco de Santa María angelangt war, konnte ich einen Moment lang vom Kampf ums Überleben ausruhen und die Umgebung in mich aufnehmen. Die überbordende steinerne Ornamentik jenseits des Flusses Arlanzón war kein schlechter erster Blick auf Burgos, eine Stadt, deren Bauten ihrem Ruf voll und ganz gerecht zu werden schienen.

Burgos war die erste Hauptstadt des Königreichs Kastilien, Mittelpunkt der Reconquista und für die Jakobspilgerfahrt von entscheidender Bedeutung. Mit dem Vorrücken der Christen nach Süden verblaßte ihr Stern allmählich, und 1492 verlor sie ihre Stellung an Valladolid, die neue Hauptstadt des vereinten Spanien. Doch dank des Reichtums der weiten, fruchtbaren Ebenen ringsum blühte und gedieh Burgos auch weiterhin, schmückte seine Bauwerke aus und blieb ein wichtiger Ort für die Pilgerfahrt und den damit verbundenen Handel. Anders als in Logroño hatten hier die modernen Zeiten das Alte nicht in den Hintergrund gedrängt: Vor mir stieg eine schöne, stattliche Pilgerstadt über dem prachtvollen Tor auf.

Wollte ich die Stadt jedoch auf der traditionellen Pilgerroute betreten, durfte ich nicht dieses Stadttor aus dem sechzehnten Jahrhundert passieren, sondern mußte weiter nach Westen zum kleineren mittelalterlichen Tor San Juan. Und ich war froh darüber, denn nirgendwo auf der Strecke sind so viele architektonische Kostbarkeiten aus verschiedenen Epochen der Pilgerfahrt versammelt wie auf diesem knappen Kilometer in der Altstadt von Burgos. Und das Labyrinth der Gassen, denen man erlaubt hatte, so eng zu bleiben, wie sie schon immer waren, trug beträchtlich zu diesem Genuß bei.

Am Ende dieses Kilometers erhebt sich die Kathedrale mit ihren herrlichen Türmen und Fialen. Mein Führer geriet förmlich ins Schwärmen und sah in ihr die ganze Genialität spanischer Baukunst. Aber vielleicht hatte ich an diesem Tag schon zu viel exquisite Architektur gesehen, oder ich hätte länger bleiben müssen, denn obwohl auch ich dem märchenhaften Zauber von Burgos' »Königin der gotischen Kathedralen« verfiel, hatte ich Mühe, sie ernst zu nehmen. Nirgends außer in Deutschland und

Österreich – und vielleicht nicht einmal dort – hatte ich je ein so übertrieben prächtiges Bauwerk gesehen. Diese Fülle ist das Ergebnis zahlreicher Umbauten und Ausschmückungen, mit denen offenbar jeder Baumeister seinen Vorgänger zu übertrumpfen suchte. Einen solchen Überfluß an Türmen und Türmchen, Kreuzblumen, Krabben, Strebepfeilern und filigranem Maßwerk an einem einzigen Gebäude hatte ich nicht für möglich gehalten. »Herrliche Steinmetzarbeiten«, steht in meinem Tagebuch, »aber in der Gesamtwirkung irgendwie weniger bewegend als Kirchen, bei denen eher eine umfassende Harmonie im Vordergrund steht, wie in Salisbury, Chartres oder Durham.«

Zentrales Element des Innenraums ist das unendlich anmutige, sinnreich konstruierte Kuppelgewölbe, das man jedoch kaum noch richtig betrachten kann, weil man nicht mehr direkt darunter stehen darf. Den Geist des gotischen Baus zerstört der große, rundum geschlossene, kastenförmige Chor, der fast die ganze Breite des Kirchenschiffs einnimmt und bis in die Vierung hineinreicht. Das Gefühl der Weite, die langen Perspektiven und die Harmonie der Linien gehen dadurch völlig verloren. Die Kathedrale ist ein Ort voller wunderbarer Schätze, aber man kommt sich darin mehr wie in einem Museum für sakrale Kunst vor als in einer lebendigen Kirche, und es drängte mich, zur Realität und Freiheit des *Camino* zurückzukehren.

Wieder draußen im Sonnenschein, wollte ich gerade mein Fahrrad aufschließen, als ein Mann mit einem Stapel Reiseführer in der Hand herankam. »Lassen Sie Ihr Rad nicht da stehen«, warnte er mich. »Es gibt viele Diebe hier. Ich passe darauf auf, während Sie die Kathedrale besichtigen.« Ich versuchte ihm klarzumachen, daß ich ja ein Schloß hatte, da unterbrach mich eine amerikanische Stimme: »Geben Sie ihm nichts, das ist ein Gauner«, worauf um mich herum ein Streit über den Preis eines Führers entbrannte, den er verkaufte. Ich verstaute das Schloß schnell und fuhr davon.

Während ich die Kathedrale besichtigte, waren mehrere Busladungen Touristen angekommen, so daß es auf dem Platz davor jetzt von Menschen wimmelte. Ihre großen, aufdringlichen Fahrzeuge störten das Gesamtbild erheblich. Es war das erstemal auf meiner Reise, daß ich mit Tourismus nennenswerten Ausmaßes in Berührung kam, und als Londonerin, die an einen stetigen Zustrom ausländischer Besucher gewöhnt ist, war ich überrascht, wie fremd mir dieses Phänomen schon in den wenigen Wochen auf dem *Camino* bereits geworden war. Es war, als hätte ich begonnen, mich mit einer anderen, früheren Zeit zu identifizieren. Noch seltsamer erschien es mir, daß man mich mit Roberts fotografieren wollte, sorgfältig darauf bedacht, daß die Muscheln gut zu sehen waren. »Englische Pilgerin in Burgos« würde die Bildunterschrift wahrscheinlich später lauten. Meine Privatsphäre war empfindlich gestört, und ich mußte mir ganz schnell in Erinnerung rufen, daß auch dies zu meiner Pilgerfahrt gehörte. Was sollte ich dagegen haben, daß die Leute als Erinnerung an ihren Aufenthalt in einer Stadt an der Europäischen Kulturstraße ein Foto von einer bunten Kuriosität machen wollten? Mit tat es nicht weh, und für sie war es vielleicht ein Ansporn, wenn schon nicht auf Pilgerfahrt zu gehen, so doch zumindest das Radfahren als Mittel der Fortbewegung auszuprobieren.

Eine andere Amerikanerin drückte mir in wohltätiger Absicht eine Broschüre über Burgos in die Hand und sagte: »Hier, meine Liebe, wir brauchen's nicht mehr, da können Sie ein paar Peseten sparen.« Da ich gute zwei Stunden vor dem Touristenansturm angekommen war und fast alles gesehen hatte, was ich in Burgos hatte sehen wollen, konnte ich all dem lästigen Interesse an meiner Person bald den Rücken kehren.

Ich rechnete damit, auch am westlichen Stadtrand von Burgos Menschenmassen vorzufinden, die wie ich das Kloster Las Huelgas Reales besichtigen wollten, die zweitgrößte Attraktion von Burgos. 1187 von Alfonso VII. und seiner englischen Frau Eleanor, Tochter Heinrichs II., als Einrichtung für Zisterzienserinnen gegründet, war es sowohl Kloster für Nonnen königlichen und aristokratischen Geblüts als auch königliche Begräbnisstätte; einige Könige wurden dort auch zum Ritter geschlagen. Wie so viele alte Gebäude in Burgos hatte sich der Komplex im Laufe der Jahrhunderte immer weiter ausgedehnt und war jetzt ein Potpourri verschiedenster Stilrichtungen. Ich wollte mir vor allem die kleine maurische Santiago-Kapelle mit ihrer Jakobusstatue aus dem dreizehnten Jahrhundert ansehen. Die Skulptur hat einen beweglichen Arm, so daß die Könige den Ritterschlag vom Heiligen selbst empfangen konnten statt von einer rangniedrigeren Person.

Von den erwarteten Touristenschwärmen und ihren Bussen war nichts zu sehen – Las Huelgas Reales war schon geschlossen, und ich mußte mich mit einem Gang um das Kloster herum begnügen. Als kleinen Trost bekam ich bei der *Guardia Civil*, die den Komplex bewacht, einen Stempel für meine *certificacíon de paso*, so daß ich wenigstens eine Abbildung des Klosterwappens habe. Ein handfesterer Trost war das ausgezeichnete *menú del día* in einer Fernfahrergaststätte in den westlichen Außenbezirken von Burgos – Fischsuppe, ein schönes, großes Steak, Eis und Kaffee, und das für wenig Geld.

Ganz in der Nähe fand ich ein Gebäude, das wohl am stärksten von allen Bauwerken in Burgos an den *Camino* erinnert: das mittelalterliche Hospital del Rey, das sechshundertvierzig Jahre lang als Pilgerhospiz diente, bis es bei einem Brand im Jahre 1835 schwer beschädigt wurde. Ich konnte nur deshalb etwas davon sehen, weil die Arbeiter, die mit der gewaltigen Aufgabe der Renovierung begonnen hatten, während ihrer Mittagspause den Zugang offengelassen hatten. Der Hof war in erbärmlichem Zustand, aber der Säulengang der Kirche mit seinen Muschelornamenten und dem *Santiago Matamoros* in voller Aktion war bereits restauriert. Von dem ursprünglichen gotischen Bau ist nur noch der westliche Eingang übrig, Pilgerpforte genannt, wahrscheinlich weil Santiago im Westen liegt. Eines seiner meisterlichen Renaissance-Holzreliefs zeigt eine kleine Pilgergruppe auf dem *Camino*. Eine Familie ist darunter, eine Mutter mit einem Baby auf dem Arm und einem Jungen etwa im Alter von Kes. Bei ihnen steht ein Mann, der wie ein echter, asketischer Bußpilger aussieht, barfuß und nur mit einem Lendenschurz bekleidet. Er hat etwas Heiliges an sich, wie er sich so auf seinen dicken Stab stützt, den Blick fest gen Himmel gerichtet. Kleidung und Schuhwerk der anderen Pilger sind detailgetreu nachgebildet, die Stäbe, Kürbisflaschen, Taschen und Muscheln besonders hervorgehoben. Es war ein faszinierender Anblick und ein sehr passender Ausgangspunkt für die nächste Etappe meiner Fahrt.

9

Die weiten, trockenen Ebenen

Von Burgos aus gelangte ich in eine sich immer weiter ausdehnende Ebene. Der Himmel war strahlend blau und von hellen, makrelenfarbenen Wolken übersät. Noch immer schob mich der heilige Jakobus, und nach dem Trubel der Stadt wieder auf dem *Camino Francés* zu sein war, wie wenn man einen lieben alten Freund wiedersieht. Die nächsten Tage versprachen besonders lohnend zu werden, denn die Route würde mich weg von der N 120, mit der sie seit Logroño identisch war, auf kleine Nebensträßchen führen, wo mir kaum Autos begegnen würden. Benutzt man die schmalen alten Verkehrsadern eines Landes, die durch das moderne Straßensystem zu Nebenstrecken degradiert worden sind, so hat man jedesmal die Illusion, sich in ein früheres Jahrhundert verirrt zu haben; auf dem *Camino* mit seinen vielen greifbaren Überresten einer langen, außergewöhnlichen Geschichte ist diese Illusion noch stärker. Die Pilgergruppe am Portal des Hospital del Rey mit ihren Stäben und den breitkrempigen Hüten, dem festen Schuhwerk und den Taschen und Kürbisflaschen hätte auf diesen alten Straßen weit weniger fehl am Platze gewirkt als ich auf meinem Stahlroß.

In Olmillos, wo ich die N 120 verließ, gibt es eine eindrucksvolle, halb verfallene Burg, wahrscheinlich eine

Templerfestung. Ich hatte jedoch keine Gelegenheit, sie genauer zu besichtigen, denn kaum hatte ich angehalten, kam ein ziemlich angeschlagen wirkender, sturzbetrunkener Mann heran und griff nach Roberts' Lenker. Wahrscheinlich war er ganz harmlos und wollte nur mit mir in die nahegelegene Kneipe, aber er hatte seine Beine so wenig unter Kontrolle und torkelte derart herum, daß er uns um ein Haar alle drei umgeworfen hätte. Mich und Roberts aus seinem Griff zu befreien, war keine einfache Angelegenheit. Ich paßte einen günstigen Moment ab und machte mich dann einen schmalen Weg hinab davon; die Burg und das interessante kleine Dorf mußten unerforscht bleiben.

Die weite Ebene war im Norden nicht mehr zu sehen, und mein Weg führte mich jetzt durch eine offene *meseta*, kahles, ausgedörrtes Land, dessen schmalen Feldern man die jahrhundertelange unablässige Mühsal ansah. Überall waren Steine aufgehäuft, die man aus der Erde geklaubt, aber nie zum Bau von Mauern oder sonstigem Windschutz verwendet hatte. Ein Hirte zog mit seiner erdfarbenen Schafherde langsam über eine weite Hügelflanke und bedachte die Tiere unaufhörlich mit schmeichelnden oder scheltenden, schrillen Zurufen. Ich hätte ebensogut durch die Weiten Asiens fahren können, denn die Landschaft mit dem hohen blauen Himmel und dem klagenden Glöckchengebimmel der Schafe hatte wie dort etwas Trostloses und zugleich Erhabenes an sich.

Wanderer klagen oft über diesen monotonen, endlosen Streckenabschnitt, im Radfahrtempo aber gab es genug Abwechslung und interessante Einzelheiten, und für mich war es eine der fremdartigsten und befriedigendsten Etappen der ganzen Fahrt. Die alten Steinkreuze an jeder

Kreuzung, ein kleines Tal, in dem eine lebenspendende Quelle eine grüne Oase geschaffen hatte, die Ruinen eines einsamen Bauernhofs da und dort und gelegentlich ein Dorf – eine einzige Straße mit niedrigen, kopflastigen Natursteinhäusern: Das alles gewann in der kargen, wilden Landschaft eine besondere Bedeutung.

Gegen Hontanas zu, wo ich übernachten wollte, wurde die Gegend eine Spur freundlicher. Hontanas heißt Brunnen, und Wasser ist ganz offensichtlich der Schlüssel für das Entstehen von Siedlungen in diesem trockenen Land. Die kleinen Felder und Gärten im Umkreis des Dorfes wirkten gegen die offene *meseta* geradezu üppig. Hontanas selbst ist ein eindrucksvoller Ort, einem richtigen Pilgerdorf ähnlicher als alles, was ich bisher gesehen hatte. Eine Kirche von gewaltigen Ausmaßen beherrscht die zwanzig oder dreißig aus Naturstein und Lehmflechtwerk gebauten Häuser, die sich um sie scharen. Die gewundenen Gäßchen, Zuflucht vor den schneidenden Winden der *meseta* und der glühenden Sommerhitze, lagen jetzt warm und gelb in der Nachmittagssonne, und es roch nach Kuhstall und Brotbacken. Moderne Aluminium-Fensterrahmen hier und da beeinträchtigten den Charme der alten Behausungen nicht ernsthaft, aber mehr als die Hälfte der Häuser standen leer und befanden sich in unterschiedlichen Stadien des Verfalls. Ein großer Teil der Einwohner ist in den letzten Jahren in die Stadt abgewandert, wie in so vielen ländlichen Gebieten Europas.

Das *refugio* lag im Obergeschoß des frisch restaurierten Rathauses – »OPERA VINCIT 1765«. Es war ein niedriger Raum mit einem winzigen Fenster, dessen Läden geschlossen waren, und sechs dicht an dicht stehenden Etagenbetten, zwischen denen man kaum hindurchkam. Ein kleiner Raum gegenüber beherbergte eine Toilette und ein Waschbecken mit einem Kaltwasserhahn. Wäre das *refugio* voll besetzt gewesen, wäre es schwierig geworden, hier wahre christliche Nächstenliebe zu üben; so aber würde ich die Nacht wieder einmal allein verbringen.

Ich hatte mich seit Tagen nicht mehr richtig gewaschen. Anders als bei einem Pilger des Mittelalters ist das Bedürfnis nach Sauberkeit als wesentliches Element zivilisierten Lebens tief in mir verwurzelt, und wenn ich nicht bald die unsichtbare Schweißschicht entfernte, die meine Poren verstopfte, würde ich mich nicht nur unwohl fühlen, sondern es würden mich auch Schuldgefühle bedrücken, weil ich meine Pflichten vernachlässigt hatte. Dennoch bedurfte es einer nicht geringen Überwindung, um in dem eiskalten Wasser von Hontanas auch nur die wichtigsten Partien zu waschen. Ich versuchte meine Gedanken auf die keltischen Mönche von einst zu richten, die die ganze Nacht bis zur Brust im eisigen Wasser vor der Küste Schottlands und Nordenglands gestanden und Psalmen aufgesagt hatten. Doch trotz dieses ermutigenden Beispiels erzeugten meine Bemühungen keine Erhebung des Geistes, die mit der Kasteiung des Fleisches einhergegangen wäre. Ich war einfach nur froh, als es vorbei war.

Die Kälte war das Schlimmste, was ich auf der Fahrt bisher hatte erdulden müssen. Trotz des blauen Himmels war es entschieden kühl geblieben, und ganz nach spanischer Art war es drinnen stets viel kälter als draußen. Ich hatte nicht mit solch niedrigen Temperaturen gerechnet und nicht die richtige Kleidung mitgenommen – weder Wollsachen noch Thermounterwäsche. Solange ich fuhr, ging es einigermaßen, denn die Bewegung hielt mich – außer auf den Abwärtsstrecken – warm. Aber meine fingerlosen Handschuhe reichten einfach nicht aus, und meine Finger waren ebenso wie die Ohren eiskalt. Ich hatte mir eine Wollmütze und ein zweites Paar Handschuhe kaufen wollen, bisher aber nichts Passendes gefunden; ich konnte nur hoffen, daß sich das in León, bevor ich in die Berge kam, ändern würde. Um zu verhindern, daß mir der Wind die Tränen in die Augen trieb, zog ich mir die Mütze bis an den Rand meiner Radbrille in die Stirn, was dazu führte, daß ich trotz der silbernen Muschel darauf mitunter für einen Mann gehalten wurde.

Am schlimmsten war die Kälte abends. Nach so anstrengender Betätigung kühlt der Körper schnell aus, und das Waschen mit eiskaltem Wasser senkt seine Temperatur noch weiter. Ich behalf mir damit, daß ich alles, was ich hatte, anzog, mich zum Schreiben oder Lesen in meinen Schlafsack packte und von Zeit zu Zeit wieder Leben in meine halb erfrorenen Fingerspitzen hauchte. Das entsprach ganz und gar mittelalterlichen Gepflogenheiten, denn in nördlichen Breiten war es üblich, sich in zusätzliche Kleiderschichten zu hüllen, wenn man die zugigen Hallen feuchter Burgen betrat. Auch das Wäschewaschen war mit dem kalten Wasser keine leichte Übung. Meist begnügte ich mich damit, meine Unterwäsche zu waschen; an den Satteltaschen befestigt, trocknete sie am nächsten Tag sehr schnell im Wind. Einmal in der Woche raffte ich mich auf und wusch auch Blusen und Socken.

Von der Temperatur abgesehen, erwies sich Hontanas als eine gute Wahl. Frisch gewaschen und gestriegelt ging ich hinaus, um das Dorf zu fotografieren, bevor es dunkel wurde. Ein Vorteil des kalten Wetters waren die wunderbaren Licht- und Wolkeneffekte, und sie waren nie prachtvoller gewesen als an dem Abend, den ich in diesem Pilgerdorf verbrachte. Die Makrelenwolken hatten sich zu einem Farbton von absoluter Vollkommenheit verdunkelt, und das Grau der Kirche und der Häuser vor dem dunkel leuchtenden Himmel wirkte unendlich schön und zugleich tragisch – ein Spiegelbild des Irdischen, Vergänglichen vor dem Hintergrund des Ewigen. »Die traurige Stunde der Komplet« – diese Worte kamen mir, während ich meine Fotos ordnete, wieder in den Sinn, so wie in La Réole, als ich am Fluß saß und den Leuten bei ihrem Abendspaziergang zusah. Hier war das Gefühl noch intensiver, wohl eine Wirkung der Fahrt durch die rauhe, abweisende Landschaft, die die Conditio humana unsicherer denn je erscheinen ließ.

Den Schlüssel zum *refugio* verwahrte Doña Anna, die ein paar Häuser weiter wohnte und sich bereit erklärt hatte, mir ein Abendessen zu kochen. Sie konnte ein wenig Französisch, das sie, wie sie mir erzählte, unter großen Schwierigkeiten gelernt hatte, als sie vor ihrer Heirat in einer Klinik in Frankreich gearbeitet hatte. Das provinzielle Innere ihres Hauses stand in seltsamem Kontrast zu dem alten Gemäuer, aber es war warm und heiter, und das war viel wichtiger. Anna machte mir eine – sehr herzhafte, sättigende – *tortilla*, die im Verein mit dem süßen Rotwein der Gegend und der wohltuenden Wärme des Feuers die letzten Reste von Melancholie vertrieb. Ihre dreizehnjährige Tochter Consuela leistete mir beim Essen Gesellschaft und probierte die platten englischen Phrasen aus, die sie in Burgos in der Schule lernte. Anna war sehr stolz auf das Kind und begierig auf lobende Worte über dessen Künste. Bildung war für sie etwas besonders Wichtiges, denn Kinder hatten in dem Dorf keine Zukunft; die meisten würden sich ihren Lebensunterhalt später einmal anderswo verdienen müssen. Wenn Consuela fleißig lernte, konnte sie vielleicht in Burgos Arbeit finden und jeden Tag hin und her fahren, so wie ihr Vater, der Mechaniker war. Der pummelige Sohn, einige Jahre jünger als seine Schwester, streckte den Kopf um die Ecke und machte irgendeine Bemerkung, worauf seine Mutter so tat, als würde sie ihm eine Ohrfeige versetzen. Für den da, sagte sie, habe sie nicht die geringste Hoffnung, er sei faul, frech und nichtsnutzig; ihr liebevoller Blick aber strafte ihre Worte Lügen. Ein weiterer vorgetäuschter Klaps folgte, vor dem der Junge sich nur knapp wegduckte, breit lächelnd, ihrer Liebe sicher.

Bald darauf kam der Vater nach Hause. Daß ich mir den Wein der Gegend schmecken ließ, schien ihn zu amüsieren und er demonstrierte mir, wie man ihn aus einem Weinschlauch trank und den dünnen Strahl in der Luft abbiß, ohne einen Tropfen zu verschütten. Doch trotz seines Drängens traute ich mir nicht zu, diese Fertigkeit zu erwerben, ohne daß meine Kleider ein ordentliches Quantum der Flüssigkeit abbekamen. Reisemüde und etwas abgeschabt am Schrein des heiligen Jakobus anzukommen stand völlig im Einklang mit der Fahrt; über und über voller Rotweinflecken aufzukreuzen aber gehörte sich nun wirklich nicht, fand ich und nahm meine Zuflucht zu der faulen Ausrede, ich bekäme keinen Tropfen mehr hinunter.

»... daß der Wein erfreue des Menschen Herz«, sang der Psalmist, und so empfand auch ich es, als ich langsam die Dorfstraße hinunterschlenderte, um die *tortilla* zu verdauen, bevor ich in die Falle ging. Der Wein wärmte den Körper ebenso wie das Herz, und ich fühlte mich entspannt und glücklich. Es war eine schöne, klare Nacht, und die Sterne waren in all ihrer Pracht zu sehen. Im Erdgeschoß des Rathauses hatte inzwischen eine Bar ihre Pforten geöffnet, in der sich alle acht Männer des Dorfes zum Kartenspielen versammelt hatten. Das *sello* des Ortes wurde hervorgeholt, um meine *certificacíon de paso* abzustempeln, ein kompliziertes Siegel, dessen Größe im umgekehrten Verhältnis zur Größe und Bedeutung des Dorfes stand, und sicherheitshalber wurde noch ein älterer Stempel danebengesetzt. Man bot mir höflich ein Glas Wein an, aber ich lehnte dankend ab, denn ich befand mich hier ganz offenkundig in einem Männerheiligtum und hielt es außerdem für klüger, zu Bett zu gehen, bevor mir die Kälte des *refugio* durch Mark und Bein drang. In meinem Schlafsack las ich dann noch, wie ich es mir angewöhnt hatte, die Komplet und sprach meine Gebete.

Ich erwachte bei Tagesanbruch von einem gewaltigen Vogelchor, und als ich den Kopf aus dem kleinen Fenster streckte, sah ich ganze Schwärme von Vögeln um die verfallenen Häuser schwirren. Es war eine liebliche Morgendämmerung, still und rosig. Ich stellte vorsichtig meinen Kocher zwischen den dichtstehenden Betten auf den Boden, machte Kaffee und kauerte mich mit meiner Tasse an das niedrige Fenster, um nichts von dem Schauspiel draußen zu verpassen. Die Abende ohne jede Zerstreuung hatten den Vorteil, daß ich früh einschlief und dann in der magischen Stunde des ersten Lichtes erwachte. Jeder Tag begann mit einem so starken Gefühl von Abenteuer, daß ich es kaum erwarten konnte, wieder auf der Straße zu sein. Das Packen der Satteltaschen war eine

Sache von wenigen Minuten, so geübt war ich inzwischen darin. Ich wußte, wo alles war und hätte es selbst im Dunkeln im Handumdrehen gefunden. Und dann fuhr ich in den strahlenden, kalten, frisch duftenden Morgen hinaus.

Die Erde wirkte kreidig unter dem ersten Hauch von Grün. Kaninchen, so fett, als wollten sie über die Armut des Landes hinwegtäuschen, rannten umher und sonnten sich auf dem Grünstreifen. Eine Wachtel flatterte über die kargen Äcker, und von jedem Dickicht, jeder Hecke und jedem kleinsten Stein stieg Vogelgezwitscher auf.

Einige Kilometer von Hontanas entfernt überspannte ein riesiger, mit Steinkraut und Farn bewachsener Bogen die Straße, der ebensogut eine für teures Geld künstlich errichtete Ruine im Park eines englischen Landsitzes hätte sein können. Ich fuhr mehrmals darunter durch und stieg schließlich ab, um ihn genauer zu inspizieren. Zusammen mit einigen Mauerresten war er alles, was von dem 1146 gegründeten großen Kloster San Antón übrig geblieben war. Das Kloster hatte sich auf die Behandlung von Menschen spezialisiert, die am sogenannten Antoniusfeuer litten, der Wundrose, einer grauenvollen, schmerzhaften und hochansteckenden Hautinfektion, die als ebenso schwerwiegend galt wie die Lepra. An einen englischen Park erinnerten auch die Reste einer Allee mit wahren Prachtexemplaren von Bäumen, die zu beiden Seiten der Straße von dem Bogen wegführte. Weiter hinten, hoch über der Ebene, krönte die Ruine einer Festung einen kahlen Hügel, an dessen Fuß sich terrassenförmig der Ort Castrojeriz schmiegte; dort hatte es zu seiner Blütezeit im Mittelalter sieben Pilgerhospize gegeben. Einst eine bedeutende Römerstadt und davor eine Festung örtlicher Stämme, blickte Castrojeriz schon damals auf eine lange Geschichte zurück. Man sah dem erodierten, seiner Fruchtbarkeit beraubten Land ringsum die jahrtausendelange Beanspruchung an.

Der Ort selbst hatte entschieden Charakter, er war überraschend groß und beherbergte mindestens vier schöne romanische Kirchen. Als ich den gelben Pilgerpfeilen auf einer der unteren Terrassen um den Hügel herum folgte, erblickte ich vor mir eine schlanke Gestalt und glaubte einen Moment lang, nicht richtig zu sehen. Es war eine junge Frau, mittelalterlich mit Wams und Kniehose in weichen, ausgeblichenen Ocker- und hellen Brauntönen bekleidet, auf dem Kopf eine elegante Version des breitkrempigen Pilgerhuts. Doch der moderne große Rucksack verscheuchte das Bild eines Gespenstes aus dem Mittelalter schnell. Als ich herangekommen war, enthüllte sich mir ein noch unwahrscheinlicheres Phänomen: eine amerikanische Studentin der Geschichte des europäischen Mittelalters, die als Teil ihres Studiums den *Camino* entlangwanderte. Sie hieß Amy und erzählte mir, daß sie zu Hause in Colorado nicht über ihr Studium spreche, denn die Leute dort glaubten nicht, daß es vor George Washington überhaupt eine Geschichte gegeben habe. Es sei herrlich, in Europa zu sein, schon allein deshalb, weil niemand sie hier für verrückt halte. Sie war in den Pyrenäen aufgebrochen und hatte wie ich in den *refugios* am Weg übernachtet, nur ab und zu hatte sie sich in einer *fonda* oder einem kleinen Hotel den Luxus eines Bades gegönnt.

Wir freuten uns beide, einer Mitpilgerin begegnet zu sein, gingen einen Kaffee trinken und erzählten uns von unseren Erlebnissen. Amy zog einer schmerzenden Blase wegen ihren Stiefel aus, und als die Frau hinter der Theke das sah, bat sie einen englischsprechenden Gast, uns von der »Heilerin, die kranke Pilger kuriert«, zu erzählen. Neugierig geworden, zog Amy den Stiefel wieder an, und wir ließen uns von zwei Kindern aus dem Lokal zu einem Haus auf einer höhergelegenen Terrasse bringen. Dem jungen Spanier, der die Tür öffnete, erklärten die Kinder, wie es um Amys Fuß stand, und sofort wurden wir die Treppe hinauf in einen altmodischen Salon im ersten Stock geführt. Im Land der kalten Räume war dieser ganz besonders kalt, aber makellos sauber und mit schönen antiken Stücken sparsam möbliert – offensichtlich wurden hier Gäste empfangen. Nach einer Weile kam der junge Mann mit einer noch jüngeren Frau im Morgenrock zurück. Zu zweit trugen sie eine Schüssel Wasser herein, dazu Seife, Handtuch, eine Flasche Alkohol und diverse Pflaster und Verbände. Niemand sprach, während Amys Fuß gebadet und verbunden wurde, doch danach wurden wir in das warme, freundliche Wohnzimmer der Familie geführt und bekamen Kaffee und Kekse vorgesetzt. Eine mollige, fröhliche ältere Frau, die Mutter der beiden, kam dazu und mit ihr mehrere andere Leute, darunter Miguel, der Mann aus dem Lokal, der als Dolmetscher fungieren sollte. Unter Rückenklopfen, kreischendem Gelächter und zahlreichen Umarmungen erfuhren wir, daß alle Kinder der Familie, drei Brüder und eine Schwester, »Heiler« waren und diese Gabe von ihrem verstorbenen Vater geerbt hatten. Jeder Pilger mit Blasen an den Füßen oder anderen Beschwerden wurde von ihnen nach bestem Vermögen behandelt, bevor er wieder auf den Weg geschickt wurde. Amys Angebot, für die Behandlung zu bezahlen, und sei es nur in Form einer Spende für einen wohltätigen Zweck, wurde vehement abgelehnt. Es sei eine Pflicht, ein Privileg, sich um die Pilger zu kümmern; Bezahlung komme da nicht in Frage. Die Mutter kochte auch oft für die Pilger; für sie sei das Beste gerade gut genug, meinte sie. Sie könne einfach nicht verstehen, wie dieses schreckliche Dorf ein Stück die Straße hinunter (Hornillos del Camino) es einst fertiggebracht habe, einem Pilger ein Glas Wasser zu verweigern!

Das Haus hatte eine faszinierende Besonderheit, die mir die hübsche Tochter – noch immer im Morgenrock – zeigte. Hinter einer Metalltür auf dem Balkon öffnete sich ein langer Schacht, der unter dem Boden des Wohnzimmers hindurchführte. Ein Holzfeuer brannte darin, das die Fußbodenheizung der Wohnung, einen Nachbau des ursprünglichen römischen Hypokaustums, mit Heißluft versorgte.

Ich ließ Amy in Castrojeriz zurück, wo sie bestimmt noch einen wunderbaren Tag verbrachte, und fuhr weiter in Richtung Frómista. Es gab auf den nächsten Kilometern einige ganz besondere Kirchen, die ich mir nicht entgehen lassen wollte. Kirchen sind in Spanien, soweit es feste Öffnungszeiten gibt, von eins bis vier geschlossen, einige machen auch überhaupt nicht auf, zumindest nicht im April und Mai.

Bis Frómista waren es ungefähr fünfundzwanzig Kilometer. Ich fuhr schneller als sonst und machte nur in Boadilla del Camino Halt, wo ein gotisches Kreuz mit muschelbedecktem Stamm stand, das viel zu schön war, um nicht im Detail bewundert zu werden.

Der Tag wurde herrlich warm, und ich hätte nur zu gern öfter angehalten, aber ich widerstand der Versuchung, weil ich rechtzeitig vor Torschluß nach Frómista zu gelangen hoffte. Doch ich hätte wissen müssen, daß ich mich nicht zu beeilen brauchte. Es war noch nicht einmal ganz Mittag, als ich dort ankam, aber die Kirche war bereits zugesperrt. Zum Glück liegt ihr Reiz großenteils in ihrem Äußeren. Die romanische Kirche San Martín ist anders als alle anderen Bauwerke auf dem *Camino*. Es ist ein wunderbar ausgewogenes Gebäude aus besonders schönem goldfarbenem Stein, mit einer Fülle gerundeter Dächer aus Terrakottaziegeln auf unterschiedlicher Höhe. Die mehreren hundert Konsolsteine unter dem Dachvorsprung sind in Form von Tieren, menschlichen Figuren, Ungeheuern und Pflanzen kunstvoll gestaltet. Sie erinnerten mich ein wenig an die wunderschöne armenische Kirche auf der Insel Aktamar im Vansee, nur daß sich die Kirche in Frómista nicht über einem azurblauen See erhebt, sondern unpassenderweise über einem reizlosen kleinen Platz.

Während ich die Skulpturen von einer nahen Bank aus betrachtete, kam ein Reisebus an, dem etwa dreißig Besucher entstiegen, alle mittleren Alters. Sie gingen um die Kirche herum und schienen ebenso enttäuscht wie ich, sie geschlossen vorzufinden. Es fällt schwer, so viele Menschen, die alle gleichzeitig über einen friedlichen Ort herfallen, nicht als Störenfriede zu empfinden, und daher suche ich normalerweise beim Herannahen einer Reisegesellschaft eilig das Weite. Diese aber war recht zurückhaltend und so unaufdringlich, wie es bei dreißig Personen auf einem ansonsten verlassenen Platz nur möglich ist. Eine Frau kam heran, um mich zu fragen, ob ich wüßte, wo der Priester sei, und machte sich hoffnungsvoll auf die Suche. Dann schlenderten einige andere zu mir herüber, und als sie merkten, daß sie eine Engländerin vor sich hatten, redeten sie so fließend Englisch mit mir, daß ich mich für mein unkorrektes Französisch schämte. Es waren Belgier, Mitglieder eines privaten Reisevereins, dessen alleiniger Zweck darin bestand, Bildungsreisen zu organisieren. Zur Zeit erforschten sie den *Camino*. Da es an dem Tag ungewöhnlich warm war, trug ich mein Bruderschaftssweatshirt mit den großen schwarzen Muscheln darauf, und einige der Belgier fragten, ob sie mich fotografieren dürften – ich sei die erste Pilgerin, der sie begegneten. Das war mir unangenehmer, als von Touristen in Burgos fotografiert zu werden, denn sie schienen recht sachkundig; sie hatten ihre Hausaufgaben gemacht und wußten über Pilger Bescheid. Hieß das, daß sie in mir eine bestimmte Sorte Mensch sahen? Überdurchschnittlich fromm womöglich? Ich beeilte mich, solche Vorstellungen zu zerstreuen: Ich sei keine Pilgerin, nicht im eigentlichen Sinne, ich wolle einfach nach Santiago, so wie sie auch, ich nähme mir nur etwas mehr Zeit für die Fahrt, und ich sei eben mit dem Rad unterwegs. Aber sie waren nicht davon abzubringen – das sei sehr wohl etwas anderes, sie wünschten, sie hätten ebensoviel Zeit und Mut und so weiter. Dann kam die Reiseleiterin zurück – ohne den Kirchenschlüssel –, und wir gingen unserer Wege.

Dreizehn Kilometer hinter Frómista kommt ein weiteres kleines Dorf, Villalcázar de Sirga, in Picauds Tagen eine blühende Stadt mit einem großen Kloster, das unter dem unmittelbaren Schutz der Tempelritter stand. Vom Glanz des dreizehnten Jahrhunderts ist außer der Kirche Santa María la Blanca nichts mehr übrig, aber die Kirche genügt, um die Vergangenheit heraufzubeschwören. An die Stelle klassischer Vollendung in Frómista tritt hier üppige Pracht, von der riesigen Vorhalle und dem schönen Portal bis hin zu den Details der Gräber und Kapellen im Innern der Kirche, das ich dank der Belgier, deren Reiseleiterin es gelungen war, des Schlüssels habhaft zu werden, betreten konnte.

Als ich bei meiner Ankunft in dem Dorf den Bus der Belgier erblickte, hatte ich versucht, mich unsichtbar zu machen. Nachdem man mir in Frómista mit so vielen »Bon voyages« und »Bonne routes« nachgewunken hatte, machte mich die Vorstellung, das alles noch einmal absolvieren zu müssen, befangen. Aber sie hatten schon auf mich gewartet, und zu meiner Überraschung kam die Reiseleiterin geradewegs auf mich zu und lud mich ein, mit ihnen zu Mittag zu essen. Sie hätten hier im Dorf ein ganz besonderes Mahl arrangiert; eine Pilgerin dabei zu Gast zu haben, werde es zu einem unvergeßlichen Erlebnis machen. Sie wollten wohl einfach nur nett sein und mir etwas Gutes tun, aber da beide Motive im Einklang mit dem Geist der Pilgerschaft standen, nahm ich die Einladung an – ein wahrer Reisender lehnt ohnehin nie eine Mahlzeit ab.

Das Essen – eher eine Art Bankett, wie sich herausstellen sollte – fand in einem ehemaligen Lagerhaus aus dem sechzehnten Jahrhundert statt, einem langgestreckten Raum mit dicken Deckenbalken und einem einzigen langen Tisch in der Mitte. Ein reizender alter Mann, Don Pablo Payo, der Besitzer des Gebäudes, begrüßte die Gäste an der Tür. Er trug Hut und Umhang des traditionellen Pilgers, in der Hand einen Wanderstab mit Kürbisflasche und um den Hals die schwere Amtskette des Bürgermeisters. Der Eindruck einer allzu theatralischen Inszenierung wurde durch das liebe Gesicht des Mannes und seine Haltung, als sei das alles die natürlichste Sache der Welt, sogleich verwischt. Als er mir wie allen weiblichen Gästen zur Begrüßung eine große Nelke überreichte, erklärte ihm die Reiseleiterin enthusiastisch, sie hätten mich als »echte Pilgerin« zu dem Festmahl mitgebracht. Wenn das so sei, erwiderte Don Pablo, dann seien Essen und Trinken, wie es der Brauch sei, für mich gratis.

Auf wessen Kosten ich letzten Endes speiste, weiß ich nicht, aber wer der Ehrengast des Mahls war, stand außer Frage. Der Platz am Tischende wurde für den heiligen Jakobus freigehalten, und man beschlagnahmte meine Lenkertasche mit den großen Muscheln darauf, um ihn zu repräsentieren. Einzelheiten des Mahls habe ich damals nicht notiert, und heute habe ich keine Ahnung mehr, was genau ich gegessen habe. Ich weiß nur noch, daß es sehr gut war, daß Gang auf Gang folgte, wie es sich für ein Bankett gehört, und daß der Wein aus braunen Krügen eingeschenkt wurde; alles andere ist mir entfallen, weil es so viel zu reden und so viele Fragen zu beantworten gab. Viele der Belgier waren etwa in meinem Alter. Sie verwendeten, wie sie sagten, viel Zeit und Mühe darauf, einen »authentischen, sinnvollen Urlaub« zu verbringen; Geld schien dabei keine Rolle zu spielen. Doch meine Art zu reisen, allein und in eigener Regie, beeindruckte sie als etwas ganz Besonderes. »Ist das denn nicht gefährlich?« fragten sie, und ich wußte nicht, was ich antworten sollte. Ich habe zwar durchaus gefährliche Reisen gemacht, aber die Pilgerfahrt nach Santiago würde ich nicht dazuzählen, jedenfalls nicht in physischer Hinsicht. Wenn es Gefahren gab, dann waren sie subtiler und hatten mehr mit einer Herausforderung der Gedanken, einer Veränderung der Einstellungen zu tun.

Nach dem Essen stempelte Don Pablo mit viel Aufhebens meine *certificacíon de paso*, für die Touristen ein weiteres Objekt des Interesses, und dann nahmen wir endgültig Abschied, alle ein wenig benommen von dem üppigen Essen und dem Wein. Bis ich in Santiago ankam, würden sie längst wieder in Belgien sein.

Bevor ich Villalcázar verließ, hatte ich Gelegenheit, mir die Kirche genauer anzusehen, denn Don Pablo spürte den Küster auf und bat ihn, sie noch einmal für mich aufzuschließen. Das Innere war wunderschön, und ich wollte vor allem einen Blick auf das riesige Altarbild mit Szenen aus dem Leben Christi werfen. Man mußte dazu durch Einwerfen einer Hundert-Peseten-Münze die Beleuchtung einschalten, und als ich eine hervorgekramt hatte, schnappte der Küster sie mir aus der Hand und warf statt ihrer ein Metallstück ein. Beim Verlassen der Kirche aber überreichte er mir meine zweite weiße Nelke dieses Tages. Ich weiß nicht, ob mir das alles so wunderbar im Einklang mit der Tradition der Pilgerfahrt erschienen wäre, wenn ich nicht so entspannt und hochgestimmt gewesen wäre. Doch trotz des offensichtlichen Touristenrummels hatte mir Villalcázar ein lebendigeres Gefühl für das Mittelalter verschafft als viele andere Orte auf dem *Camino*, und als ich weiterfuhr, fühlte ich mich zutiefst im Frieden mit meinen Mitmenschen.

10

Pilger über Pilger

Bis zu dem Ort mit dem wohlklingenden Namen Carrión de los Condes, der mit der Sage um El Cid verknüpft ist und von Aimery Picaud wohlwollend erwähnt wird, waren es nur etwas über sechs Kilometer, und da das Festessen mit den Belgiern fast den ganzen Nachmittag gedauert hatte, hätte ich auch nicht mehr viel weiter fahren können. Außerdem wäre es unklug gewesen, sich nach einer solch üppigen Mahlzeit allzusehr zu verausgaben.

Das *refugio* befand sich im Pfarrhaus. Es grenzte an die Kirche Santa María del Camino, deren verwitterte romanische Skulpturen am Südportal die hundert christlichen Jungfrauen darstellen, die den Mauren alljährlich als Tribut übergeben wurden, bis die Schlacht von Clavijo dieser Praxis ein Ende setzte. Der Schlafraum war an die Nordwand der Kirche angebaut und hatte als seltsamen Schmuck eine Reihe von Wasserspeiern, die durch die Fenster anzüglich auf die Betten hinabgrinsten. Es war ein recht markanter Kontrast zu den Fleischtöpfen von Villalcázar, und angesichts der Kargheit, die hier herrschte, schien es mir eine gute Idee, mich einmal etwas gründlicher zu waschen als in letzter Zeit, auch wenn das Wasser so eiskalt war wie in den meisten *refugios*. Das erforderte ein gehöriges Maß an Willensstärke, zumal ich beschloß, mir auch gleich die Haare zu waschen. Ich hätte den Kopf wohl kaum lange genug unter den Wasserhahn halten können, um das Shampoo auszuspülen, hätte ich meine Gedanken nicht fest auf den heiligen Cuthbert und all die anderen asketischen keltischen Heiligen gerichtet. Als ich fertig war, kam es mir vor, als läge eine Eisenklammer um meinen Kopf.

Zum Lohn für diese kleine Selbstkasteiung ging ich ins Freie, wo es wie immer um mehrere Grad wärmer war als drinnen – ein herrliches Gefühl. Picaud beschreibt Carrión de los Condes als »eine geschäftige und blühende Stadt, die an Brot, Wein, Fleisch und anderen Lebensmitteln reich ist«, und auch den Fluß, den Río Carrión, erklärt er für gesundheitlich unbedenklich. Ich selbst fand den Ort nicht annähernd so beeindruckend oder reizvoll wie viele andere, die ich unterwegs gesehen hatte. Doch er schien auch heute noch geschäftig und wohlhabend zu sein, der Fluß floß noch immer unten entlang, und am anderen Ufer lag ein schönes Benediktinerkloster. Im Zentrum war sogar noch ein Relikt der mittelalterlichen Stadt zu sehen, die Kirche Santiago mit einer großartigen Christusskulptur an der Westfassade. Daß ich ausnahmsweise einmal rechtzeitig zur Messe kam, ließ mich die Kontinuität der Pilgerfahrt stärker spüren, auch wenn die Gemeinde nicht mehr als etwa zwanzig Häupter zählte.

Doch der nächste Tag brachte eine Veränderung. Ich fuhr noch immer über die öde Hochebene, die ich kurz hinter Burgos erreicht hatte. Nicht Tage, sondern Wochen schienen seitdem vergangen, und ich begann zu verstehen, daß andere Pilger unter der Eintönigkeit dieser Strecke gelitten hatten. Solange kein blauer Himmel die rauhe kastilische Landschaft erhellte, war alles von Trostlosigkeit überschattet, und die Freude an der Reise schwand. Der Westwind blies mir den Staub des erodierten Landes ins Gesicht, alles war wieder ein einziger Kampf, und mein Geist suchte nach Ablenkung.

Da ich des Windes wegen mit eingezogenem Kopf fuhr, sah ich die ruhig dahinwandernde hagere Gestalt in Hemdsärmeln und mit Rucksack und Wanderstab erst, als ich sie schon fast eingeholt hatte. Das kann nur ein Pilger sein, dachte ich, als ich anhielt, um ihn zu begrüßen, und ich muß es auch laut gesagt haben, denn er wandte mir ein gut geschnittenes, markantes Gesicht zu. Nachdem er mir die Hand gegeben und sich mit unverkennbar holländischem Akzent als Harrie vorgestellt hatte, klärte er mich darüber auf, was er davon hielt, als Pilger bezeichnet zu werden. »Das ist das einzige, was mir an dieser Reise nicht gefällt. Dauernd halten Autos und Busse an, und die Leute machen Fotos von mir. In jeder Stadt, durch die ich komme, will irgend jemand einen Pilger fotografieren. Sogar die Pfarrer sagen: ›Kommen Sie, lassen Sie sich mit den Touristen fotografieren, Sie sind ja ein richtiger Pilger.‹ Aber ich bin kein richtiger Pilger. Ich wandere nach Santiago, das ist alles. Ich kann den Trubel nicht ausstehen.«

Ein Gespräch, das ohne jede Einleitung so emotional begonnen hatte, konnte man, fand ich, nicht beenden, ohne es noch ein wenig zu vertiefen. Ich schlug vor, bei einer Tasse Kaffee weiterzureden, und da es auf diesem besonders einsamen Abschnitt des *Camino* weit und breit kein Lokal gab, setzten wir uns mit den zartgrünen Weizenfeldern im Rücken an den Straßenrand und schirmten die Flamme meines Kochers gegen den Wind ab, während das Kaffeewasser heiß wurde. Harrie schien die Kälte nicht zu spüren. Er sei Bildhauer und komme aus Leiden, sagte er. Ich schätzte ihn auf Mitte, Ende dreißig. Er wirkte sehr fit, hatte kein Gramm Fett am Leib und sah genauso aus wie jemand, der seit sieben Wochen jeden Tag von morgens bis abends auf Wanderschaft ist, wozu auch sein jenseitiger Blick beitrug. Trotz seiner modernen Kleidung hatte er eine frappierende Ähnlichkeit mit den Pilgerskulpturen am Portal der Kathedrale von Burgos, und es wunderte mich nicht, daß er ein begehrtes Fotomotiv war – was ich aber wohlweislich für mich behielt.

Er gehe nach Santiago, sagte er, weil er in seinem Leben an einem Punkt angelangt sei, wo er »Raum zum Denken« brauche, sich über einiges klar werden, einige Zeit fern von den Problemen des Alltags verbringen müsse. Es gebe nicht mehr viele Gegenden, wo man so lange durch eine so schöne Landschaft wandern und dabei so viele herrliche Kunstwerke sehen könne. Die Leute in den Dörfern und in den Kneipen seien sehr nett, und man bleibe dort von diesem ganzen Pilgerkram verschont. Es sei die ideale Reise für jemanden, der wandern und dabei nachdenken wolle.

Kurz nachdem er in Le Puy aufgebrochen sei, habe er zwei andere Männer kennengelernt, die die Strecke ebenfalls zu Fuß gingen, einen Pfarrer aus Belgien und einen Schweizer Gynäkologen. Bald hatte es sich zwischen den dreien eingespielt, daß sie zusammen an einem vereinbarten Treffpunkt, meist in einem *refugio*, übernachteten, tagsüber jedoch getrennt wanderten, da jeder von ihnen das Alleinsein schätzte, ja geradezu brauchte. Sie seien häufig anderen begegnet, die den Jakobsweg entlangwanderten, erzählte Harrie, aber viele wollten nur so schnell wie möglich nach Santiago. Harrie fand es verrückt, so zu hetzen, es sei doch schade um die Reise. Das Unterwegssein sei ja noch das Einfachste, man brauche sich um nichts zu sorgen; die Probleme fingen erst an, wenn man am Ziel sei und wieder dort anknüpfen müsse, wo man aufgehört habe. Anfangs habe er viel zuviel Gepäck dabeigehabt; die Hälfte habe er nach Hause geschickt. Mit das Beste an der Wanderung sei für ihn die Erkenntnis, wie wenig man im Grunde brauche.

Ich merkte, wie der Tag alles Trostlose verlor, während wir so zusammensaßen. Die Begegnung mit Harrie hatte die Spinnweben gründlicher fortgepustet, als der kalte Wind der Hochebene es vermocht hätte. Trotz seiner dezidiert areligiösen Einstellung und seiner Ablehnung des Etiketts »Pilger« hätte vieles von dem, was er sagte, ohne weiteres von Bunyan stammen können; er drückte es nur in seinen eigenen unmißverständlichen Worten aus, um die Spiritualität, die dahinterstand, zu verschleiern. Zu gern wäre ich bei den abendlichen Gesprächen mit seinen Gefährten dabeigewesen.

Ich mußte noch in mich hineinlachen bei der Vorstellung, wie überrascht die Touristen angesichts Harries empörter Weigerung, sich fotografieren zu lassen, sein mußten, als ich nach Sahagún kam, einer Stadt, deren staubiger, bröckelnder Verfall mich wie ein Schock traf. Ich hatte etwas Großartiges und auf jeden Fall weniger Fremdartiges erwartet. Wieder kam ich mir vor wie in Asien, nur wurde die Erinnerung diesmal nicht durch die Landschaft wachgerufen, sondern durch Straßen und Häuser.

Sahagún war einst Sitz des mächtigsten Klosters Spaniens und lag genau im Brennpunkt der christlichen Expansion und der Reconquista. Es stieg im elften Jahrhundert zu dieser Position auf, als Alfonso VI. das bereits bestehende Kloster einer Reform nach dem Vorbild Clunys unterzog. Alfonsos Beichtvater, der Benediktiner Bernard d'Aquitaine, wurde ausersehen, den neuen Orden zu etablieren; er tat dies so erfolgreich, daß dem Kloster Sahagún bald über fünfzig Abteien und Priorate unterstanden und es einiges von der politischen und religiösen Macht ausübte, die Cluny selbst in der christlichen Welt innehatte. Nach der Rückeroberung Toledos von den Mauren im Jahre 1086 wurde Bernard dort Bischof.

Als Aimery Picaud im darauffolgenden Jahrhundert seine Pilgerfahrt unternahm, war durch Handelsbeziehungen mit ganz Europa um das Kloster herum eine Stadt entstanden, die »durch Fruchtbarkeit hervorsticht«, einer der bedeutendsten Orte des *Camino Francés*. Auch Sahagúns Fluß fand Picauds Billigung. Picaud erinnert die Pilger in seinem Führer an den Bezug der Stadt zu Karl dem Großen und dem Kampf gegen die Mauren: In der Nacht vor der Schlacht schlugen die Lanzen einiger seiner Ritter in der Erde Wurzeln und trieben Blätter. Später hieß es, damit sei den Kriegern, die in der Schlacht fielen, schon im voraus die Märtyrerpalme verliehen worden. Die Pappeln am Fluß sollen Abkömmlinge jener ergrünten Lanzen sein.

Bäume in einer Au und einige seltsame und sehr schöne Backsteinkirchen, die über den verwahrlosten Häusern einer heruntergekommenen Stadt aufragen – mehr ist von Sahagúns glanzvoller Vergangenheit nicht mehr übrig. Die fremdartige Wirkung des Ortes rührt ebenso von dem krassen Gegensatz zwischen vergangener Pracht und schäbiger Armut her wie von der einzigartigen Architektur der ramponierten Kirchen. Sie wurden von maurischen Baumeistern des islamischen Spanien im sogenannten Mudejar-Stil errichtet, und da es in dieser Gegend keine Steinbrüche gibt, wurde dafür ausschließlich Backstein verwendet. Das Ergebnis ist exotischer als alles, was ich bisher auf dem *Camino* gesehen hatte. Von dem mächtigen Kloster von Sahagún ist außer einigen Mauerresten – einem großen Torbogen und einer halbverfallenen Kapelle – nichts mehr zu sehen, und von den neun berühmten Kirchen stehen nur noch vier. Die kleine Kirche San Tirso, die sich höchst unpassend auf einem abfallübersäten Platz hinter der Klosterruine erhebt, ist weitgehend restauriert, so daß man sieht, wie schön und von welch vollkommener Ausgewogenheit der Mudejar-Stil sein kann, wie komplex und abwechslungsreich auch, trotz der Beschränkungen, die der Backstein als einziges Baumaterial auferlegt. Eine andere der noch verbliebenen Kirchen, San Lorenzo, mit ihren zwiebelförmigen Bögen und dem großen viereckigen Glockenturm, war noch nicht restauriert, und das Flair des Verfalls, das sie umgab, war irgendwie befriedigender, so als sei noch etwas von ihrem Geist lebendig. Den tiefsten Eindruck aber machte die leerstehende Kirche La Peregrina auf einem Hügel im Westen der Stadt. Schon ihr Name – sie war der Jungfrau Maria als Pilgerin geweiht – berührte mich; die Flucht nach Ägypten klang darin an, die Reise nach Bethlehem mit dem Kind unter dem Herzen und die Geburt des Gottessohnes in einem Stall. Ich war inzwischen daran gewöhnt, den heiligen Jakobus als Pilger dargestellt zu sehen, der zu seinem eigenen Grab wandert, und ich hatte sogar Jesus selbst als Pilger auf dem Weg nach Emmaus gesehen; jetzt aber begegnete mir erstmals seine

Mutter in der Rolle der Pilgerin. Ich merkte, daß ich auf meiner Reise den Begriff des Pilgers ständig neu definieren mußte, ein Thema, über das ich mich gern mit Harrie unterhalten hätte.

Doch auch ohne diese Assoziationen hätte die Kirche La Peregrina einen tiefen Eindruck hinterlassen, und ich bilde mir ein, ich hätte, auch ohne es zu wissen, erkannt, daß es eine Gründung der Franziskaner war. Ihre Lage über der Stadt und die trügerische Einfachheit des Baus im Verein mit seinen mächtigen Mauern waren typisch franziskanisch. Zu der Melancholie, die über jedem verlassenen Gebäude liegt, gesellte sich noch eine leise, eindringliche Traurigkeit, die nicht einmal die Mudejar-Architektur verbergen konnte – ein Kennzeichen aller mit dem heiligen Franziskus verbundenen Bauten. Der Heilige muß auch selbst hier gewesen sein, denn er unternahm seine Pilgerfahrt nach Santiago im Jahr 1214.

Da ich in Sahagún nicht zu Mittag essen wollte und es inzwischen wärmer geworden war, kaufte ich mir Zutaten für ein Picknick. Sobald die Stadt hinter mir lag, hielt ich zum zweiten Mal an diesem Tag am Straßenrand an, setzte Wasser auf und bereitete mir ein Mahl aus Brot, Anchovis, Oliven, Tomaten und Obst. Eine Mahlzeit ist eine natürliche Gelegenheit, dankbar zu sein für das, was man hat; vielleicht entstand so der Brauch des Tischgebets. Doch mehr als die Dankbarkeit für das Essen beschäftigten mich die Menschen, die ich auf meiner Pilgerfahrt kennengelernt hatte, vor allem seit meiner Pyrenäenüberquerung. Von keiner anderen Reise erinnerte ich mich an so viele herzerwärmende Begegnungen. Auch ganz beiläufige Gespräche hatten oft etwas Besonderes an sich gehabt, eine grundlose Freundlichkeit – vor einer

Stunde zum Beispiel, als ich im Postamt von Sahagún eine Briefmarke gekauft und der Beamte schüchtern seine paar Worte Englisch hervorgekramt hatte, einfach, so empfand ich es, damit ich mich wohl fühlte. Da solche Pausen am Straßenrand auch eine gute Gelegenheit waren, mein Tagebuch auf den neuesten Stand zu bringen, finden sich darin zwischen den Beschreibungen von Sahagún auch Betrachtungen über Mitpilger und andere Leute, denen ich unterwegs begegnet war, und am Ende dieses Durcheinanders steht die Frage: »Ist der *Camino* deshalb anders als jede andere Straße?«

Es sollte für die nächsten Stunden die letzte Gelegenheit zu ruhigem Nachdenken sein. Nach meiner Mahlzeit verschlechterte sich das Wetter rapide. Der goldene Zauber, der für kurze Zeit über den alten Backsteinkirchen in Sahagún gelegen hatte, war hinter tiefhängenden grauen Wolken verschwunden. Der eigentliche *Camino* verlief jetzt querfeldein – jener einsame Weg, auf dem Pilger, die unbedachterweise allein reisten, einst von Wölfen zerrissen wurden. Doch auch ohne die Wölfe war es eine öde Gegend, und der desolate Pfad war mit einem beladenen Tourenrad nicht passierbar. Ich kann aber vermelden, daß dieser traurige Zustand inzwischen durch eine umfassende Sanierung dieses Streckenabschnitts beendet worden ist, so daß man als Radfahrer nicht mehr sein Leben aufs Spiel zu setzen braucht, wie ich es an diesem Nachmittag tat, auf einer der grauenvollsten Fernverkehrsstraßen, die ich je erlebt habe.

Die N 120 war schon schlimm genug, doch als ich nach rechts auf die N 601 abbog, glaubte ich, meine Zeit im Fegefeuer sei schon jetzt gekommen. Die Fontänen, die, durch den heftigen Seitenwind noch verstärkt, von den vorbeidonnernden Lastern hochspritzten, waren fast mehr, als ich ertragen konnte, und Roberts scheute und bockte wie ein noch nicht zugerittenes Pferd. Dann kam es, wie es kommen mußte: Das Spritzwasser eines besonders riesigen und schnellen Ungeheuers hob Roberts und mich einen Moment lang in die Lüfte, fegte uns von der Straße und setzte uns ein ganzes Stück weiter rechts ins Gestrüpp, wo mein Kopf einen großen Felsblock um Haaresbreite verfehlte. Der einzige andere Radfahrer, den ich den ganzen Tag über gesehen hatte, ein Landarbeiter, der das bißchen Schutz, das ich bot, genutzt hatte und dicht hinter mir gefahren war, hielt an und entwirrte Roberts und mich. Zu unser beider Überraschung war ich bis auf eine Prellung am Schenkel unverletzt geblieben. Ich fuhr weiter nach Mansilla und sang dabei, um mir Mut zu machen, »He Who Would Valiant Be«.

Mansilla de las Mulas ist noch fast vollständig von seinen mittelalterlichen Lehmziegelmauern umschlossen, und wenn man von dem mitten hindurchdröhnenden Verkehr auf der N 601 absieht, ist es ein friedlicher kleiner Ort am Fluß Esla, mit Storchennestern auf den Türmen eines ansonsten nicht mehr existierenden alten Gebäudes. Hier wollte ich übernachten, vorausgesetzt, ich machte das *refugio* ausfindig, was nicht immer ganz einfach ist. Nachdem ich mehrere Leute gefragt hatte, trug die Besitzerin des Blumenladens ihrem Sohn auf, mich mit dem Rad zum Pfarrer zu begleiten. Wie kleine Jungen es zu tun pflegen, rief er unterwegs seine Freunde heran, und bis wir an der offenen Tür des Pfarrhauses angelangt waren, hatte ich eine stattliche Eskorte. Der Pfarrer war ein ruppiger Mensch, der weder Pilger noch kleine Jungen mochte. Nachdem sich die Jungen verkrümelt hatten, blieb ich allein zurück und wurde verhört. Ich konnte inzwischen genug Spanisch, um klarzustellen, daß ich eine *peregrina* und kein *peregrino* war, was jedoch eine barsche Tirade auf mein Haupt herabbeschwor, die sich im wesentlichen um die Frage »Warum sind Sie dann als Mann verkleidet?« drehte. Von vernünftiger Radbekleidung hatte er offenbar noch nichts gehört. Aber meine *credenciales* waren einwandfrei, und er mußte sie wohl oder übel stempeln, wobei er den Mund zu einem mißbilligenden Strich zusammenkniff. Dann erschien meine Eskorte wieder und brachte mich im Eiltempo zum *refugio*. Es lag in einer kleinen Seitenstraße und bestand aus mehreren alten Häusern rings um einen grob gefliesten Hof, den ein großer Feigenbaum ganz ausfüllte. Es war ein bezaubernder Ort, der jedoch gerade von Grund auf renoviert wurde. Die Wände waren frisch gestrichen, mit viel Enthusiasmus offenbar, denn die Farbe war über Boden, Betten und alles, was sonst im Weg stand, verspritzt. Eine Generalreinigung hätte hier Wunder gewirkt, aber offensichtlich wurden um diese Zeit noch keine Pilger erwartet.

Der kleine Mann, der mir ziemlich großspurig das Haus zeigte, hob alles, was er mir zu Licht, Wasser und Schlüsseln zu sagen wünschte, besonders hervor, indem er mir mit dem Zeigefinger gegen die Brust tippte, eine Angewohnheit, über die ich mich schon im Normalfall ärgere. Jetzt aber, müde, angeschlagen, verkehrsgeschädigt und von einem chauvinistischen Pfarrer bespöttelt, fand ich sie unerträglich und sagte ihm das schließlich auch unmißverständlich. Doch sofort tat es mir wieder leid, denn mir fiel ein, was ich über das Gefühl der Verbundenheit, das man unterwegs empfindet, in mein Tagebuch geschrieben hatte. Wie leicht ist es, in jedem Menschen den göttlichen Funken zu sehen, solange es keine Probleme gibt, und wie schnell löst sich das in Luft auf, sobald man unter Druck steht.

Wieder allein, gelang es mir, mit etwas warmem Wasser in einem dunklen, fensterlosen Schuppen eine Art Sitzbad zu nehmen. Trotz Schmutz und fehlenden Komforts war dieses lauwarme Bad an den Verhältnissen auf dem *Camino* gemessen ein Luxus. Danach fühlte ich mich erfrischt und zu allem bereit. Als ich in meinen sämtlichen Kleidern an der saubersten Stelle saß, die ich oben auf einem der Etagenbetten hatte finden können, und mich mit ein paar Schlucken Whisky aus meinem schwindenden Vorrat stärkte, kam der kleine Mann wieder.

»Ubi caritas et amor, Deus ibi est«, las ich gerade in meinem Gebetbuch – wo die Güte und die Liebe ist, da ist Gott.

Die Leute im Ort meinten, es sei hier zu kalt für mich, sagte der Mann. Die *casa peregrino* habe einen neuen Anbau, der in vier Wochen offiziell eröffnet werde. Ich würde die erste und heute auch die einzige sein, die darin schlafe, und es sei dort sehr *tranquilo*. Er half mir meine Sachen einsammeln, die ich schon überall ausgebreitet hatte, schloß im Hof eine Tür auf und schwang sie mit großartiger Geste auf. Du lieber Himmel, was für ein Kontrast! Dieser Luxus! Vierundzwanzig Etagenbetten, dicht an dicht, jedes mit einer hübschen volantverzierten Steppdecke und jedes mit einem goldumrandeten Glasbord für die Utensilien, die man als Pilger nachts vielleicht braucht.

Es gab einen Fernsehraum, eine Küche mit allen Schikanen, inklusive Waschmaschine, und drei luxuriös ausgestattete Bäder. Dimmer, Tüllgardinen, bequeme Sessel und federnde, weiche Teppiche – Vier- oder Fünfsterneluxus für meine Begriffe. Ich fand es erschreckend und hätte die Einfachheit meines ursprünglichen Quartiers bei weitem vorgezogen. Ironischerweise lag der neue Anbau auch noch direkt an der Hauptstraße mit ihren vorbeidonnernden Lastern. Aber ich hatte keine Wahl; die Stadt war nun einmal der Meinung, moderne Pilger hätten es so verdient. Und was noch wichtiger war: Es war Ausdruck ihrer *caritas*, und der kleine Mann (er gab sich redlich Mühe, mich nicht anzutippen), führte mir jedes neue Wunder vor, als machte er es mir persönlich zum Geschenk.

11

Eine Stadt voller Freuden

Die Mauern von Mansilla de las Mulas waren, vom anderen Ufer aus gesehen, ein gebührend mittelalterlicher Anfang für den Tag, und ich fühlte mich auch weiterhin in alte Zeiten zurückversetzt, als ich auf einer schmalen Straße entlang dem Nordufer des Esla in das weite, leere Land hinausfuhr. Fast hätte ich mich gegen diesen langen Umweg zur Kirche San Miguel de Escalada entschieden, denn ich würde über dreißig Kilometer mehr zu fahren haben, die meiste Zeit direkt gegen den unvermindert grimmigen Westwind. Außerdem hatte ich noch steife Knochen von meinem Sturz gestern und wollte schnell nach León, um dort einen Ruhetag einzulegen. Doch dann mußte ich daran denken, was Harrie, der Pilger wider Willen, gestern gesagt hatte – daß es schade um die Reise sei, wenn man so hetze –, und ich beschloß, die Gelegenheit zu nutzen und mir dieses einzigartige Bauwerk anzusehen. Vielleicht legte sich der Wind ja auf dem Rückweg oder – ein Reisender gibt die Hoffnung nie auf – er wechselte mit mir die Richtung und blies zu meinen Gunsten.

Aber wie auch immer – die Fahrt ostwärts nach San Miguel war berauschend. In den einsamen Lehmziegeldörfern, durch die ich kam, mußte ich sogar bremsen, um zu verhindern, daß mein Tempo unter der freilaufenden Hühnerpopulation Opfer forderte.

San Miguel de Escalada, die größte mozarabische Kirche Spaniens, steht am Ende einer kleinen Straße ganz allein zwischen grünen Wiesen, und ihre grauen Mauern und der hohe Turm erinnern auf den ersten Blick an die alten keltischen Andachtsräume in Irland. Doch je näher ich kam, desto eindrucksvoller erschien sie mir, anders als alles, was ich bisher gesehen hatte. Es muß dort einmal ein bedeutendes Kloster gegeben haben, von dem heute nur noch die Kirche steht, gekonnt restauriert und sehr schön. Ich hatte zwar nicht gewußt, was mich erwartete, hätte es aber ganz bestimmt bedauert, wenn mir dieser Anblick entgangen wäre.

Die Kirche wurde zu Beginn des zehnten Jahrhunderts von christlichen Baumeistern errichtet, die im islamischen Spanien lebten, und obwohl der maurische Einfluß zum Beispiel in den Hufeisenbögen deutlich erkennbar ist, unterscheidet sich der sogenannte mozarabische Stil doch stark von der Mudejar-Architektur, die ich in Sahagún gesehen hatte. San Miguel ist eine Steinkirche von großer Leichtigkeit und Zartheit, besonders der Kreuzgang und der Wald aus schönen, schlanken Säulen im Innern, die für die islamische Baukunst ebenfalls typisch sind. Das Kirchenschiff erinnerte mich in vieler Hinsicht stark an die Galilee Chapel in der Kathedrale von Durham, die ebenfalls einen ausgeprägt orientalischen Einfluß verrät und ebenso fremdartig und faszinierend wirkt. Der römisch-katholische Ritus setzte sich erst im elften Jahrhundert in ganz Spanien durch, bis dahin war Konstantinopel das Zentrum der Christenheit, und es herrschten lokale Varianten des östlichen Ritus vor. Man erkannte das hier an den Säulen, die den Altarraum vom Rest der Kirche trennen, ein Detail, das den Bau noch exotischer erscheinen läßt. Hier befand sich vermutlich die Ikonostase, Objekt der Andacht und Barriere zum Schutz des Sanktuariums vor den Blicken Uneingeweihter.

So schön die Kirche war, spiegelte sie doch wie Sahagún die traurige Kluft zwischen zwei großen Glaubensrichtungen wider, denn beider Geist war in ihr deutlich erkennbar. Das Christentum und der Islam befinden sich seit so langer Zeit im offenen Krieg oder in einem Zustand bewaffneter Neutralität, daß ihre zweifellos existierende gemeinsame Basis weitgehend unerforscht bleibt. Westliche und islamische Gelehrsamkeit und Kunst aber haben einander über die Jahrhunderte so stark beeinflußt, daß sie, wie in diesen Kirchen, untrennbar miteinander verbunden sind. Nach meinem Eindruck können sich destruktive Kräfte erst in den gängigen falschen Vorstellungen von großen Religionen und Ideen entfalten. Inwieweit, so fragte ich mich, liegen solche pervertierten Ideen – der heilige Jakobus als »göttlicher« Maurentöter etwa oder der Slogan »Lieber tot als kein Moslem« – grauenvollen Aktionen wie den »ethnischen Säuberungen« auf dem Balkan und in Israel zugrunde?

Da Stärke und Richtung des Windes gleichermaßen unerbittlich blieben, bezahlte ich die mühelose Fahrt nach San Miguel mit einer mörderischen, dreißig Kilometer langen Gewalttour nach León. Als ich die Außenbezirke mit ihren vielen gesichtslosen Hochhäusern erreichte, sah es nicht so aus, als hätte sich die Mühe gelohnt. Wo war die wunderbare Stadt, die ich erwartet hatte? Doch da ich ein Dach über dem Kopf, etwas Ruhe und eine Mahlzeit im Moment nötiger hatte als eine

Stadtrundfahrt, wollte ich vor allem schnell ins Zentrum, um das *refugio* zu suchen. Nur einmal hielt ich an, als ich die kleine, von den hohen Gebäuden ringsum fast erdrückte Kirche Santa Anna erblickte. Der Pfarrer schloß sie nach der Messe gerade ab, stempelte mir aber freundlicherweise noch meinen Pilgerpaß und zeigte mir das einzige mittelalterliche Fresko, das nach der kürzlich durchgeführten Modernisierung noch übrig war. Bald hatte ich die deprimierenden Vororte hinter mir, und es kam nun doch viel Verlockendes in Sicht, die prachtvollen Stadtmauern beispielsweise, aber diesmal war ich müde genug, um der Versuchung zu widerstehen.

Ob das *refugio* überhaupt existierte, fand ich nie heraus, denn als ich inmitten der umfangreichen Renovierungsarbeiten am Kloster San Isidoro danach suchte, wurde ich von einem reizenden Mann namens Paco kurzerhand entführt. Er lud mich ein, bei ihm, seiner Frau und seinen beiden kleinen Kindern in seiner bescheidenen Wohnung am Fuße der dicken alten Stadtmauern zu übernachten. Paco kidnappte öfter Leute. Als mittelloser junger Mann, der die Welt sehen wollte, hatte er eine Zeitlang als Ober in einem Schweizer Hotel gearbeitet. An einem der Tische hatte er seine spätere Frau Christina kennengelernt, eine junge Schweizerin, die mit ihren Eltern auf Urlaub war. Es kam zu einer stürmischen Romanze, die aber offenbar ein gutes Ende genommen hatte. Von ihren Schwierigkeiten mit der Sprache und einem gelegentlichen Seufzer über die Wohnverhältnisse und das Bildungswesen in Spanien abgesehen, hatte Christina, wie sie sagte, ihre Entscheidung nie bereut. Paco hatte mich auch deshalb angesprochen und eingeladen, damit seine Frau wieder einmal mit einer Geschlechtsgenossin Französisch sprechen konnte. Ein weiterer Grund war, daß er sein Werkzeug im *refugio* abgestellt hatte. Er leitete eine Arbeitsbeschaffungsmaßnahme für junge Leute, die notwendige Restaurierungsarbeiten an der Bausubstanz von Gebäuden in der Altstadt durchführten. Im Moment arbeitete er an einem großen Projekt im Kloster San Isidoro. Einen sachkundigeren Führer für Leóns historische Gebäude und warmherzigere Gastgeber hätte ich mir nicht wünschen können. Aus meinem bitter benötigten Ruhetag wurden fast drei Tage, und auch dann konnte ich mich nur mit Mühe losreißen, denn Christina und Paco wollten mit mir ans Meer fahren und mir immer noch mehr Neues in ihrer Stadt zeigen, um mich zum Bleiben zu bewegen.

Ich hätte mich hier auf jeden Fall wohl gefühlt, egal, wo ich untergebracht war, und so konnte ich mich Aimery Picauds Urteil über León uneingeschränkt anschließen. Obwohl nicht mehr »Königs- und Hofstadt«, war es noch immer eine Stadt »voller Freuden«. Die reiche Vielfalt, die ihre prachtvollen Mauern umschlossen, setzte mich immer von neuem in Erstaunen. Ihre Gäßchen wanden sich bergauf und bergab, durch Torbögen und um Ecken herum, bis ich völlig die Orientierung verlor, und mündeten dann plötzlich auf einen Platz. Von diesen Plätzen schien es zahllose zu geben, in jeder Form und Größe. Manche boten nichts als ihre eigene Weite – nach dem tunnelartigen Zugang immer wieder eine Überraschung –, andere waren von einem Ensemble hoher historischer Gebäude gesäumt, manche davon außerordentlich schön und viele mit Holzbalkonen, die sich freundschaftlich einander zuneigten, die Dächer auf unterschiedlicher Höhe. Dazwischen waren Läden, Restaurants und Kneipen – besonders letztere – in Hülle und Fülle eingezwängt. Kneipen sind eine Spezialität Leóns, und ich glaube gern, daß man, wie es heißt, ein Jahr lang jeden Tag in eine andere gehen kann und immer noch nicht alle kennt. Viele der größeren Plätze wurden durch die betriebsamen Wochenmärkte, die dort stattfanden, noch zusätzlich belebt. Alles in allem schien es mir unmöglich, nicht von der Stadt fasziniert zu sein.

Meine gezielten Besichtigungen fügten sich ganz natürlich in diese angenehmen Wanderungen ein. Schöne Kirchen und andere architektonisch interessante Gebäude wie das Gaudí-Haus finden sich über die ganze ummauerte Altstadt verstreut – Edelsteine in einer Krone rings um das besonders kostbare Juwel der Kathedrale und der Kirche San Isidoro. Leóns dritter großer Schatz, San Marcos, das einstige Stammhaus des Santiago-Ordens, liegt ein Stück außerhalb der alten Stadtmauern und ist heute ein Luxushotel. Das Bemerkenswerteste an diesem üppigen Bauwerk ist die Renaissancefassade, die längste Spaniens: hundert Meter mit eleganten Pilastern und Giebeln verzierter, dicht mit Skulpturen, Porträtköpfen und anderem Schmuckwerk besetzter weißer Stein. Sie ist im spanischen Platereskenstil erbaut und filigran wie Silber- und Goldschmiedearbeit, von der sich auch der Name dieses Stils herleitet, erinnert in der Gesamtwirkung aber eher an einen riesigen Gobelin. Ich verbrachte in San Marcos einen angenehmen Nachmittag mit der Besichtigung des Museums und des schönen Kreuzgangs. Doch sosehr mir beides gefiel – das Gefühl für den *Camino* kam mir dort abhanden; es war alles zu imposant und gehörte einer zu späten Epoche an. Für einen Pilger ist die Hauptattraktion von San Marcos seine Lage an der mittelalterlichen Brücke über den Bernesga, wo einst die ursprüngliche, bescheidenere Pilgerherberge stand.

Das eigentliche Herz der Stadt ist die große, auf einem Hügel thronende romanische Basilika San Isidoro. Der Name León ist eine Verballhornung von *legio*; hier war die römische siebte Legion stationiert. Die Ruinen des römischen Tempels liegen unter der Basilika, ebenso wie die mehrerer christlicher Kirchen, von denen eine von dem Mauren Al-Mansur zerstört wurde. San Isidoro entstand zwischen 1054 und 1066, als die Stadt Sitz der Könige von León wurde; die bereits vorhandene Kirche fand man für die neue Rolle nicht prächtig genug. Da jedoch in den Zeiten des Reliquienkults keine Kirche ohne den einen oder anderen authentischen Knochen gegründet werden konnte, schaffte man für den majestätischen Bau die Gebeine des heiligen Isidoro heran. Dieser einige Jahrhunderte zuvor verstorbene Erzbischof von Sevilla mochte auf den ersten Blick vielleicht nicht das nötige Charisma für eine solche Position haben; er war weder Apostel noch Märtyrer und scheint ein untadeliges, aber auch recht ereignisloses Leben geführt zu haben. Doch er hatte seine Vorzüge: Er war ein Gelehrter, zu einer Zeit, da das Analphabetentum die Norm war, eine Aura der Heiligkeit umgab ihn, und er hinterließ eine beträchtliche Zahl gelehrter Traktate und Abhandlungen, die noch Jahrhunderte später konsultiert wurden. Und was vielleicht noch wichtiger war: Er war verfügbar und brauchte nur aus seinem Grab in Sevillas Kathedrale herausgeholt zu werden. Die Mauren, damals die Herren in Sevilla, wußten die fürstliche Summe, die bei dem Handel den Besitzer wechselte, zweifellos mehr zu schätzen, als sie Isidoro benötigten.

Mir gefiel der massive Bau von außen weit besser als von innen, aber er beherbergt auch das Pantheon der Könige von León, und dieses schöne Gewölbe ist das eigentlich Erfreuliche daran. Es hat nichts Düsteres an sich, und die Gräber bemerkt man zunächst gar nicht. Die herrlichen romanischen Fresken an der niedrigen Decke ziehen alle Aufmerksamkeit auf sich und versetzen den Betrachter unmittelbar in die Welt Chaucers oder Piers Plowmans. Der zentrale Christus in der Mandorla wirkt erstaunlich byzantinisch und fasziniert durch seine starke Ausstrahlung. Um ihn herum und im Kontrast zu ihm gruppieren sich schlichte ländliche Szenen mit Schäfern und Hunden, windgepeitschten Bäumen, Pflugochsen und kämpfenden Ziegenböcken. Jedes Detail ist sorgfältig in das Gesamtbild und seine Wirkung integriert, und dennoch hat das Werk etwas ungeheuer Freies. Es ist kunstvoll und mit der ganzen Kraft mittelalterlichen Humors und Einfallsreichtums ausgeführt. Doch nicht nur seine Schönheit macht es so außergewöhnlich, sondern auch die Art, wie sich die Welt der Engel – bei der Verkündigung der Hirten beispielsweise – in diese Szenen des täglichen Lebens einfügt: übergangslos, weder maltechnisch noch farblich abgesetzt, ohne die einzelne Lilie da und dort, wie es in späteren Zeiten üblich war. Die irdische und die überirdische Welt existierten problemlos und unbefangen nebeneinander. Wäre der Künstler weniger talentiert gewesen, hätte man sein Werk naiv nennen können, bei solcher Meisterschaft aber verbot sich das. Die Fresken machten mir klar, um wieviel näher der Mensch des Mittelalters – geistig wie zeitlich – dem Geschehen des Evangeliums stand, wie selbstverständlich er es akzeptierte. Ich beneidete ihn um seine Unschuld, als ich in diesem Pantheon seine Welt betrachtete.

Eine Stadt von der Größe Leóns wäre schon mit San Isidoro allein gesegnet, doch es beherbergt auch noch eine Kathedrale, die viele für die schönste Spaniens halten. Zu meiner großen Freude fand dort während meines Aufenthalts eine Aufführung von Mozarts Requiem statt. Musik vermisse ich auf meinen Reisen sehr, und die Gelegenheit, ein solches Werk zu hören, an einem solchen Ort noch dazu, wollte ich mir nicht entgehen lassen. Ein Problem auf der Pilgerfahrt nach Compostela ist die Überfülle an Meisterwerken der Kirchenbaukunst entlang der Strecke. Das Auge ist nur begrenzt aufnahmefähig, und bei all dem Reichtum stellt sich nur allzu leicht eine gewisse Übersättigung ein. Inzwischen brauchte selbst eine schöne, nicht überladene gotische Kathedrale mehr als nur luftige Leichtigkeit und die emporstrebende Harmonie der Linien, um einen bleibenden Eindruck bei mir zu hinterlassen. Die 1303 geweihte Kathedrale von León ist eher im Stil der französischen als der spanischen Gotik erbaut, und ihre eigentliche Schönheit liegt bei aller Vollkommenheit der Architektur in den weiten Flächen farbigen Glases. Sie erinnert darin an Chartres, doch während dort die Farben Blau und Rot vorherrschen, finden sich in León auch Lila, Grün, Gelb und alle Schattierungen dazwischen. Es dürften die prachtvollsten Glasmalereien sein, die es überhaupt gibt, und insofern gleicht die Kathedrale von León keiner anderen Kirche, die ich je gesehen habe. Dort zu sitzen, während der Tag langsam in den Abend überging und die herrlichen Fenster wie von himmlischem Feuer erglühten, und Mozarts Gloria vom

Chor her schallen zu hören, das verlieh dem Begriff Anbetung eine neue Dimension.

Es regnete leicht, als ich León verließ, und um die Kathedrale kreisten Schwärme von Störchen, die in eleganten Spiralen von ihren luftigen Hochsitzen herabschwebten. Sie und ihre riesigen zerzausten Nester, die so absurd auf Türmen und Fialen balancierten, sind für mich bleibende Erinnerungen an diese großartige Kathedrale.

Als ich über die schmale mittelalterliche Brücke bei San Marcos aus der Stadt hinausfuhr, fühlte ich mich ziemlich mitgenommen. Die zweieinhalb Tage in León waren weit anstrengender gewesen als jeder Kampf mit dem Gegenwind, vielleicht weil Christina, Paco und ich jede Nacht bis zwei aufgeblieben waren und uns in einer Mischung aus mehreren Sprachen unterhalten hatten. Jetzt kehrte ich zu der relativen Ruhe und dem Frieden des *Camino* zurück wie zu einem wortkargen alten Freund, mit dem man wunderbar schweigen kann.

Wieder auf der guten alten N 120, gab es auf den vierzig Kilometern bis Astorga wenig Ablenkung. Ich hielt nur zweimal an, einmal am alten Heiligtum der Virgen del Camino, der Schutzpatronin Leóns. Die neue Kirche, die an die Stelle des ursprünglichen Baus aus dem sechzehnten Jahrhundert getreten ist, steht der häßlichen, gesichtslosen Architektur der ausufernden Vororte Leóns in nichts nach, und ich fand die modernen Plastiken an der Fassade viel zu schön für sie. Es scheint sich um eine Darstellung der Ausgießung des Heiligen Geistes zu handeln, mit hohen, rauhen Bronzeskulpturen der Apostel, darunter auch der heilige Jakobus, deren ausgemergelte Gesichter nach Santiago blicken und dem scheidenden Pilger ein Lebewohl und gute Wünsche für die Reise zuzunicken scheinen.

Den zweiten Halt legte ich in Hospital de Orbigo ein, einem kleinen Ort mit einer erstaunlichen mittelalterlichen Brücke, die so lang ist, daß ich in jedem Buch andere Angaben darüber fand, von 104 bis 205 Metern! Man ist sich jedoch darin einig, daß sie von zwanzig Bögen getragen wird, so daß wohl eher das längere Maß zutrifft. Da die meisten dieser Bögen auf trockenem Grund stehen, ist der Orbigo seit dem Bau der Brücke entweder stark geschrumpft, oder – was wahrscheinlicher ist – sie sollte auch das Sumpfland links und rechts des Flusses überspannen.

Beim Überqueren der gepflasterten Brücke spürt man den Geist des mittelalterlichen *Camino* besonders stark, schon allein deshalb, weil sie für Autos gesperrt ist. Die Vorstellung, daß man die Füße in dieselben Vertiefungen setzt wie all die anderen Pilger zuvor drängt sich förmlich auf. Ich hatte gelesen, daß im ausgehenden Mittelalter große Turniere auf der Brücke stattfanden – zweifellos ein ganz besonderes Schauspiel, denn da auf ihr keine zwei Pferde aneinander vorbeikamen, muß der besiegte Ritter wohl im Fluß gelandet sein.

Der nächste bedeutende Ort an der Strecke ist Astorga, für das ich mich jedoch trotz seiner imposanten Stadtmauern beim besten Willen nicht erwärmen konnte. Vielleicht hatte es, da es so kurz hinter León kam, einfach keine Chance. Außer den römischen Mauern gibt es dort natürlich noch andere interessante Bauwerke, nicht zuletzt den von Gaudí 1910 errichteten Bischofspalast. Er beherbergt heute das Museum der Pilgerwege, das natürlich geschlossen war, so daß ich Gaudís kunstvollen neugotischen Phantasiebau nur von außen bewundern konnte, ein interessanter Gegensatz zur extravaganten Dachkonstruktion der benachbarten Kathedrale mit ihrem großartigen Potpourri phantastischer Skulpturen und Ornamente. Die Kathedrale war geöffnet, bot aber nur noch einem leblosen, verstaubten Museum Raum, bescheiden ausgestattet und planlos arrangiert. Am Kartenschalter gab es scheußliche Souvenirs zu kaufen, unter anderem schottische Puppen im Schottenkaro. Doch nichts von alldem kann meine Abneigung gegen Astorga erklären.

Manchmal kommt man einfach am falschen Tag in eine Stadt. An einem anderen Tag hätte vielleicht alles anders ausgesehen und man hätte viel Schönes erlebt, am falschen Tag aber paßt gar nichts. So ging es mir mit Astorga – noch nicht einmal ein Restaurant zum Mittagessen fand ich dort. Nachdem ich mehrere Runden durch die Stadt gedreht hatte, gab ich auf und machte mich auf die ebenso mühsame Suche nach dem Weg aus ihr hinaus. Endlich stieß ich auf den vertrauten, abgeschabten gelben Pfeil und fuhr erleichtert von dannen.

Fast sofort wurde der Tag schöner. Es klarte auf, und ich fuhr auf einer schmalen Landstraße in die Hügel hinein. Vor mir lagen die Berge von León, und die Straße führte mitten durch die Landschaft Maragatería. Nach einigen Kilometern brachte mich eine Abzweigung in das kopfsteingepflasterte Castrillo de los Polvazares, ein diskret in seinen ursprünglichen Zustand zurückversetztes »Vorzeigedorf« – nur daß kein Bergdorf so rundum perfekt aussehen oder die Futtertröge seiner Tiere mit Blumen bepflanzen würde. Eigentlich war mir der Ort zu schick, und die meisten der Häuser dienten Stadtbewohnern als Feriendomizil, aber es gab dort ein hervorragendes Restaurant, in dem eine dicke Suppe und köstlicher Räucherschinken aus einheimischer Erzeugung meine Lebensgeister wieder weckten.

Danach wurde der Tag noch schöner. Die Straße stieg weiter an, aber so sanft, daß das Fahren nicht allzu beschwerlich war, und die Landschaft wurde allmählich wilder. Um den Genuß vollkommen zu machen, brach jetzt auch die Sonne durch die Wolken und tauchte die Szenerie in leuchtende Farben. Die wenigen Dörfer, durch die ich kam, waren nicht so geschleckt wie Castrillo de los Polvazares und dadurch um so schöner. Viele der niedrigen Bruchsteinhäuser aber standen leer, und man sah, daß das Leben hier am Ende einer Ära angelangt war; die älteren Bewohner hatten die jüngere Generation in ein anderes Leben und in andere Berufe fortziehen sehen. Außer Viehhaltung schien es in diesem schroffen Bergland wenig Landwirtschaft zu geben, und man konnte sich kaum vorstellen, wie sich hier je eine größere Bevölkerung hatte halten können.

Am Spätnachmittag, nachdem ich zahllose Male angehalten hatte, um das ständig wechselnde, windgepeitschte Panorama zu bewundern, kam ich in das Dorf Rabanal del Camino. Ich wußte, daß die Jakobusbruderschaft hier das alte Pfarrhaus zu einem *refugio* umbaute, doch da es noch nicht fertig war, würde ich nicht darin übernachten können. Während ich die frisch restaurierte Fassade betrachtete, kam eine Frau aus dem Nachbarhaus, und als sie merkte, daß sie eine Engländerin vor sich hatte, lud sie mich zum Tee ein.

Charo und Asumpta wurden im Dorf *las madrileñas* – die Madriderinnen – genannt. Sie hatten Rabanal vor einigen Jahren entdeckt und waren von dem Ort und seiner Umgebung so begeistert gewesen, daß sie sich entschlossen hatten, hierher zu ziehen. Beide waren Akademikerinnen, hatten eine umfangreiche Bibliothek mitgebracht und arbeiteten hier an diversen Projekten. Sie interessierten sich für das Land ebenso wie für den Naturschutz, sie pflanzten Bäume, bauten Gemüse an und taten mehr, als ich in einem einzigen Gespräch erfassen konnte. Von allen Menschen, die ich auf dem *Camino* kennengelernt hatte, waren Charo und Asumpta diejenigen, mit denen ich gern noch länger zusammengeblieben wäre.

Die beiden klärten mich über die Geschichte der hochgelegenen Maragatosdörfer auf. Wie ich schon vermutet hatte, konnten sich die Siedlungen in diesem rauhen Hügelland zu keiner Zeit ohne zusätzliche Verdienstmöglichkeiten halten. Landwirtschaft wurde während der römischen Besetzung nur in den geschützten, tiefer gelegenen Tälern betrieben, das Hauptinteresse galt der Gewinnung von Gold und anderen Metallen. Die Maragatos, die sich nach dem Untergang des Römischen Reiches hier niederließen, sollen Nachfahren der Westgoten gewesen sein. Die Männer wurden Fuhrleute, die mit ihren Maultieren Waren durch ganz Spanien transportierten, die Frauen bewirtschafteten die kleinen Pachtgüter und kümmerten sich um Schafe und Rinder. Mit dem Aufkommen der Eisenbahn verschwanden die Maultier-Ferntransporte praktisch über Nacht, und die Bergbewohner begannen abzuwandern. In entlegeneren Gegenden, die die Bahn nicht erreichte, hielten sich die Maultiertransporte noch eine Zeitlang, dann setzte ihnen der motorisierte Verkehr auch hier ein Ende und zwang noch mehr

Menschen, ihre Heimat zu verlassen. Heute hat Rabanal keine dreißig Einwohner mehr.

Im Sommer, wenn die Pilger durch das Dorf strömen, müssen bis zu zweihundert Menschen pro Nacht untergebracht werden, und das Wasser wird knapp. »Im Sommer ist es hier schrecklich«, sagte Charo freimütig. Und damit ich nicht glaubte, sie habe generell etwas gegen Pilger, fügte sie schnell hinzu, daß Pilger, die im Frühling und Herbst oder sogar im Winter kämen, die »echten Pilger«, stets willkommen seien. »Wir freuen uns, wenn wir uns mit interessanten Leuten unterhalten können«, sagte Asumpta, »aber im Sommer haben wir hier eine wahre Invasion.«

Trotzdem fanden sie für die Jakobusbruderschaft, deren Nachbarn sie waren, nur lobende Worte. Sie hatten Mitglieder des Arbeitstrupps kennengelernt, der das verfallene Pfarrhaus wiederaufbaute und zu einem der schönsten *refugios* an der ganzen Strecke machte. Sie schlossen es auf, damit ich es besichtigen konnte, und als ich sah, was hier geleistet worden war, fühlte ich mich plötzlich ganz stolz, einer so rührigen Organisation anzugehören. Das Ganze war mit viel Bedacht geplant, und es steckte eine ungeheure Menge harter Arbeit darin, ganz zu schweigen von der Beschaffung der nötigen Mittel. Die Unterkunft war gebührend einfach, aber reizvoll, und es war alles da, was man braucht, ein Platz zum Wäschewaschen beispielsweise und, nicht weniger wichtig, ein eigener Raum mit einer kleinen Bibliothek, in dem man lesen und in Ruhe nachdenken konnte. Und obwohl nirgendwo religiöse Darstellungen zu sehen waren, besaß das Haus doch eine deutlich spirituelle Dimension. Das konnte natürlich schon vor dem Eintreffen der Bruderschaft der Fall gewesen sein, war aber durch die Arbeiten keinesfalls verlorengegangen. Es war genau die Art *refugio*, fand ich, die man als Pilger braucht. Es gab nur ein Problem: Man hatte beschlossen, einen Leiter einzustellen, der auch im Haus wohnen sollte, und das bedeutete, daß es in der kalten Jahreszeit, wenn die »echten Pilger« kamen, nicht geöffnet sein würde.

»Rabanal ist etwas Besonderes«, unterbrach Asumpta meine Gedanken, »wegen der Pilger. Seit über elfhundert Jahren fließt hier der Pilgerstrom durch, und er hat seine Spuren hinterlassen. Die Gegend hier war einer der schwierigsten und gefährlichsten Abschnitte der Strecke, und das hat eine ganz besondere Atmosphäre geschaffen. Man kann sie spüren.« Und tatsächlich: Ich war mir sicher, daß ich sie spürte. Doch wenn all die Pilger den Ort zu etwas so Besonderem machten, warum wurden dann die Massen moderner Pilger als störend empfunden? »Weil es gar keine Pilger sind«, erwiderte Charo. »Im Sommer ist die Atmosphäre ganz anders. Da kommen große, lärmende Gruppen, viele mit dem Auto. Oft ist die Reise nur ein billiger Urlaub für die Leute. Die echten Pilger gehen in der Menge unter.« Das klang wie ein Echo dessen, was Madame Debril in Saint-Jean-Pied-de-Port gesagt hatte.

Doch auch ohne seine ganz besondere Atmosphäre ist Rabanal ein überaus reizvolles Dorf, dem allzusehr herausgeputzten Castrillo de los Polvazares nicht unähnlich, aber realer und vor allem bewohnt. Die nicht asphaltierte Straße säumen Bruchsteinhäuser mit dicken Mauern und breiten Dachvorsprüngen zum Schutz der Holzbalkone und der abgeschlossenen Innenhöfe – typische Gebirgshäuser, aber mit ihrem eigenen regionalen Charakter. Dahinter wird erstaunlich viel Obst und Gemüse angebaut. Auf halbem Wege mündet die Straße auf einen kleinen unbefestigten Platz mit einer winzigen romanischen Kirche in der gleichen Trockensteinbauweise wie die Häuser. Hier hat die Bruderschaft ihren Sitz, und man sieht, daß der Platz ursprünglich der Mittelpunkt des Dorfes war. Neuerdings ist jedoch fünfzig Meter weiter links eine moderne Ortsdurchquerung gebaut worden.

An dieser schmalen Asphaltstraße liegt Choninas Gasthaus mit seinen vielen Parkplätzen, und dieses neuere Zentrum des dörflichen Lebens war mein nächstes Ziel. Es war die einzige Übernachtungsmöglichkeit für Pilger, die sich einer Nacht in dem verfallenen *refugio* nicht gewachsen fühlten. Ich rede mich oft darauf hinaus, daß meine diversen Wüstendurchquerungen mein Blut verdünnt haben, und ich friere auch wirklich leichter als früher. Mir war in León schon kalt genug gewesen, hier aber, in dieser Höhe und nachdem die Gebirgsnebel den winterlichen Sonnenschein verschluckt hatten, war es eisig. Als man mir das *refugio* in der alten Schule zeigte, wußte ich zwar, daß ich eine Nacht dort überstehen würde, wenn es sein mußte, war aber doch sehr erleichtert, als Chonina in ihrem kleinen Haus noch ein Plätzchen für mich fand. Und Wunder über Wunder: Wen sah ich, als ich den winzigen Gastraum betrat? Harrie, den Pilger wider Willen, und seine beiden Gefährten, deren lange Beine wohl die Kilometer gefressen hatten, während ich in den Fleischtöpfen von León schwelgte.

Harrie stellte mich den beiden vor, Guillaume, dem Schweizer Gynäkologen, einem schlanken Mann mit untadeligen Manieren und einem unendlich sanften Lächeln, der jedermann zum Sprechen ermunterte, selbst aber erstaunlich wenig sagte, und Paul, einem stämmigen, streitbaren belgischen Pfarrer, der mindestens zwanzig Jahre älter war als die anderen und von ihnen mit einer Mischung aus Stolz, Zuneigung und leisem Spott behandelt wurde. Harrie und Guillaume hatten Zimmer bei Chonina, Paul schlief im *refugio*. »Er nimmt das Pilgern sehr ernst«, sagte Harrie. »Er glaubt, er muß leiden, deshalb hat er doppelt soviel dabei, wie er braucht.« Am nächsten Morgen sah ich, was Harrie meinte, als die beiden anderen Paul den riesigen Rucksack schultern halfen. Er schien ein altmodischer Christ zu sein, für den Leiden zweifellos im Himmel belohnt wurde, aber ich glaube nicht, daß er aus diesem Grund eine so schwere Last trug. Obzwar Priester, hatte er sein Leben lang als Lehrer gearbeitet und war vor einigen Monaten in den Ruhestand getreten. Die Pilgerfahrt nach Santiago hatte er seit langem geplant, und ich hatte den Eindruck, daß er sie trotz des schweren Rucksacks und der Blasen an den Füßen genauso genoß wie jeder andere auch. Er habe kaum jemals Urlaub machen können, sagte er, und er hatte sich mit allen erdenklichen Ausrüstungsgegenständen eingedeckt, mit denen Campingbedarfsgeschäfte normalerweise junge, arglose Käufer anlocken: einem klobigen Messer mit einundzwanzig Klingen, Sturm-Streichhölzern, schweren Taschenlampen und dergleichen mehr – kein Wunder, daß sein Rucksack Tonnen wog.

Kaum saßen wir am Tisch und Chonina hatte die Suppe gebracht, wollte Paul wissen, weshalb ich als Protestantin auf Pilgerfahrt sei. »Oder sind Sie eine Heidin, wie die beiden hier?« scherzte er. An den wenigen anderen Tischen in dem winzigen Lokal saßen Dorfbewohner und tranken, machten Witze und spielten Domino, und in einer Ecke lief, von niemandem beachtet, der unvermeidliche Fernseher. Chonina eilte zwischen Küche und Gastraum hin und her, und alle paar Minuten ging die Tür auf und jemand zwängte sich herein oder hinaus. »Sogar bei diesem Lärm und selbst beim Essen«, sagte Guillaume voll Wärme, »erwartet Paul allen Ernstes von uns, daß wir mit ihm über theologische Fragen diskutieren.« Das Komische daran wurde uns allen gleichzeitig bewußt, und im selben Augenblick stellte Chonina eine Platte mit Schweinshaxen vor uns hin, was ebenfalls ungeheuer erheiternd wirkte. Unser Bemühen, das Lachen zu unterdrücken und eine Atmosphäre wiederherzustellen, in der wir diese Spezialität des Hauses gebührend würdigen konnten, beendete die Unterhaltung für eine Weile.

Nach dem Essen wurde der Versuch unternommen, zum Thema des »echten Pilgers« zurückzukehren, aber es kam wenig dabei heraus. Begriffe wie »religiös« oder »spirituell« hatten für jeden von uns eine andere Bedeutung, und vielleicht war es ganz klug von Harrie, solche Etikettierungen abzulehnen. Als er mir bei unserer ersten Begegnung von seinen Weggefährten erzählte, waren sie mir wie ein recht ungleiches Trio erschienen, und jetzt verstärkte sich dieser Eindruck noch. Die drei kamen aus so unterschiedlichen Ecken, und ihre Interessen und Einstellungen wichen so stark voneinander ab, daß sie sich außerhalb des *Camino* wohl kaum näher kennengelernt hätten. So aber hatten sie ein gegenseitiges Verständnis und eine Sympathie entwickelt, wie sie normalerweise erst nach langer Bekanntschaft entstehen. Jeder konnte seine eigene Argumentation vorbringen, ohne den anderen damit zu nahe zu treten, und es war, als hätten die

Gegensätze, die normalerweise unser Leben ausmachen, hier keine Bedeutung mehr.

»Man sieht das Leben mit anderen Augen, wenn man nach Santiago geht«, sagte Harrie. »Zeit und Raum existieren nicht mehr. Man hat die Chance herauszufinden, was wirklich wichtig ist.« Das schien mir, als ich später in meinem kalten kleinen Zimmer darüber nachdachte, keine schlechte Beschreibung des Pilgerns zu sein.

12

Wilde Hunde und noch wildere Talfahrten

So schwierig die Bedingungen in Choninas *fonda* auch waren – selbst etwas warmes Wasser für die Waschschüssel war nur durch zähe Verhandlungen zu erlangen – war das Gasthaus doch eine Oase in der Wüste. Vor mir lagen der Rabanalpaß und die lange Fahrt durch unbewohnte Berge. Bis ich ins Tal von Ponferrada kam, würde ich kaum noch auf irgendeine Form von Zivilisation stoßen. Das bescheidene Frühstück – ein paar trockene Cracker und eine Tasse Kaffee – war nicht gerade der ideale Anfang für einen anstrengenden Tag.

Ich freute mich auf die Fahrt durch die Berge, aber der Abschied von meinen Gefährten fiel mir schwer, denn es war wenig wahrscheinlich, daß wir uns auf dieser Reise noch einmal begegnen würden. Zu Beginn des Anstiegs hörte ich Paul, der als erster aufgebrochen war, auf dem parallel verlaufenden Fußweg noch ein »Veni sancte spiritus« singen. Ich wünschte mir, ich hätte eine ebenso reine, melodische Stimme – mitsingen hätte ich allerdings nicht können, denn ich brauchte meine ganze Puste für den 1500 Meter hohen Paß. Eine steile Bergstrecke gleich am Morgen ist immer schrecklich mühsam. Die ersten zehn Minuten bin ich überzeugt, daß ich es nie schaffen werde, daß ich absteigen und schieben muß. Meine Lunge brennt wie Feuer, und meine Beine sind völlig kraftlos. Schaffe ich es jedoch über die Zehn-Minuten-Marke hinaus, so stelle ich gewöhnlich fest, daß ich schon einen Rhythmus gefunden habe, und dann geht es viel leichter. Wenn ich allein bin, singe ich auch, egal wie unmelodisch, einfach aus Freude darüber, am Leben und in den Bergen zu sein.

Kurz vor der Paßhöhe hielt ich an, um einen Umweg durch das Dorf Foncebadón zu machen, das etwas abseits der Straße liegt. Es wirkt auf den ersten Blick völlig verlassen, aber ich wußte von *las madrileñas*, daß dort eine Frau mit ihrem unverheirateten Sohn lebt. Sie scherzt oft mit Asumpta und Charo, eine von ihnen solle den Sohn heiraten, eine Familie gründen und das Dorf wieder bevölkern.

Gewarnt hatte man mich vor den Hunden von Foncebadón, und ich hielt meinen »Dog Dazer« bereit. Hunde sind in vielen Ländern ein Problem, zumal sich viele Leute Wachhunde halten, die ihnen nicht gehorchen. Radfahrer haben besonders unter ihnen zu leiden. Selbst Hunde, die normalerweise ganz friedlich sind, können Radfahrern gegenüber aggressiv werden – warum, weiß man nicht so recht. Ich habe im Laufe der Jahre alle möglichen Strategien ausprobiert, um der Hundegefahr zu begegnen. Meine neueste war der Dazer, ein Gerät, das einen hochfrequenten, für das menschliche Ohr unhörbaren Ton aussendet, den Hunde als sehr abschreckend empfinden. Getestet hatte ich das Gerät noch nicht.

Foncebadón war ein seltsamer, unheimlicher Ort. Man kam sich dort vor wie an einem Filmdrehort, denn das Land ringsum war wild und verlassen. Die Häuser an der einzigen, einsamen und ziemlich langen Straße schienen zwar großenteils noch bewohnbar, zeigten aber durchweg Spuren von Verfall oder langer Vernachlässigung; bei einigen sah man den Himmel durchs Dach. Die unbefestigte Straße war in desolatem Zustand, mit tiefem zertrampelten Matsch an vielen Stellen und großen Steinen, die überall hervorschauten, so daß es gar nicht leicht war, Roberts dazwischen durchzuschieben. Viele der Häuser wurden als Ställe benutzt; aus notdürftig geflickten und gesicherten Fenstern und Türen sahen mich Schafe und Kühe an, als fragten sie sich, wer die Fremde sei. Menschen waren nicht zu sehen, und das ganze Dorf wirkte fremd und gespenstisch.

Dann sah ich die Hunde, eine ziemliche Meute, wenn ich auch keine Zeit damit verschwendete, sie zu zählen. Groß und bedrohlich standen sie da, und mindestens zwei von ihnen trugen ein breites, mit langen Stacheln bewehrtes Halsband, eine beängstigende Halskrause. Als ich näher kam, setzten sie sich wachsam und steifbeinig in Bewegung. Ich fühlte mich alles andere als selbstsicher und zuversichtlich, aber da ich nirgends einen Fluchtweg sah, hatte ich keine andere Wahl: Ich mußte da durch. Der Hund, der als erster herankam, war zum Glück nicht der furchterregendste. Es war eine arme, dürre Schäferhündin mit vorstehenden Rippen, das gesträubte Fell an Hals und Schultern schmutzverkrustet. Als sie mich mit gesenktem Kopf herausfordernd anknurrte, richtete ich den Dazer auf sie und drückte die Taste. Zu meiner und wohl auch ihrer Überraschung wich sie augenblicklich zurück und schüttelte den Kopf, als wollte sie sich von etwas Unangenehmem befreien. Die anderen umkreisten mich, noch immer steifbeinig, blieben aber auf Distanz. Ich betätigte den Dazer noch ein paarmal, und damit war die Konfrontation beendet. Die Hunde schlichen langsam davon, und ich empfand absurderweise Mitleid mit ihnen, weil sie so mager und in so schlechtem Zustand waren. Immerhin aber verschaffte mir der Vorfall eine Sicherheit im Umgang mit Hunden, die ich bis dahin nicht gekannt hatte.

Als ich an der schlichten kleinen Kirche von Foncebadón vorbeikam, sah ich, daß in dem verfallenen Kirchturm noch die Glocke hing. Ein Mann mittleren Alters trieb die Kühe ins Freie, deren warmer Atem schwer in der kalten Luft hing. Er erwiderte meinen Gruß mit einem ernsten Nicken. Beim Weiterfahren fragte ich mich, ob diesem Geisterdorf noch eine Gnadenfrist vergönnt sein würde, bevor es vollends unter Gras und Farn verschwand.

Während ich von Foncebadón zur Straße zurückkurvte, senkte sich Nebel herab, und plötzlich war die Luft mit Feuchtigkeit gesättigt. Der weite Blick auf das Dorf und den Weg, den ich heraufgekommen war, verschwand von einem Moment zum nächsten, und die Sichtweite schrumpfte auf wenige Meter zusammen. Vor mir tauchte das berühmte Eisenkreuz an seiner hohen Holzstange, das den Beginn des Passes markiert, aus dem Grau auf. Es steht auf einem Steinhaufen, und traditionsgemäß legt jeder Pilger, der hier vorbeikommt, noch einen Stein dazu. Ich hatte nun den gefürchtetsten Teil der Strecke vor mir. Aimery Picaud nennt in einem kurzen Kapitel seines Führers sogar die Namen jener, die im zwölften Jahrhundert die Straße von Rabanal instandsetzten und die Brücke über den Fluß Miño wiederaufbauten, nachdem eine gewisse Königin Urraca sie zerstört hatte. In mancher Hinsicht sind die Gefahren für einen Wanderer oder Radfahrer heute nicht weniger real als damals. Ich legte meinen Stein zu den anderen und zog bei dieser Gelegenheit auch gleich meine Regensachen an. Und ich las laut die mittelalterlichen Gebete für die Sicherheit der Pilger.

»O Herr, der Du Abraham, Deinen Knecht, aus Ur in Chaldäa führtest und ihn auf allen Wegen seiner Pilgerfahrt vor Schaden bewahrtest... Sei uns ein Schutz in Regen und Kälte, ein Stab, auf daß wir nicht straucheln...«

Um herannahende Fahrzeuge besser hören zu können, hielt ich es trotz des Nebels, der naß wie Regen war, für besser, die Kapuze meiner Regenjacke nicht aufzusetzen. Die Straße war sehr schmal und gewunden, mit unübersichtlichen Kurven und steilen Gefällstrecken, schon im Normalfall riskant, bei solch minimaler Sicht aber extrem gefährlich. In einer Kurve kam mir prompt ein Lastwagen entgegen, dessen Fahrer sich aber zum Glück gebührend behutsam vorwärts tastete, so daß ich noch Zeit hatte, die Straße zu verlassen; für uns beide wäre beim besten Willen kein Platz gewesen.

Nach einigen Kilometern angestrengten Lauschens über das Geräusch der Reifen und das Rascheln meiner Regensachen hinweg – Geräusche, die man normalerweise gar nicht wahrnimmt, die jetzt aber durch den Nebel verstärkt wurden – erreichte ich die eigentliche Paßhöhe, und es ging wieder abwärts. Plötzlich befand ich mich unterhalb der Wolken. Es war, als habe sich ein Vorhang gehoben: Eine neue, heitere Landschaft dehnte sich vor mir aus, und zu meinen Füßen lag das kleine Dorf El Acebo. Zuvor war ich im Nebel durch zwei winzige Geisterdörfer gekommen; El Acebo aber schien noch sehr lebendig und in gutem Zustand, die Dächer waren neu gedeckt und die kleinen Balkone und Außentreppen viel stabiler, als es auf alten Fotos den Anschein hat. Auch die Straße war erneuert worden, und ich hatte allen Grund, dankbar dafür zu sein, daß ich sie bei guter Sicht befahren konnte, denn es waren die lebensgefährlichsten hundert Meter der gesamten Talfahrt. Der Betonbelag dieses steilen Abschnitts war aufgerauht, damit die Tiere nicht rutschten, aber mit einem Zickzackmuster aus tiefen Rillen versehen, die von den Häusern zu einer breiten Ablaufrinne in der Mitte der Straße führten. Für einen schmalen Reifen gab es hier hundert Gelegenheiten, eingeklemmt zu werden oder aus der Spur zu geraten. Es wirkte fast wie eine perfekt geplante Fahrradfalle, und zu allem Überfluß war die Straße auch noch von frischen, glitschigen Kuhfladen übersät. Normalerweise bringt mich auf Abwärtsstrecken nichts so leicht dazu abzusteigen. El Acebo aber schaffte es, und auch dann kam ich nur unter größten Schwierigkeiten schlitternd vorwärts. Am Dorfausgang erinnerte die Metallskulptur eines auf dem Kopf stehenden Fahrrades an einen gewissen »Heinrich Krause, Peregrino«, einen Radpilger, der hier zu Tode gekommen ist.

Inzwischen war ich nach dem bescheidenen Frühstück und den anstrengenden Steigungen völlig ausgehungert, und so tat ich es den Etruskern und den alten Ägyptern gleich, die ihre Toten durch ein Mahl an deren Grab ehrten: Ich zollte dem Andenken eines Mitradlers Tribut, indem ich mir an seinem Denkmal einen Kaffee braute und etwas altbackenes Brot, Nüsse und getrocknete Aprikosen aß, die ich noch in meinen Satteltaschen hatte. Es war eine ganz heilsame Erinnerung – sofern es ihrer überhaupt bedurfte – an das, was ich am Kreuz von Foncebadón gedacht hatte, daß nämlich auch moderne Pilger Gefahren ausgesetzt sind. Wäre mein Schutzengel nicht so wachsam gewesen, hätte eine Beerdigung auf dem kleinen Friedhof hinter mir ohne weiteres auch auf mich warten können. Bei dem herrlichen Blick und der in die Ewigkeit verlängerten Aussicht auf das Hinuntergleiten ins Tal hätte es allerdings kaum eine passendere Ruhestätte für einen Radfahrer geben können.

Die begeisternde Fahrt hinab ins Bierzo ging weiter und weiter, es wurde wärmer, und je tiefer ich kam, desto fruchtbarer wurde die Landschaft. Rings um das malerische Dorf Molinaseca waren die Wiesen weiß von Tausenden blühender Kirschbäume, die schon die Römer, die das Tal kolonisierten, von der türkischen Schwarzmeerküste hierhergebracht hatten. Ich hielt kurz an, um die berühmte Brücke zu betrachten, die Nachfolgerin der von der rabiaten Königin Urraca zerstörten Brücke. Direkt unterhalb hatte man den Fluß aufgestaut und eine wunderbare Schwimmgelegenheit geschaffen. Wäre es wärmer gewesen, hätte ich hier eine Pause eingelegt und gebadet.

Wenig später fuhr ich in die ausufernde Stadt Ponferrada hinein, die am Zusammenfluß des Río Sil und des Río Boeza liegt. Nachdem es mir gelungen war, mich durch die Industrievororte zu schlängeln (die allein zu dem Zweck angelegt schienen, Reisende zu verwirren), fand ich mich in der hübschen kleinen Altstadt wieder, die sich ihrer sonntagvormittäglichen Trägheit hingab.

Die ältesten Bauwerke in Ponferrada sind zwei mittelalterliche Brücken über die tiefen Schluchten der beiden Flüsse. Eine von ihnen besteht aus Eisen, einem für das zwölfte Jahrhundert so ungewöhnlichen Material, daß die Stadt nach der Brücke benannt wurde. Das bemerkenswerteste alte Gebäude aber ist die prachtvolle Burg aus dem dreizehnten Jahrhundert, einst das spanische Hauptquartier des Templerordens. Sie ist teilweise verfallen, aber man spürt noch den Geist von Abenteuer und Romantik, besonders beim Anblick der scharfen Zinnen und des renovierten, flaggengeschmückten Torhauses mit seinen vielen zinnenbewehrten Türmchen. Ferdinand II. von León übergab Ponferrada 1185 den Tempelrittern, damit sie im Gegenzug den Santiago-Pilgern Schutz gewährten und ihn bei der Reconquista unterstützten. Die Templer, seit über sechzig Jahren als Kreuzfahrer bewährt, waren zu der Zeit der mächtigste Ritterorden überhaupt. Durch seine streng hierarchische Struktur, die Betonung vornehmer Abstammung und seine geheimen Rituale und Initiationsriten erzeugte er in seinen Mitgliedern ein geradezu mönchisches Maß an Gehorsam und Disziplin und eine schon fast fanatische Loyalität dem Orden gegenüber. Doch die Ritter häuften so viel Macht und Reichtum an und begegneten jeder Einmischung von außen mit solcher Arroganz, daß Konflikte mit übergeordneten Instanzen nicht ausbleiben konnten. 1312 wurden sie aus Spanien vertrieben, der Orden wurde in ganz Europa gewaltsam aufgelöst und sein Besitz beschlagnahmt. In London erinnern die Inns of Court und die Temple Church noch heute an seine einflußreiche Rolle. Nach der Auflösung ihres Ordens wurden die Tempelritter wie einst Karl der Große und seine Paladine zu Idealgestalten in romantischen Rittergeschichten und in den Liedern der Troubadoure.

Eine Gründung der Templer ist auch die schöne Pfarrkirche Nuestra Señora de la Encina. Im ausgehenden sechzehnten Jahrhundert wurde sie jedoch wie so viele Gebäude im Zentrum von Ponferrada grundlegend umgebaut und erhielt einen hohen, reich geschmückten Barock-Glockenturm. Als ich dort ankam, strömte gerade die zahlreiche Gemeinde aus dem Portal, und obwohl ich wieder einmal bedauerte, den Sonntagsgottesdienst verpaßt zu haben, konnte ich doch wenigstens meinen Pilgerpaß abstempeln lassen. Es war ein schöner Stempel, eine Darstellung des Wunders, das im zwölften Jahrhundert hier geschehen war, als in einer Eiche Maria mit dem Kind dem Volk erschien.

In dem schachbrettartig angelegten Viertel, das an den alten Teil Ponferradas grenzt, machte ich mich auf die Suche nach dem dringend benötigten Essen. Ich hatte mich in Spanien daran gewöhnt, schon mittags eine kräftige Mahlzeit zu mir zu nehmen, denn zu der unmöglich späten Stunde, zu der das Abendessen serviert wird, schlief ich meist schon. Nach dem üppigen *menú del día* brauchte ich abends nur noch einen leichten Imbiß, und den machte ich mir entweder im *refugio* selbst, oder ich aß in einer Kneipe Tapas. Das Frühstück konnte zum Problem werden, denn vor halb zehn tut sich in Spanien nicht viel, so daß ich mir am Tag zuvor die Zutaten kaufen und mir dann selbst etwas machen mußte. Radfahren ist nach einem schweren Essen nicht zu empfehlen, doch da auch das Mittagessen in Spanien erst spät serviert wird und ich meinen Tag sehr früh begann, brauchte ich danach oft nicht mehr weiterzufahren.

In diesem Teil Ponferradas waren jedoch weder ein Mittagessen noch auch nur ein bescheidener Imbiß ohne weiteres zu bekommen, und nachdem ich geraume Zeit durch die Schachbrettstraßen gestreift war, gab ich mich schließlich mit dem »Ho Cheng« zufrieden. Es ist immer interessant, wie chinesisches Essen sich dem Geschmack des jeweiligen Landes anpaßt. Nachdem ich den schlimmsten Hunger gestillt hatte, wunderte es mich allerdings nicht mehr, daß ich der einzige Gast in dem Lokal war. Die Menge, die ich zu mir genommen hatte, würde mir auf der bevorstehenden Bergstrecke ganz gewiß keine Probleme bereiten.

Alle Pilger, mit denen ich später darüber sprach, fanden die Etappe zwischen Ponferrada und Villafranca die verwirrendste der ganzen Reise, und mir erging es nicht anders. Ich verlängerte meine Route um mehrere Kilometer und praktizierte gewissenhaft mein Spanisch bei dem Versuch, Einheimische dafür zu gewinnen, mich auf den *Camino* zurückzubringen. Es dauerte jedoch sehr lange, bis ich mich aus dem Gewirr der Hauptstraßen herausgearbeitet hatte, und selbst als ich mich schon auf dem richtigen Weg nach Villafranca del Bierzo wähnte, schickte mich ein Passant, der meine Muscheln erblickt hatte, wieder auf eine andere Straße. Endlich hatte ich es geschafft, und es wurde noch eine sehr angenehme Fahrt im warmen Sonnenschein durch die Weinberge des Bierzo.

Kurz bevor der Pilger in die Stadt Villafranca del Bierzo hinabkommt, erreicht er einen der bedeutsamsten und geschichtsträchtigsten Orte der ganzen Pilgerfahrt. Die kleine romanische Kirche Santiago steht in ihrer strengen Schönheit noch genauso wie vor wohl tausend Jahren an dem holprigen Weg, der einen ersten Blick auf die Stadt in ihrem lieblichen Tal und die grünen Hügel dahinter erlaubt. Es ist eine einschiffige Kirche, die eine ruhige Würde ausstrahlt und deren ganzer Schmuck sich auf das Nordportal konzentriert, die Puerta del Perdón. Pilgern, die es bis zu dieser »Pforte der Vergebung« geschafft hatten und zu krank waren, um noch weiterzuwandern, stand bereits hier die Absolution zu, die ihnen sonst erst am Schrein des heiligen Jakobus in Santiago gewährt worden wäre. Es hätte mich gewundert, wenn sich ein so geheiligter Ort nichts von seiner Atmosphäre bewahrt hätte, und ich blieb ganz für mich allein lange dort sitzen und blickte auf die reizvolle kleine, zwischen grüne Hügel gebettete Stadt hinab.

Villafranca war, wie schon der Name sagt, mehr französisch als spanisch. Es wurde von Cluny gegründet und verwaltet, zu einer Zeit, da Stadtgründungen im bedrohten Restgebiet des christlichen Spanien so wichtig waren wie die Pilgerfahrt selbst. Passende christliche Siedler zu finden war allerdings nicht so leicht, und wer geeignet erschien, wurde nicht selten von seiner Pilgerfahrt abgebracht und mit dem Versprechen aller möglichen Privilegien überredet, seine Künste und Fähigkeiten in diesen neuen Zentren auszuüben. Ob das auch in Villafranca geschah, weiß ich nicht, aber für einen armen Mann oder einen, der zu Hause kaum Land besaß, muß diese französische Stadt in ihrem fruchtbaren Tal eine große Versuchung gewesen sein. Doch wo auch immer sie ihre ersten Bewohner hernahm – sie entwickelte sich rasch zu einem blühenden Zentrum von Handel und Landwirtschaft und ist heute einer der interessantesten Orte am *Camino Francés*.

Zu den Benediktinern von Cluny gesellten sich Jesuiten und Franziskaner, und alle drei Orden bauten prächtige Kirchen, so daß es heute in der Stadt viele schöne Baudenkmäler zu besichtigen gibt. Das Reizvollste an Villafranca aber war für mich außer der Atmosphäre ruhiger Weite, die hier herrscht, die schmale Calle del Agua, die zum Fluß hinabführt und von stattlichen Kaufmannshäusern mit prachtvollen, stolz präsentierten Wappen gesäumt ist.

Als *refugio* gab es in Villafranca nur ein Plastikzelt neben der Kirche Santiago. Ich dachte daran, im »Hotel Commercio« zu übernachten, einem herrlichen Museumsstück, in dem ich mich ins vorrevolutionäre Frankreich zurückversetzt fühlte. Es war ein höhlenartiges Gebäude, und die Farbreste an Fenstern und Türen hatten jenen speziellen Grauton, der nur französisch sein konnte. Es gab Dutzende kleiner Zimmer mit blankgeschrubbten breiten Dielen und kleinen eisernen Bettgestellen. Für die weit über hundert Gäste, die hier zu Spitzenzeiten übernachten mußten, stand eine einzige Dusche zur Verfügung, offensichtlich später eingebaut, aber auch sie geradezu antik, so daß es ein Wunder war, daß sie noch funktionierte. Der Speisesaal war kaum zu beschreiben, so alt und stimmungsvoll düster war er. An den braunen Wänden hingen altersgeschwärzte Bilder, und zwischen den dicht an dicht stehenden Tischen konnte man sich kaum hindurchzwängen. Doch allein konnte man das Hotel nicht genießen, und plötzlich fiel mir mein kleines Zelt ein, und ich stellte es mir zwischen den grünen Wiesen vor, die ich auf der anderen Seite des Tals gesehen hatte.

Der Abend war ideal zum Zelten, hell und klar und nicht annähernd so kalt wie in letzter Zeit. Nicht weit von der Stadt fand ich eine Stelle, an der es vermutlich kaum anders aussah als zur Zeit der mittelalterlichen Pilger. Roberts hatte sich einen steilen Pfad hinaufmühen müssen, bis keine Häuser mehr zu sehen waren, und dort oben schlug ich in einem Meer von Wildblumen mein Zelt auf. Da ich das Gefühl hatte, daß mein Körper sich erst noch von dem dubiosen Mittagessen erholen mußte, verzichtete ich aufs Abendessen und kurierte mich statt dessen mit einem kleinen heißen Whisky, dem Allheilmittel gegen fast jedes Übel.

Es war herrlich, wieder im Zelt zu sein und durch den geöffneten Eingang die Sterne zu sehen. Die Santiago-Pilger müssen, in ihren Umhang gehüllt, viele solcher Nächte im Freien verbracht und zum selben Himmel aufgeblickt haben. Aimery Picaud unterteilt die Strecke ab den Pyrenäen in dreizehn Tagesetappen, aber ob die sieben bis achthundert Kilometer (mit Umwegen sogar noch mehr) selbst in doppelt so vielen Tagen zu schaffen waren, sogar mit einem kräftigen Pferd, erscheint mehr als fraglich. Zu Fuß muß man dafür mindestens vier Wochen gebraucht haben. Klöster und Hospize lagen oft weit auseinander und hatten auch nicht genug Platz, um jedem Pilger in jeder Nacht seiner Reise Obdach zu gewähren. Ich fühlte mich diesen Pilgern sehr verbunden hier auf dem alten Weg oberhalb von Villafranca, wohl vor allem deshalb, weil das Schlafen ohne schützende Wände stets mit dem Vertrauen auf einen gütigen Gott einhergeht.

Am nächsten Morgen war ich, obwohl ich erst mein Zelt abbauen mußte, schon früh wieder unterwegs, und das war gut so, denn die nächste Etappe des *Camino* führt durch das schöne, enge Tal des Valcarce, wo man die ersten rund fünfzehn Kilometer kaum von der N-VI wegkommt. Nur wenige kurze Umwege erlauben eine Unterbrechung der mörderischen Fahrt. Aber was für Umwege! Kaum verließ ich das kahle, heiße Asphaltband der Straße, tauchte ich in den tiefen Schatten baumbestandener Wege ein, wo sich malerische alte Dörfer mit Hecken abwechselten, in denen Ginster, Schlüsselblumen und Nieswurz blühten, Ehrenpreis, Lichtnelken und Weißdorn, Sumpfherzblatt, Schwertlilien, Gemeiner Hundszahn, Apfelbäume und Dutzende anderer Pflanzen, deren Namen ich mir nicht aufgeschrieben habe. Keiner dieser Fluchtwege war besonders lang, aber sie erinnerten mich immer wieder daran, wie schön das Leben ohne Fernverkehrsstraßen sein kann.

Erst bei Ambasmestas, wo die neue N-VI auf das erste einer ganzen Reihe gigantischer Viadukte abbiegt, kann der Radfahrer endlich aufatmen. Die alte N-VI nimmt einen weniger spektakulären, aber ungleich schöneren Verlauf, bergauf und bergab und durch die gewundenen Schluchten der Kantabrischen Kordillere. Mehrmals überquert die neue Straße in schwindelnder Höhe die alte, doch so schwierig die Anstiege auch waren, die ich zu bewältigen hatte, beneidete ich Autofahrer, die auf ihrem Hochseil von Straße dahinrasten, doch keinen Augenblick: Von unten wirkte das alles beängstigend. Auf meiner Strecke herrschte wenig Verkehr, und ich konnte die Fahrt in Ruhe und Frieden genießen (so wie es sich der *Pilgerführer* für die Reisenden erhofft). In erstaunlich kurzer Zeit – so fit war ich inzwischen – war ich in Galicien, und die letzten Etappen meiner Reise lagen vor mir. Roberts mußte sich noch steiler emporkämpfen, und ich machte mich an den Aufstieg zu dem alten Heiligtum O Cebreiro, dem legendären Ort des Heiligen Grals.

13

Land des Nebels und der Legenden

Als ich die steile, kurvenreiche Straße aus den Kastanienwäldern heraus aufwärts keuchte, öffnete sich weit unten zu meiner Rechten ein Tal – ein Flickenteppich aus kleinen Feldern, säuberlich durch graue Granitmauern unterteilt und von einer unendlichen Vielfalt leuchtender Grüntöne. Unter dem blauen, vom Regen blankgewaschenen Himmel mit seinen weißen Wölkchen strahlte die galicische Landschaft eine Frische aus, die neue Kraft in meine müden Muskeln strömen ließ und mir das Gefühl gab, die letzten Etappen hielten das Beste meiner Reise für mich bereit. Und ich war nicht allein mit diesem Eindruck, denn auch Aimery Picauds Führer gerät über Galicien ins Schwärmen.

»... eine wald- und flußreiche Landschaft mit Wiesen, besten Gärten, guten Früchten und klaren Quellen...«

Und trotz seiner üblichen negativen Einstellung allem Fremden gegenüber zollt er den Menschen der Region Anerkennung:

»Die Galicier ähneln unserem französischen Volk im Vergleich zu allen übrigen unkultivierten spanischen Völkern...«

Die Reise hatte eine solche Fülle und Vielfalt geboten, daß ich geglaubt hatte, ihr Repertoire sei nun erschöpft. Jetzt aber, fast am Ende der elften von Aimery Picauds dreizehn Etappen und keine hundertfünfzig Kilometer mehr von Santiago entfernt, kam ich von neuem in eine wundersam andersartige Region. Das zeigte sich in jeder Linie, jeder Schattierung, jede Facette der Landschaft, und als ich über die Bergkuppe kam, sah ich, daß alles von Menschenhand Geschaffene noch neuartiger war.

Auf einem kleinen Plateau liegt vor dem Panorama der Berge der Weiler O Cebreiro mit seinen uralten *pallozas*, den wohl ungewöhnlichsten Behausungen, die bis heute erhalten geblieben sind. Sie sind rund oder eher oval, haben niedrige, dicke Mauern und eigenartige, zu einer Spitze ansteigende Strohdächer, die nie genau über der Mitte des Gebäudes liegt. Die traditionellen galicischen Häuser, von denen keines völlig dem anderen gleicht, passen sich dem Gelände an, und manche sind in eine Bergflanke hineingebaut, so daß ein Teil unter der Erde liegt. Mensch und Tier lebten hier unter einem Dach, und der Boden fiel schräg ab, um einen Abfluß zu den Tieren hin zu ermöglichen. Eine einfache halbhohe Wand trennte die beiden Bereiche, deren größerer den Menschen vorbehalten war. Eine offene Feuerstelle ohne Kamin, ein oder zwei winzige Fenster, ein mächtiger Mittelpfosten, auf dem das Dach ruhte, und man hatte ein Zuhause, das dem wildesten Ansturm von Wind und Wetter trotzte. Daß es darin verraucht und gewiß auch dunkel war, fiel bei einem so zähen, überwiegend im Freien lebenden Menschenschlag kaum ins Gewicht. Mit regionalen Unterschieden gab es solche Behausungen überall im keltischen Westeuropa, wenn auch nirgends so charakteristisch wie in Galicien, und nirgends waren sie über so lange Zeit in Gebrauch, mit Ausnahme vielleicht der »schwarzen Häuser« auf den Hebriden. In Cebreiro sind einige dieser *pallozas* noch bewohnt, Vieh wird darin allerdings wohl nicht mehr gehalten. Als ich so dastand und sie betrachtete, ahnte ich noch nicht, daß ich in einer von ihnen übernachten würde.

So wunderbar fremdartig und interessant ich sie auch fand, gab es *pallozas* doch auch in anderen Orten. Nichts auf der ganzen Strecke aber hatte den einzigartigen Reiz der Kirche von Cebreiro, und zu ihr machte ich mich nun auf.

Schon im neunten Jahrhundert wurden in Cebreiro ein Kloster und ein Pilgerhospiz gegründet, doch es spricht einiges dafür, daß der Ort schon vorher besondere Bedeutung erlangt hatte. Irgendwann hieß es, der Heilige Gral befinde sich dort, und die Gelehrten führten Dutzende von Gründen dafür an, doch wie und weshalb es dazu kam, weiß niemand. Die Legende vom Heiligen Gral (dem Becher oder Kelch, den Christus beim Letzten Abendmahl benutzte) ist eine der mystischsten aus dem Reliquienkult entstandenen Überlieferungen, und sie hat die christliche Phantasie in höchstem Maße beflügelt. Sie beruhte auf dem Glauben, daß Joseph von Arimathia den Kelch und einige Tropfen Blut des gekreuzigten Christus an sich nahm und auf der Suche nach einem sicheren Aufbewahrungsort damit übers Meer fuhr. Gralslegenden gibt es an fast ebenso vielen Orten wie Splitter vom

Kreuze Christi, besonders konzentriert aber im keltischen Westen. Mittelalterliche Rittergeschichten wie die Artussagen kreisen um das Thema der Suche nach dem Heiligen Gral, dem höchsten Lohn, den nur der »ideale Ritter« ohne Furcht und Tadel erlangen kann.

Der glühende mystische Glaube an den Heiligen Gral lebte in Cebreiro wieder auf, als im dreizehnten Jahrhundert ein Wunder die Kirche berühmt machte. Eines bitterkalten Wintertages war ein Bauer weit durch den Schnee gewandert, um die Messe zu hören. Er war der einzige, der den Unbilden der Witterung getrotzt hatte, doch der Pfarrer verhöhnte ihn, weil er sich »nur für ein bißchen Brot und Wein« die Mühe gemacht hatte. Da verwandelten sich Brot und Wein in Fleisch und Blut Christi, und eine holzgeschnitzte Muttergottes in der Nähe wandte den Kopf zum Altar, um das Geschehen zu beobachten. Cebreiro wurde daraufhin selbst zum Wallfahrtsziel und zu einem der bedeutendsten Orte auf dem Weg nach Santiago.

Mit all diesen Wunder- und Rittergeschichten im Kopf erreichte ich das mauerumfriedete Areal auf dem höchsten Punkt des Dorfes mit dem Pfarrland dahinter und den beiden dunklen, schiefergedeckten kleinen Bauten. Ich wußte, daß sie fast vollständig neu errichtet worden waren, doch mein erster Gedanke war, wie uralt und genau passend sie mit ihren Trockensteinmauern und der schlichten Würde wirkten, die sie ausstrahlten.

Der Niedergang des Klosters hatte im siebzehnten Jahrhundert eingesetzt, und 1960, als Don Elías Valiña, ein Pfarrer aus der Gegend, der sich den Belangen der Pilgerfahrt verschrieben hatte, mit der Restaurierung begann, war das Gebäude kaum noch mehr als eine Ruine.

Was man heute dort sieht, legt Zeugnis ab von Don Elías' großer Leistung. Aus dem kleinen Gasthaus ist ein einfaches Hotel geworden, ein unprätentiöses Haus mit offenem Kamin und langen Tischen und Bänken, das wunderbar im Einklang mit dem Pilgertum steht.

Nichts an der Kirche verrät, daß sie neu aufgebaut wurde, und die Fachleute sind sich weitgehend darin einig, daß ihre Anlage kaum – wenn überhaupt – von dem ursprünglichen Bau aus dem neunten Jahrhundert abweicht. Es ist ein bescheidenes dreischiffiges Gebäude, quadratisch fast, mit einem gedrungenen Glockenturm an einer Ecke, dessen Glocken offen in schlichten romanischen Bögen hängen. Im Innern sind die Wände bis auf eine Marienstatue kahl – ob es dieselbe ist, die damals ehrfürchtig den Kopf wandte, weiß ich nicht. In einem Glaskasten stehen Kelch und Hostienteller aus dem zwölften Jahrhundert und ein Reliquiar mit dem Brot und dem Wein des berühmten Wunders, von König Ferdinand und Königin Isabella gestiftet, als sie 1486 hierher pilgerten. Das königliche Paar soll die Absicht gehabt haben, die Reliquien mitzunehmen, aber sie ließen sich nicht von der Stelle bewegen.

Der Kelch ist herrlich, ein Meisterwerk der Goldschmiedekunst. Doch nicht nur durch die Schönheit der Gefäße, sondern auch durch die Tatsache, daß sie sich überhaupt hier befinden, gewinnt die Kirche noch eine zusätzliche Dimension, eine sichtbare Verbindung zu ihrer Vergangenheit. In einem Museum würden die Gegenstände viel von ihrer magischen Ausstrahlung verlieren. Die kleine Kirche von Cebreiro, in der die Artussage so eng mit der christlichen Geschichte verwoben ist, hat etwas ganz Besonderes an sich, und es gibt wohl kaum einen Ort, der stärker an das Zeitalter mittelalterlicher Pilgerfahrt erinnert.

Wenn ich in Cebreiro übernachten wollte – und das wollte ich auf jeden Fall –, hatte ich die Wahl zwischen meinem Zelt und einer *palloza*, die als *refugio* diente. Ich entschied mich für letztere, konnte aber dank besonderen Entgegenkommens im Hotel das dringend benötigte Bad nehmen, bevor ich mich dort dem Genuß eines Abendessens hingab. Vier der fünf Zimmer waren von Spaniern besetzt, die an der Stromversorgung des Dorfes arbeiteten und zu weit entfernt wohnten, um abends heimfahren zu können. Das fünfte Zimmer hatten Guy und Michèle belegt, ein junges französisches Paar, das mit dem Auto nach Santiago unterwegs war. Ich war den beiden schon in der Kirche begegnet, und am Abend baten sie mich an ihren Tisch, damit wir uns über die Reise unterhalten konnten. Guy war Geschichtslehrer an einer Schule in Paris, Michèle arbeitete in einer Buchhandlung. Beide hatten nicht viel über die Pilgerfahrt gewußt, bevor sie sich auf den Weg machten, aber mittlerweile war ihnen klar, daß das Auto nicht das Richtige dafür war, und sie hatten beschlossen, einen Teil der Reise im Sommer mit dem Rad zu wiederholen. Michèle warf mir von Zeit zu Zeit einen verstohlenen Blick zu. »Wenn die das in ihrem Alter schafft, dann schaffe ich es auch«, schien sie zu denken, und ich tat mein Bestes, sie darin zu bestärken.

Es gab Schweinebraten mit Pommes frites, eine Spezialität der Region – der Braten jedenfalls. Dazu tranken wir einen Wein, der vermutlich aus der Gegend stammte, was aber nicht zu erkennen war, da er nicht in der Flasche, sondern in einem Krug serviert wurde. Bis wir die *crème caramel* (das spanische Nationalgericht, wie es scheint, denn ich bekam es zu fast jedem Essen) verzehrt und den Wein ausgetrunken hatten, war es so spät, daß ich es im Interesse meines Schlafes für besser hielt, auf den Kaffee zu verzichten und nach dem üppigen Essen einen kleinen Verdauungsspaziergang zu machen.

Als ich ins Freie trat, war es jedoch schon dunkel und es regnete leicht, und so ging ich, mit Kerzen und Taschenlampe bewaffnet, zu meiner *palloza*. Roberts würde sie mit mir teilen, und so würde ich gewissermaßen wieder im Doppelzimmer übernachten. Als ich zwischen den anderen *pallozas* hindurchging, kam eine ältere Frau aus einer Tür und sagte etwas auf spanisch zu mir, was ich nicht verstand; erst als sie Gesten des Essens machte, begriff ich, daß sie mir etwas anbieten wollte. Es gelang mir, ihr auf spanisch für das Angebot zu danken, aber ich mußte ebenfalls pantomimische Mittel zu Hilfe nehmen, um ihr klarzumachen, daß ich schon gegessen hatte. Sie ließ mich jedoch nicht gehen, ohne mir einige winzige Äpfel in die Hand gedrückt zu haben. Ich hatte nur einen flüchtigen Blick in das gelb erleuchtete Innere ihres Hauses werfen können, gerade genug, um zu sehen, wie gemütlich es war, eine Zuflucht vor der dunklen, nassen Nacht. Hinterher wünschte ich mir, ich hätte sie darum gebeten, es mir genauer ansehen zu dürfen.

Meine *palloza* wirkte riesig im flackernden Kerzenschein, und die rohen Balken, die das Strohdach hoch über mir trugen, verloren sich ebenso wie Roberts im Dämmer. Der Raum war bis auf das Stroh auf dem Steinboden völlig leer. Es war eine Art bäuerliche Halle unbekannten Alters und sehr kalt – kein Wunder, denn Cebreiro liegt ungefähr 1300 Meter hoch. Das Stroh raschelte von Bewegungen, die nicht meine waren, aber ich hatte meinen Schlafsack fest in meine Zeltplane gehüllt und fühlte mich einigermaßen vor Ratten sicher. Mäuse störten mich nicht weiter, und ich hätte ohnehin für das Abenteuer, in diesem uralten Refugium zu schlafen, noch viel Schlimmeres in Kauf genommen. Ich stützte mich auf den Ellenbogen und las eine Weile in dem riesigen Pilgerbuch, das wie üblich Einträge in vielen verschiedenen Sprachen enthielt. Soweit ich sie verstehen konnte, drehten sie sich meist um das Gefühl, hier »den wahren *Camino*« gefunden zu haben, und ich empfand es genauso.

Als ich mich zum Schlafen fest einwickelte, fragte ich mich, ob es morgen noch immer regnen und auch die dritte und letzte Bergkette meiner Reise unsichtbar bleiben würde. Galicien wird auch oft »das Land des Regenschirms« genannt, und so streckte ich am nächsten Morgen gleich nach dem Aufwachen den Kopf ein wenig ängstlich aus meiner *palloza*. Aber der Himmel war nicht nur wolkenlos, sondern auch von so zarten Gold- und Rosatönen überhaucht, daß es wie die dünn aufgetragene Farbe eines japanischen Holzschnitts wirkte. Ich zog mich schnell an und ging hinaus, um mehr zu sehen. An der Rückseite des Dorfes, hinter der Kirche und dem Granitkreuz, fiel das Gelände von der Straße aus steil ab, und eine Bergkette dehnte sich bis zum Horizont. In den Tälern hing Nebel, und die einzelnen Höhenzüge waren nicht mehr als ein dunkler Pinselstrich. Die Sonne verbarg sich irgendwo hinter dem Nebel, schien aber schwach durch ihn hindurch, so daß die Szenerie geradezu überirdisch schön wirkte. Näher würde ich einer Vision des Himmels in diesem Leben wohl nicht kommen, dachte ich, als ich so dastand und sie betrachtete.

Einen fast ebenso schönen Moment erlebte ich einige Stunden später, als sich jenseits des 1337 Meter hohen Alto do Poio ein neues Panorama von Bergen und bewaldeten Tälern auftat, sonnenübergossen und westwärts sich dehnend, so weit das Auge reichte. Der ersten berauschenden Talfahrt folgte Berg auf Berg, und es wäre Schwerarbeit gewesen, hätte ich nicht so oft angehalten, um den Anblick dieser wunderschönen Ecke Spaniens in mich aufzunehmen. Die regenblanke Landschaft erinnerte an Wales und Cornwall und wirkte nach den dürren Regionen Kastiliens wunderbar erholsam. Doch bei aller Ähnlichkeit mit anderen keltischen Landschaften war sie auch wieder ganz anders. Selbst die für die Gegend typischen Granitkreuze mit ihren stämmigen Christusfiguren glichen in nichts den hohen Kreuzen Irlands und des schottischen Westens mit ihren verschlungenen Mustern. Die galicischen Muster waren, soweit vorhanden, geometrisch und rechtwinklig.

Ein besonders erheiterndes Merkmal der Landschaft waren die zahlreichen *hórreos*. Hätte ich nicht in Zentralafrika etwas Ähnliches gesehen, hätte ich vielleicht geglaubt, die Galicier begrüben ihre Toten wie die alten Lykier in kleinen Häuschen auf hohen Säulen, zumal die Dachschrägen mit Kreuzen und allerhand Ornamenten versehen waren. Aber die raffinierten kleinen Bauten waren Getreidespeicher und die Säulen Steinstützen, die die Ratten fernhalten sollten. Die Felder waren klein, sehr ordentlich und gut in Schuß und wirkten wie alles hier herrlich altmodisch. In den Dörfern und Weilern mit ihren *pallozas* und *hórreos* schien die Zeit stehengeblieben zu sein, und so war es kein Wunder, daß ich an diesem Tag nur sehr langsam weiter nach Westen kam.

Die Idylle währte, bis ich die Straße mit immer mehr wild dahinrasenden mächtigen Lastern teilen mußte, die alles ringsum mit feinem Staub überzogen. Erst dachte ich, sie hätten losen Zement geladen, dann fiel mir ein, was Aimery Picaud in seinem Führer schreibt, daß nämlich die mittelalterlichen Pilger große Steine aus der Gegend von Tricastela mitnahmen und fünf Meilen weit bis nach Castañola trugen, wo daraus Kalk für den Bau der neuen Kathedrale in Santiago hergestellt wurde. Das milderte die Lasterplage in meinen Augen, denn es zeigte mir, daß einer der ältesten Betriebe der Geschichte noch heute arbeitete.

Es war bereits Nachmittag, und ich hatte nicht mehr als vierzig Kilometer geschafft, als ich in dem kleinen Ort Samos vor der reizenden Barockfassade eines gigantischen Klosters haltmachte. Ich wollte gerade klingeln, um zu sehen, ob ich nicht einen kurzen Blick hineinwerfen konnte, da streckte ein Mönch im Benediktinerhabit den Kopf aus der Tür, winkte mich herein, als hätte er mich erwartet, und begann mich sofort herumzuführen.

Die verwinkelte Anlage nimmt fast das ganze bewaldete Tal ein, das dadurch von innerhalb der Mauern viel größer wirkt als von draußen. Das Kloster ist eine der ältesten Benediktinergründungen Spaniens und existierte schon mindestens drei Jahrhunderte, bevor der Leichnam des heiligen Jakobus entdeckt wurde. Als im achten Jahrhundert die Mauren in das Gebiet einfielen, gab man es auf, um es nach deren Rückzug im neunten Jahrhundert wieder in Betrieb zu nehmen.

Der weitläufige Bau wurde im zwölften Jahrhundert begonnen, brannte aber so oft nieder, daß er heute einen ziemlichen Stilmischmasch aufweist, mit seltsamen Skulpturen, darunter große barbusige, in einem Brunnen planschende Frauenfiguren – etwas, das man normalerweise nicht unbedingt mit einem Kloster in Verbindung bringt. Das ganze obere Stockwerk des großen Kreuzgangs, das nach einem weiteren verheerenden Brand erst vor einigen Jahrzehnten erneuert wurde, ist mit einer Reihe grauenvoller Gemälde geschmückt, die das Leben des heiligen Benedikt darstellen. Von der Fassade an der Westseite der Kirche abgesehen, kann ich nicht sagen, daß mir irgend etwas an dem Kloster besonders gefiel, doch da mich der Mönch enthusiastisch weiterführte, gab es kein Entrinnen. Besonders deprimierend fand ich die riesige Kirche aus dem achtzehnten Jahrhundert mit ihrem Tonnengewölbe. Sie war völlig fensterlos, und es war darin so still und stickig, daß sie bei aller Monumentalität und reichen Ausschmückung wie eine Gruft wirkte. Ich bekam plötzlich Platzangst und trat hastig den Rückzug an die frische Luft an.

Wie sich herausstellte, beruhte meine Führung auf einer Verwechslung. Ein Teil des Klosters ist heute Hotel, und der Mönch hatte mich für die Vorhut der Besuchergruppe gehalten, die er erwartete. Der Bus mit den Leuten traf in dem Moment ein, als ich die Flucht ergriff, und so konnte ich das bezauberndste Bauwerk von Samos für mich allein erkunden: das ursprüngliche Kloster, das außerhalb der heutigen Anlage in einem Wäldchen versteckt liegt. Nichts weist auf den Ort hin, und ich wußte auch gar nicht recht, was mich erwartete. Ich dachte schon, ich hätte mich verlaufen, da tauchte es plötzlich vor mir auf: ein winziges, wunderbar einfaches, schiefergedecktes Kirchlein, von mächtigen Pinien überragt, von denen sich eine so eng an den Bau schmiegte, daß die

Mauer gefährdet schien. Das schlichte kleine Gebäude hatte etwas so Urtümliches an sich, es schien – wie das kleine Hotel in Cebreiro – so absolut richtig an seinem Platz, daß man sich eine Verbindung zu dem bombastischen Gebäudekomplex, der es abgelöst hatte, kaum vorstellen konnte.

Ich hatte daran gedacht, im *refugio* des Klosters zu übernachten, beschloß nun aber, noch die knapp dreizehn Kilometer bis nach Sarria weiterzufahren. Das erwies sich als eine gute Entscheidung. In der Altstadt auf ihrem Hügel, im Mittelalter ein bedeutendes Pilgerzentrum, schienen die Uhren stillzustehen. Sie beherbergt keine architektonisch interessanten Gebäude mehr, atmet aber noch den Geist des Pilgertums mit ihrer Burgruine und ihrem stillen, fast ländlichen Verfall rings um die kleine romanische Kirche und das einstige Hospiz und Kloster La Madalena, das dem Pilger noch heute Obdach gewährt.

Auf dem Weg dort hinauf kam ich an einem kleinen alten Gebäude vorbei, das gerade restauriert wurde, und als ich anhielt, um es genauer zu betrachten, las ich zu meiner Belustigung auf einer Tafel, daß es einst ein Gefängnis für lasterhafte Pilger gewesen war.

Das letzte Stück begleitete mich ein Kind, das ich nach dem *refugio* gefragt hatte, ein aufgewecktes Mädchen von acht oder neun Jahren, das sich standhaft weigerte zuzugeben, daß mein Spanisch so schlecht war, wie ich behauptete. Mit bewundernswerter Beharrlichkeit gelang es ihr, mir begreiflich zu machen, daß ihr Bruder die Schule neben dem Kloster besuchte und daß er mit einem der Patres Fußball spielte. Ich glaube, sie freute sich über die Gelegenheit, in dieses männliche Heiligtum einzudringen, und bestand darauf, mich bis an die Tür zu bringen, zu klingeln und dann mit mir zu warten, bis jemand aufmachte, dem sie sagen konnte, daß ich eine Pilgerin sei. Vielleicht tat sie das öfter, denn der Bruder, der die Tür öffnete, schien keineswegs so entzückt von ihr wie ich und schickte sie ziemlich schroff weg.

Es war ein sehr einfaches *refugio*, ein einziger großer Raum, in dem sich bereits drei französische Familien mit ungefähr vierzehn Kindern einquartiert hatten, alle unter zehn und die meisten wie kleine Dämonen hin und her huschend. Das mag beängstigend klingen, und das war es im ersten Moment auch, aber es wurde dann noch ein sehr unterhaltsamer Abend. Die Familien waren miteinander befreundet und machten die Pilgerfahrt nach und nach, in jedem Urlaub einen Teil. Sie hatten vor zwei Jahren angefangen und befanden sich nun im Endstadium. Mindestens zwei der Kinder waren erst nach dem Beginn des Unternehmens zur Welt gekommen, aber wie die Pilger am Portal der Kathedrale von Burgos hatten die drei Familien ihre Pläne deswegen nicht geändert.

Jede hatte einen alten Kleinbus, professionell eingerichtet und vollgepackt mit Bettzeug, Kochgerät, Lebensmitteln und Kleidern. Wer konnte – oder wollte –, ging zu Fuß, und die Erwachsenen fuhren abwechselnd die Autos, um die Wanderer dort, wo Fußweg und Straße zusammentrafen, wieder aufzunehmen. Manchmal fuhren sie mehrmals hin und her, damit jeder die Möglichkeit bekam zu laufen.

Die Kinder führten Alben oder Tagebücher und zeichneten ihre Eindrücke in Worten und Bildern auf. Später, als ich mir meine eigenen Notizen machte, zeigten sie mir ihre Bücher, und ich sah, daß sie eine eindrucksvolle Menge an Wissen angesammelt hatten. Der heilige Jakobus oder Saint Jacques, wie er für sie hieß, trat aus den Büchern deutlich hervor, in Zeichnungen, die so amüsant waren, wie sie es nur sein können, solange Kinder noch unbefangen drauflos malen.

Auch die Eltern beeindruckten mich. Das Maß an Organisation, das eine solche Reise erforderte, die tausend Dinge, die es bei so vielen Menschen zu bedenken galt, waren geradezu furchterregend. Die ganze Zeit, während ich mit den Kindern plauderte, arbeiteten die sechs Erwachsenen angestrengt, wuschen Wäsche, versorgten die Babys, beantworteten Fragen und taten alles, was Eltern ohnehin zu tun haben, nur unter ungleich schwierigeren Bedingungen.

Ich wurde zu Makkaroni, Salat, Obst und Wein eingeladen, durfte mich danach aber nicht durch Hilfe beim Abwasch revanchieren, der nach einem eingespielten Schema ablief. Statt dessen übertrug man mir die weit angenehmere Aufgabe, das süße, friedliche Baby Henri zu halten, während seine Mutter das Geschirrtuch schwang. Später, als man unter ungeheurem Trubel damit begann, die Kinder zu waschen und bettfertig zu machen, zog ich mich in mein Zelt auf einer grünen Wiese hinter dem Kloster zurück, froh darüber, eine andere Art des Pilgerns kennengelernt und für ein paar Stunden geteilt zu haben. Der Tag endete wunderschön, mit einem Himmel voll herabstoßender und dicht über der Wiese dahinschießender Schwalben und dem fernen Muhen von Kühen.

Und das war für eine Weile das Ende einer Phase wohliger Zufriedenheit, denn nach Sarria begann ein ziemlich trostloses, schwieriges Kapitel meiner Pilgerfahrt. Das Wetter machte es nicht besser; ich war an einem grauen, bedeckten Morgen aufgewacht, der die

Landschaft ihres Zaubers beraubt hatte. Die kleine Stadt Portomarín deprimierte mich noch mehr. Sie ist ganz jung; das alte Portomarín wurde Anfang der sechziger Jahre dem Bau einer Staumauer am Fluß Miño geopfert und versank in den Fluten des Stausees. Wie in allen solchermaßen verpflanzten Orten ist dieser Umbruch auch hier noch zu spüren. Er schafft eine melancholische Atmosphäre und läßt die Stadt wurzellos erscheinen, was nirgendwo deutlicher wird als in der großen, festungsartigen romanischen Kirche, die man an ihrem neuen Platz Stein für Stein wiederaufgebaut hat. Der Geist des Ortes scheint anderswohin entflohen, ganz ähnlich wie bei den Felsentempeln von Abu Simbel in Oberägypten, die nach dem Bau des Assuanstaudamms mit einem Kostenaufwand von Milliarden von Dollar an einen höhergelegenen Ort versetzt wurden.

Als ich in der auseinandergenommenen und wieder zusammengesetzten Kirche stand, hatte ich das Gefühl, daß mir jede Verbindung zum Pilgertum abhanden gekommen war. Die Reise hatte ihren Schwung verloren, und plötzlich wollte ich nur noch, daß sie zu Ende ging. Ich beschloß, so schnell wie möglich nach Santiago weiterzufahren. Noch heute mußte ich dort ankommen; eine weitere Nacht unterwegs wäre zuviel gewesen.

Das war leichter gesagt als getan, denn das Gelände schien eigens dazu geschaffen, jegliche Eile zu durchkreuzen. Die Berge nahmen kein Ende, und es sah so aus, als würde es die schwerste Tagesetappe der ganzen Reise werden. Im kalten, grauen Nieselregen begann ich mehr die Abfälle am Straßenrand und in den Hecken zu registrieren als die schönen, leicht ansteigenden Felder mit ihren ordentlichen Schiefermauern.

Als ich wieder auf die Hauptstraßen mit ihrem unbarmherzigen Schnellverkehr gelangte, wurde es noch schlimmer. Bunyan wäre zufrieden gewesen, dachte ich grimmig: Offenbar hatte es auf dieser Pilgerfahrt zuviel Erfreuliches gegeben und nicht annähernd genug Mühsal. Jetzt konnte ich nur noch die Zähne zusammenbeißen und mich aufs Radfahren konzentrieren.

Die Dinge wurden vorübergehend etwas besser, als ich einen kleinen Umweg zu der einsam gelegenen romanischen Kirche von Vilar de Donas machte. Vor dem Hintergrund ihrer von hellgrünem Schimmel überzogenen Wänden stehen schöne Grabplastiken von Santiago-Rittern, und trotz der Feuchtigkeit leuchten von den Wänden der Apsis noch einige herrliche Fresken mit Darstellungen der Verkündigung und der Auferstehung. Der ganze Bau, meilenweit von allem entfernt an einer vernachlässigten, holprigen Nebenstraße gelegen, war überwältigend und hob meine Stimmung ungemein.

Sonst gab es in keinem Ort bis Santiago etwas architektonisch so Interessantes, daß ich deswegen haltgemacht hätte. Nur in Melide legte ich eine Pause ein, weil ich nach den siebenundsiebzig Kilometern, die ich seit dem Morgen zurückgelegt hatte, einfach etwas essen mußte. Sechsundfünfzig Kilometer hatte ich noch vor mir, wenn ich Santiago bis zum Abend erreichen wollte.

In Melide lernte ich einen Belgier kennen, einen Fußpilger, der ebenfalls einen schlechten Tag hatte. Der Wanderweg sei in einem grauenvollen Zustand, sagte er, er könne sich gar nicht mehr erinnern, wann er zuletzt trockene Füße gehabt habe. Er rechnete damit, bis Santiago noch drei Tage zu brauchen, hoffte es aber in zwei zu schaffen. Die Resignation und Müdigkeit in seiner

Stimme machte mir klar, wieviel schwerer die Pilgerfahrt für Wanderer ist, wie endlos ihnen trostlose, öde Streckenabschnitte wie dieser erscheinen müssen. Vielleicht würde selbst Harrie es in dieser Phase eilig haben und das Ende der Reise herbeisehnen.

Nach einem guten, nahrhaften Bohneneintopf mit *tortilla* schlenderte ich eine Weile durch die Straßen von Melide, damit das Essen sich setzen konnte, bevor ich weiterfuhr. Irgendwo zwischen den beiden geschlossenen romanischen Kirchen hörte ich plötzlich das unverkennbare durchdringende Pfeifen von Dudelsäcken, ein schönes, erregendes Geräusch für den, der es mag. Ich folgte dem Klang zu einem Haus, das sich direkt auf den Bürgersteig öffnete, und lauschte gebannt, als plötzlich ein Fenster aufging und die Musiker mich hereinbaten.

Sie ließen mich in einem tiefen Sessel Platz nehmen, drückten mir ein Glas Wein in die Hand, und dann kam ich in den Genuß eines etwa zehnminütigen Stegreifkonzerts galicischer Musik. Die Dudelsäcke waren den schottischen nicht unähnlich, nur die Baßpfeifen waren anders angeordnet und der Klang, fand ich, war nicht ganz so voll – was aber nur gut war, denn die drei Bläser spielten mit dem Trommler in dem kleinen Raum mit viel Elan drauflos. Hätte ich mir etwas aussuchen können, was mich aufheiterte, wäre mir ein Trio galicischer Dudelsackspieler wahrscheinlich gar nicht in den Sinn gekommen; so aber war es genau das Richtige, und ich versäumte nicht, dem heiligen Raphael ebenso zu danken wie den Musikern.

Kaum war ich wieder draußen, fing es von neuem an zu regnen, so stark, daß ich alle meine Regensachen anziehen und Plastiktüten um mein einziges Paar Schuhe binden mußte. Dann hieß es wieder den Kopf einziehen, die schmerzenden Muskeln und den Regen, der mir in den Nacken lief, ignorieren und weiterradeln.

Mit abnehmendem Gefälle wurde die Landschaft immer häßlicher und industrialisierter. Auch als der Regen nachließ und es nur noch leicht nieselte, sah sie nicht besser aus. Ich fuhr weiter, sehr müde inzwischen, zu müde, um an etwas anderes denken zu können als an das Ende der Plackerei, als mich plötzlich bei dem Gedanken, daß ich mich Santiago näherte, ein Glücksgefühl durchströmte.

Bis zu diesem Augenblick hatte ich nicht viel ans Ankommen gedacht. Die Reise hatte meine ganze Aufmerksamkeit in Anspruch genommen, und ich hatte nicht vorauszudenken brauchen. Jetzt aber, auf diesem letzten, unansehnlichen Streckenabschnitt, wurde Santiago real. Es war nicht mehr nur die Stadt am Ende der Reise, sondern ein Ziel, dem ich all die Wochen zugestrebt war, ein besonderer, heiliger Ort. Gleichzeitig hatte ich wieder das Gefühl, als würde mich der heilige Jakobus das letzte Stück anschieben. Ich passierte Labacolla, wo die Pilger einst ihre rituellen Waschungen vornahmen, bevor die Stadt in Sicht kam. Heute liegt hier der Flughafen von Santiago, so daß man als Pilger kaum versucht ist, einen Halt einzulegen. Ich erklomm einen Bergrücken des Monte de Gozo, und irgendwo zu meiner Rechten lag der Montjoie, eine Anhöhe, von der aus die Pilger traditionell den ersten Blick auf die Türme der Kathedrale von Santiago warfen. Doch da man heute ohnehin nichts gesehen hätte, fuhr ich weiter.

Es herrschte dichter Berufsverkehr, als ich die Außenbezirke von Santiago erreichte. Die Hochhäuser und das verwirrende Geflecht der Straßen, die, wie es schien, alle gerade ausgebessert wurden, zogen sich endlos hin. Ich mußte meine ganze Aufmerksamkeit aufs Überleben richten, das Pfadfinden überließ ich dem heiligen Jakobus. Zwischen all der deprimierenden Häßlichkeit der Vororte erhaschte ich einen kurzen Blick auf ein kleines Juwel, die mittelalterliche Lazaruskapelle. Sie vermittelte mir einen Vorgeschmack der Wunder, die mich erwarteten, und gab mir den Mut, mich weiter durch den Moloch des Verkehrs zu schlängeln. Und dann, ganz plötzlich, war der Kampf vorbei.

Keine mittelalterlichen Mauern oder Tore markieren den Zugang zu dieser über die Maßen schönen Stadt. Der lärmende Verkehr hört dort, wo der mittelalterliche Teil beginnt, einfach auf, und nur ganz wenige Fahrzeuge wagen sich noch durch die gepflasterten, gewundenen Straßen. Gebäude aus verschiedenen Epochen säumen die stillen Gassen, vor allem Meisterwerke des Barock und der Renaissance, doch es ist der Geist des Mittelalters, der die ganze Altstadt von Santiago trägt und erleuchtet. Alle Straßen führen hier wie selbstverständlich zum Schrein des heiligen Jakobus, Ziel und Inspiration der Reise.

14

Santiago de Compostela

Das Ende einer längeren Reise ist immer eine emotionale Angelegenheit. Entweder man hat die Ankunft so heftig herbeigesehnt, daß sie dann irgendwie enttäuschend ist, oder die Reise war so idyllisch, daß man bedauert, an ihrem Ende angelangt zu sein. Ob so oder so: Kaum ein Reiseziel entspricht ganz den Erwartungen des Reisenden.

Diese Reise aber war anders als jede, die ich bis dahin unternommen hatte. Denn obwohl ich so viel schöne Architektur, so viele schöne Landschaften gesehen und so viel Schönes erlebt, obwohl ich unterwegs so interessante Menschen und Orte kennengelernt hatte, daß es schon sehr ungewöhnlich gewesen wäre, wenn sich Santiago nicht als eine Enttäuschung erwiesen hätte, bestand doch von dem Moment an, da ich die unsichtbare Barriere der einstigen mittelalterlichen Stadtmauern überschritt, keinerlei Gefahr mehr, daß es so kommen würde. So wie ich, als ich nach Galicien kam, das Gefühl gehabt hatte, das Beste an der Reise sei für den Schluß aufgehoben worden, so registrierte ich jetzt, als ich Roberts durch die gepflasterten, arkadengesäumten Straßen schob, mit Freude, daß diese Stadt fraglos das Juwel in der Krone war, ein Eindruck, der sich mit jedem Schritt verstärkte.

Santiago ist aus warmem, bräunlichem Granit erbaut, der bei Regen zum Leben erwacht. Noch naß vom letzten Schauer, glitzerte der Glimmer darin an jeder der herrlichen Barockfassaden. Diese barocke Eleganz hatte ich in einer Stadt, die ich mir im wesentlichen mittelalterlich vorgestellt hatte, nicht erwartet. Aber es konnte natürlich gar nicht anders sein: Der Pilgerstrom hatte die Schatullen der Kathedrale gefüllt, und die Stadt hatte sich ausgedehnt, hatte ihre zahlreichen Kirchen und Klöster erweitert und ausgeschmückt. Zum Glück hatte der größte Umgestaltungsschub im siebzehnten und Anfang des achtzehnten Jahrhunderts stattgefunden, als die spanische Architektur einen glanzvollen Höhepunkt erreicht hatte, so daß Santiago in voller Pracht erhalten blieb, als wenig später der Niedergang des Pilgertums einsetzte. Trotzdem ist es sowohl von der Anlage als auch vom Grundriß her eine mittelalterliche Stadt. Und wie ich bald entdecken sollte, sind die großartigen romanischen Gebäude hinter den Barock- und Renaissancefassaden erhalten geblieben.

Was mir sofort auffiel, war die Atmosphäre. Diese Stadt ist kein lebloses Museum wie heutzutage so viele historische Städte, sondern ein Ort, an dem das tägliche Leben brodelt. Universitätsstädte zeichnen sich dadurch aus, daß die Straßen voller Studenten und auch ausländischer Besucher sind, zwischen denen die ortsansässige Bevölkerung wie eh und je ihren Geschäften nachgeht. Santiago blickt auf eine tausendjährige Tradition in der Unterbringung vieler Menschen zurück, vom König bis zum Bettler, und diese Tradition war offensichtlich nicht verlorengegangen.

Von dem üblichen grauenvollen Touristenramsch war

nichts zu sehen: Mit billigem Kitsch vollgestopfte Souvenirläden schien es hier nicht zu geben. Was in Santiago angeboten wird, stammt offenbar weitgehend aus Galicien selbst und dient einem praktischen Zweck. Es gibt zahllose Restaurants, in deren Schaufenstern wahre Wunder prangen, am Stück gekochte große Tintenfische beispielsweise, Berge großer Muscheln des heiligen Jakobus, Hummer, Krabben, Austern und jede Menge andere eßbare Weichtiere, die ich noch nie gesehen hatte. Auch Käseläden gibt es reichlich, mit tausend verschiedenen Sorten, darunter solche, die wie Frauenbrüste geformt sind. Buchhandlungen existieren Seite an Seite mit Hotels, Musikalienhandlungen, Kurzwarengeschäften und Obst- und Gemüseläden. Eigens für die Touristen wird in Werkstätten an den traditionellen Standorten rings um die Kathedrale Jett-, Gold- und Silberschmuck hergestellt.

Überall gab es Dinge zu sehen, die den Pilger ablenkten und von der alten Route weglockten, sogar moderne Troubadoure – Studenten meist –, die ihre betörenden Dudelsack-, Klarinetten- und Fiedelklänge unter den Arkaden hervor erschallen ließen. Und da in den mit Steinplatten belegten Straßen und Gassen nur Fußgänger und vereinzelte Radfahrer unterwegs waren, konnte man stehenbleiben und schauen, ohne sich alle naselang mit einem Sprung in Sicherheit bringen zu müssen.

So war es alles in allem nicht weiter verwunderlich, daß ich mich ins Mittelalter zurückversetzt fühlte und versucht war, wie eine Landpomeranze offenen Mundes die immer neuen Wunder zu bestaunen. Doch da in einer großen mittelalterlichen Stadt alle Straßen sternförmig vom Zentrum ausstrahlen, wird jeder, der ihr Geflecht betritt, irgendwann ins eigentliche Herz vorstoßen. Man mag in Santiago noch so ziellos umherwandern – früher oder später gelangt man auf die überwältigende Plaza del Obradoiro.

Das einstige »Sternenfeld« ist heute einer der prächtigsten Plätze Europas, und es gibt kaum jemanden, dem es nicht die Sprache verschlägt, wenn er ihn zum ersten Mal sieht. Der weite, durch nichts verstellte Raum dehnt sich vor der hoch emporstrebenden, verschwenderisch geschmückten Westfassade der Kathedrale, dem Obradoiro – Obradoiro heißt »goldenes Werk«. Drei schöne Gebäude säumen die übrigen Seiten des Platzes, von dem jedoch jeder Meter gebraucht wird, um die Fassade, mit der die romanische Kathedrale im achtzehnten Jahrhundert versehen wurde, in ihrer ganzen Pracht zur Geltung zu bringen.

Santiago ist nicht auf gleicher Höhe erbaut, denn die Plaza del Obradoiro liegt rund sechs Meter tiefer als die Kathedrale, die schon allein dadurch etwas Erhabenes erhält. Ein ausladender doppelläufiger Treppenaufgang führt zum Westportal hinauf, und darüber steigt Etage um Etage eine Fülle von Skulpturen und anderen Schmuckelementen an, die in den beiden gewaltigen, reich ornamentierten Glockentürmen ihren Höhepunkt erreicht. Sie flankieren einen komplexen Giebel, in dessen oberster Nische, von einem Bogen überwölbt, die Statue des Santiago Peregrino steht. Das Ganze ist üppigster spanischer Barock, doch wird die schiere Maßlosigkeit der Ornamentik durch architektonische Geradlinigkeit ausgeglichen. Das Ergebnis ist ein Triumph, noch gesteigert dadurch, daß der Granit durch die roten und gelben Flechten, die in dem feuchten, milden Klima gedeihen, einen warmen Ton annimmt. Doch von all der Detailfülle konnte ich bei meinem ersten Besuch wenig aufnehmen. Zuerst mußte ich ein Gebot befolgen, das mit der Ankunft in Santiago verbunden ist; das geruhsame Sightseeing mußte noch warten.

Das Ritual, das auch der moderne Pilger vollzieht, ist so alt wie die Kathedrale selbst. Nachdem ich die Treppe erklommen hatte und unter der Obradoiro-Fassade hindurchgegangen war, stand ich dem Pórtico de la Gloria und damit der Welt des mittelalterlichen Pilgers gegenüber. An die Stelle des Lebhaften, Überschäumenden trat das Erhabene. Dieses Portal der Herrlichkeit, die ursprüngliche Westfassade der romanischen Kathedrale, wurde 1188 von einem gewissen Meister Mateo vollendet und mit seiner Signatur versehen, und als erstes fällt daran der Ausdruck heiteren In-sich-Ruhens auf den Gesichtern der zahlreichen Figuren ins Auge – Christus, die vierundzwanzig Ältesten der Apokalypse, Apostel und Propheten. Die ganzen himmlischen Heerscharen sind hier versammelt, als seien die Pilger am eigentlichen Tor der Herrlichkeit angelangt, an dem Petrus mit dem Schlüssel in der Hand steht, um sie einzulassen. Das Tragische an der Obradoiro-Fassade ist bei all ihrer Schönheit, daß man nicht wie die Pilger des Mittelalters zurücktreten und den Pórtico de la Gloria in seiner Gesamtheit sehen kann.

Den Mittelpfeiler des gewaltigen Werks bildet die Wurzel Jesse aus weißem Marmor, eine Darstellung des Stammbaums Christi seit Adam und Eva. Vor ihr neigen die Pilger einer nach dem anderen das Haupt, legen die Finger der rechten Hand in die im Laufe der Jahrhunderte entstandenen Vertiefungen und sprechen die Dankgebete für eine glückliche Ankunft. Der Blick fällt dabei auf Meister Mateo, der am Fuß seines Werks kauert.

Hat man die Schwelle überschritten, offenbaren sich die vollkommenen Proportionen dieses Baus aus dem zwölften Jahrhundert, so wie Aimery Picaud sie gesehen hat:

> »In dieser Kirche findet man keine Risse oder Brüche; sie ist wunderbar gearbeitet, groß, geräumig, hell, von entsprechenden Ausmaßen, Breite, Länge und Höhe sind harmonisch aufeinander abgestimmt; eine unbeschreiblich herrliche Anlage, die sogar wie der Palast eines Königs doppelt gebaut worden ist. Wer oben durch die Schiffe der Emporen geht, wird, wenn er traurig hinaufgestiegen ist, froh und glücklich werden, nachdem er die vollkommene Schönheit dieses Gotteshauses geschaut hat.«

Am Ende des weiten, unverstellten Blicks durch das karge, schlichte Schiff, jenseits des Querschiffs, dort wo der Hochaltar steht, sieht man ein goldenes Leuchten. Unter dem Hochaltar ruhen die Gebeine des Jakobus, darüber thront eine Statue des Heiligen aus dem dreizehnten Jahrhundert, von Silber überzogen und mit einem edelsteinbesetzten silbernen Pilgerumhang. Der riesige Baldachin über dem Altar wird von bizarren, überdimensionalen Engeln zweifelhafter Provenienz getragen. Doch was dem neu angekommenen Pilger als erstes ins Auge springt, hochgestimmt wie er am Ende der langen Reise und nach all der Pracht und Schönheit ist, die er schon unterwegs gesehen hat, das ist das warme goldene Licht, und zu ihm zieht es ihn hin.

Als ich mich das Mittelschiff hinab in Bewegung setzte, empfand ich mich als Teil einer großen Schar, eines ganzen Heeres, und ich kam mir dabei gar nicht seltsam vor. Sie waren alle um mich, so wie sie es während der ganzen Fahrt gewesen waren, doch in diesen Momenten wurde mir das in aller Deutlichkeit bewußt. Ein schmales Treppchen führt hinter dem Hochaltar hinauf, und die Pilger küssen einer nach dem anderen die Rückseite der Apostelstatue. Das schien auf den ersten Blick befremdlich, und doch hatte es nichts Unnatürliches an sich; nach der langen Reise hatte ich das Gefühl, einiges über den heiligen Jakobus zu wissen.

Dann ging es die Treppe auf der anderen Seite wieder hinunter, nach links und noch einmal nach links, eine weitere schmale Treppe hinab, in den kleinen Raum unterhalb des Altars. Hier steht der silbergetriebene Schrein mit dem, was noch von den Gebeinen übrig sein mag, die seit elfhundert Jahren als die des heiligen Jakobus verehrt werden. Alle, die mich aufgefordert hatten, für sie zu beten, hätten es sich an diesem Ort gewünscht, und so setzte ich mich auf die Bank, die dort stand, und las ihre Namen aus meinem Notizbuch ab. Das dauerte eine ganze Weile, denn oft dachte ich noch über die betreffende Person nach, und manchmal war es gar kein Gebet, sondern einfach nur ein Erinnern, ein Wiedererleben der Reise.

Ich fragte mich, wie die mittelalterlichen Pilger diese Aufgabe angegangen waren. Wir gebrauchten zwar praktisch dieselben Worte, meinten damit aber zweifellos verschiedene Dinge. Und was die Wahrscheinlichkeit anbelangte, daß in dem silbernen Sarkophag tatsächlich die Gebeine des heiligen Jakobus ruhten, hatte ich meine

Meinung nicht geändert. Der Jakobus aus dem Evangelium, der Bruder des Johannes und Sohn des Zebedäus, der Jünger Christi, hat meiner Meinung nach nicht das Geringste mit diesem Ort zu tun, jedenfalls nicht physisch. Der Jakobus, der hier angebetet wird, der Jakobus, der auf meiner Pilgerfahrt nach und nach in mein Bewußtsein getreten war, entstammt den Herzen und Köpfen der Abertausende von Menschen, die über die Jahrhunderte den *Camino Francés* entlanggewandert sind und sich mit Auslegungen, mit ihrem Gewissen, mit dem Glauben oder mit dessen Fehlen herumgeschlagen haben. Ihretwegen gibt es einen *Camino*, und ich konnte nichts anderes tun, als meine Gebete den ihren hinzuzufügen, so wie ich am Kreuz von Foncebadón meinen Stein zu den anderen gelegt hatte. Schließlich war ich am Ende meiner Liste angelangt, und nun konnte ich die Treppe auf der anderen Seite wieder hinaufsteigen und anfangen, diese herrliche Kathedrale zu genießen.

Als ich am nächsten Tag auf den Priester wartete, der meinen Pilgerpaß überprüfen und mir, wenn er mich dessen für würdig befand, meine *Compostela* überreichen sollte, sagte mir ein junger Mann, ich hätte Glück, daß ich an diesem Tag hier sei, denn in der Messe nachher würde der *botafumeiro* geschwenkt. Das war in der Tat ein Glücksfall. So früh im Jahr gibt es nur selten besondere Messen, in denen dieses Ritual stattfindet. Der *botafumeiro* ist ein riesiges silbernes Räuchergefäß, so groß und schwer, daß es von zwei kräftigen, in dunkle Gewänder gekleideten Männern aus der Stadt an Stangen hereingetragen wird. Zwei weitere Meßdiener in roten Gewändern ließen eine Kette und einen Flaschenzug von der Mitte des Querschiffs herab und befestigten das Gefäß mit armdicken Seilen daran. Dann wurde der Weihrauch angezündet, und als dichte, verhüllende Rauchschwaden von ihm aufstiegen, schwenkten die vier Männer den *botafumeiro* an den Seilen unter der Vierung hin und her. Ich konnte kaum fassen, welch riesigen Bogen er beschrieb – ein Zentner oder mehr glänzendes, vor und zurück schwingendes Metall, das beinahe den Boden berührte, bevor es wieder fast bis zur Decke emporstieg. Zusammen mit dem goldenen Leuchten am Hochaltar hatte die Szene etwas herrlich Barbarisches wie Rembrandts riesiges Gemälde »Das Fest des Belsazar«.

Ein großer Teil von Santiago ist so, ganz und gar ausgefallen, doch ohne daß davon viel Aufhebens gemacht würde; die Dinge passieren einfach um einen herum, ohne daß es größerer Anstrengung bedarf. Ich hatte mich in dem freundlichen kleinen »Hotel Suso« einquartiert, einen Steinwurf von der Kathedrale entfernt, in einem winzigen Zimmer unter dem Dach. Roberts war irgendwo sicher weggeschlossen; niemand braucht in Santiago ein Fahrrad. Mehrere Tage ging ich in Kirchen, Palästen und Klöstern ein und aus, und jedes dieser Bauwerke wäre eine eigene Reise wert gewesen. Mindestens einmal am Tag war ich in der Kathedrale, denn wie bei allen wahrhaft großen Bauten konnte man einfach nicht alles zugleich sehen, sondern mußte es nach und nach in sich aufnehmen, mit häufigen Erholungspausen in einer der vielen kleinen Kneipen ringsum. Aber auch auf den Stufen der Kathedrale zu sitzen und über den Obradoiro-Platz hinweg die schöne, friedliche Landschaft hinter der Stadt zu betrachten war erholsam. Dank dieses freien Blicks fühlte ich mich in Santiago nie eingeengt, wie es in anderen Städten oft der Fall ist.

In der mittelalterlichen Altstadt liegt auch der Markt von Santiago, eine weitere Attraktion, die mehr als einen Besuch lohnte. Unter einem Dach ist hier der ganze Reichtum von Galiciens Land und Meer versammelt – Obst, Gemüse, Molkereiprodukte, Fleisch und Fisch – ein überquellendes Füllhorn, wohlgeordnet und kunstvoll präsentiert. Hier konnte man sogar noch besser als in den Fenstern der Restaurants die erstaunliche Vielfalt der Meeresfrüchte studieren. Auch die Lokale rings um den Markt waren besonders gut – allerdings hatte man mir bisher in Galicien noch nie ein Essen vorgesetzt, das nicht gut und preiswert gewesen wäre; das sollte erst noch kommen.

Wenn es für den Besucher in Santiago überhaupt ein Problem gibt, dann ist es die extreme Überfülle. Allein die baulichen Kostbarkeiten der Stadt sind so zahlreich, daß man mindestens vier Wochen dort verbringen müßte, um mehr zu tun, als nur an der Oberfläche zu kratzen. Auf manches, so etwa das herrliche Tympanon einer kleinen, dem heiligen Felix geweihten Kirche, stößt man nur durch Zufall; da es nur eines von so vielen Wundern ist, wird es in den meisten Führern gar nicht erwähnt. Daß ich nur einen Bruchteil von allem sah, bekümmerte mich jedoch nicht, wie es normalerweise der Fall gewesen wäre, denn irgendwie scheint einen in Santiago gar nichts zu bekümmern. Die Woche, die ich dort verbrachte, zeichnete sich durch ein gleichbleibendes Gefühl von Freude und Zufriedenheit aus. Nur ein einziger Vorfall – für mich jedoch der wohl bedeutsamste, den ich in Santiago erlebte – brachte einen Mißklang. Er hing mit dem kostenlosen Pilgermahl zusammen.

Ein Privileg, zu dem mich meine *Compostela* berechtigte, war ein Abendessen im imposanten »Hostal de los Reyes Católicos«, heute ein Superluxushotel der Parador-Kette. Theoretisch hätte ich dort dreimal am Tag essen können, drei Tage lang und immer kostenlos. Diese Großzügigkeit gründet sich auf Geschichte und Tradition, wie alles, was mit der Jakobspilgerfahrt zu tun hat. Im Jahre 1492 stifteten König Ferdinand und Königin Isabella ein Pilgerhospital, das eines so heiligen Ortes würdig sein sollte. Bei seiner Errichtung wurden keine Kosten gescheut, und das Ergebnis ist eines von Santiagos berühmtesten und schönsten Gebäuden. Das »Reyes Católicos« steht an der Südseite der Plaza del Obradoiro und umschließt vier sehenswerte, nach Aposteln benannte Höfe, jeder ein wenig anders als die anderen. Die Nüchternheit der langen Fassade am Obradoiro wird durch eine sehr verhaltene und zarte platereske Ornamentik aufgelokkert und bildet das perfekte Gegenstück zur überbordenden Westfassade der Kathedrale.

Das »Reyes Católicos« erwarb sich sehr schnell den Ruf vorbildlicher Gastlichkeit. Der Aufenthalt der Pilger war auf drei Tage begrenzt, es sei denn, sie waren krank; dann wurden sie mit allerbester medizinischer Fürsorge umgeben. Als die Pilgerzahlen zurückgingen, wandelte man das Hospiz in ein Krankenhaus für die Einheimischen um, was durchaus im Einklang mit den wohltätigen Absichten der Stifter stand. Später aber wurde das »Reyes Católicos«, der spanischen Mode der Umwandlung historischer Gebäude in Luxushotels folgend, zu einem Hotel für extrem Betuchte, eine Funktion, die an diesem für die Bedürfnisse der Pilger erbauten Ort weit weniger zu rechtfertigen ist. Die kostenlosen Mahlzeiten, die das »Reyes Católicos« zehn Pilgern täglich serviert, sind seine letzte Verbindung zur Tradition und, so finde ich, nicht nur recht und billig, sondern als willkommene Touristenattraktion auch jede Pesete ihrer geringen Kosten wert.

Denn jetzt, als ich zu Fuß unterwegs war, stellte ich fest, daß Harrie ganz recht gehabt hatte, als er sagte, Pilger seien für Touristen eine große Attraktion. Ich hätte gar nicht gedacht, daß ich wie eine Pilgerin aussah – ich hatte weder Wanderstab noch Rucksack oder breitkrempigen Hut, und der einzige Hinweis war die Muschel an meiner Lenkertasche, die ich jetzt über der Schulter trug. Aber wie der Priester, der mir meine *Compostela* ausstellte, gesagt hatte: »Man erkennt die Pilger immer, sie haben etwas Besonderes an sich.« Mein Gesicht war wettergegerbt, gewiß, aber dieses Besondere mußte noch mehr sein, denn mehrmals hielten mich Leute an und fragten mich, ob ich eine Pilgerin sei. Zwei Engländerinnen, die ein ganzes Stück älter waren als ich, meinten, sie sähen an meinem Lächeln, daß ich eine Pilgerin sei; es schien förmlich zu strahlen! Ein Amerikaner, der mir dieselbe Frage stellte, wohnte im »Reyes Católicos«, und als ich ihm von den kostenlosen Pilgermahlzeiten in seinem Hotel erzählte, sagte er sofort: »Wow! Kann ich mir das ansehen?« Offenbar stellte er sich dasselbe vor wie ich – eine Art besonderen Tisch, vielleicht in einer gläsernen Laube in einem der Höfe, wo aufmerksame Ober die zehn privilegierten Pilger bedienten, während die Hotelgäste in respektvollem Schweigen zuschauten. Doch unsere Vorstellung hätte nicht weiter von der Wirklichkeit entfernt sein können.

Als ich zur ersten meiner Mahlzeiten ins »Reyes Católicos« kam und die weiß behandschuhten Portiers merkten, daß ich kein zahlender Gast war, wurde ich diskret aufgefordert, mich in den hinteren Teil des riesigen Prachtbaus zu begeben. Nach langen, frustrierenden Wanderungen durch eine Garage, über Treppen ohne Hinweisschilder und durch gekachelte Flure fand ich schließlich die Küche. In einem Teil wurde das Essen für die Gäste zubereitet und auf einer Theke für die Ober bereitgestellt, und alles sah sehr fein aus. Die Zimmermädchen, mit denen ich mich anstellen mußte, bekamen ihr Essen an einer anderen Theke. Und dann landeten auf meinem unterteilten Tablett ein Schlag klebriger Bohneneintopf, ein Schlag Hühnerfleisch und ein Schlag Kartoffeln, in einer grauenvollen, dünnen gelben Soße schwimmend. Ein Brötchen, ein Apfel und ein Glas Wein füllten die restlichen Abteilungen. Und weiter ging es, mit dem Tablett mehrere Treppen und Flure hinab zu einem häßlichen kleinen, weiß gekachelten Raum mit nacktem Zementboden, der diesem Pilgerfestmahl vorbehalten war.

Wären neun andere Pilger hier gewesen, wäre es nicht so schlimm gewesen, dachte ich, aber ich hatte den schäbigen Raum ganz für mich allein, und es waren die einsamsten, verlassensten Augenblicke meiner ganzen Reise. Ich probierte den Bohnenauflauf, und er schmeckte widerlich, das Huhn schmeckte genau so, wie es aussah, und selbst der Apfel war weich und ohne Geschmack. Es war seltsam: In einem Land, in dem man so gut und billig essen konnte, war mein erstes ungenießbares Mahl ausgerechnet eines, das ein Festmahl hätte sein sollen. So blieben nur das Brot und der Wein, und als ich das Brot brach, wußte ich plötzlich, daß in diesem Augenblick meine Pilgerfahrt ihren Abschluß fand. Wie die namenlosen Jünger auf dem Weg nach Emmaus hatte auch ich mich der Wirklichkeit des auferstandenen Christus stellen müssen. Er war bei jeder meiner Begegnungen unterwegs dabei gewesen, und vielleicht hatte ich das in irgendeinem Winkel meines Bewußtseins auch gespürt. Doch um es klar zu erkennen, hatte es dieser alltäglichen Handlung des Brotbrechens bedurft, in der das Symbolische mit einem Mal zutage treten und als das gesehen werden konnte, was es war. »Da gingen ihnen die Augen auf und sie erkannten ihn.« Natürlich.

PIPER

Bettina Selby
Himalaja

Mit dem Fahrrad durch Nepal, Kaschmir und Sikkim.
Aus dem Englischen von Jürg Wahl. 298 Seiten.
Mit 22 Farbfotos. Serie Piper 3338

Eine Frau um die fünfzig fährt mit ihrem Fahrrad 8000 Kilometer von Karatschi Richtung Himalaja, durch Indien und Nepal bis nach Katmandu. Immerhin, wenigstens das Fahrrad ist eine Spezialanfertigung – zum Nachbauen gibt's die genauen Anweisungen. Das ist aber auch der einzige Luxus auf der fünfmonatigen Tour, die Bettina Selby mitten hineinführt in die Fremde, die sie konfrontiert mit unabwägbaren, manchmal auch gefährlichen Situationen, mit Neugier und Gastfreundschaft, mit Zudringlichkeit und Zuneigung, vor allem aber mit dem intensiven Erleben einer atemberaubenden Landschaft. Der Leser teilt das Erstaunen und die Bewunderung der Autorin – eine Reiseverführung!

PIPER

Jamie Zeppa
Mein Leben in Bhutan

Als Frau im Land der Götter. Aus dem Englischen von
Karina Of. 352 Seiten. Serie Piper 3224

Bhutan, geheimnisvolles Königreich im Himalaja... Aus
purer Abenteuerlust beschließt die Kanadierin Jamie Zeppa
als 25jährige, für zwei Jahre nach Bhutan zu gehen, um
dort zu unterrichten. Sie begegnet einer vom Tourismus
noch unberührten Welt, erlebt die großartige Schönheit der
Natur, die Herzlichkeit der Menschen und ihre faszinierend
andere Religion, und sie erliegt zunehmend dem Reiz dieses
einzigartigen Landes. Jamies tiefe Zuneigung zu den einheimischen Kindern und ihre Liebe zu dem Bhutaner Tshewang
führen schließlich dazu, daß sie für immer bleiben will –
gegen alle Widerstände...
Acht Jahre nach der Geburt ihres Sohnes Pema Dorji legt
Jamie Zeppa die spannende Chronik ihrer Jahre in Bhutan
vor: die mitreißende Reportage einer mutigen jungen Frau
und das bewegende Zeugnis einer großen Liebe zwischen
den Kulturen.

MALIK

Ulrich Wank (Hg.)
Break your Limits

Neue Extremabenteuer. 317 Seiten. Geb.

Man kann seine Hochzeitsreise auch zu Fuß durch die Sahara machen – jedenfalls wenn man Michael Asher heißt und passionierter Abenteurer ist. Den leichten Weg gehen, das ist nichts für die Autoren in diesem Buch. »Irgendwas muß hier im Wasser sein: Keiner gibt sich mit einem nur mäßig komplizierten Leben zufrieden« philosophiert Jamie Zeppa, als sie sich mitten in Bhutan als Lehrerin wiederfindet. Und so sind die Unternehmungen auch, die hier geschildert werden: Ob mit dem Ballon um die Welt oder ohne Augenlicht auf die höchsten Gipfel, auf den Spuren großer Expeditionen durch die Todeswüsten oder auf der Suche nach einer großen Reportage im afrikanischen Dschungel ... Wovon andere Menschen nur träumen, das leben die Autoren dieses Buches: Für das Abenteuer gibt es keine Grenzen.

Pam Houston
Die Wildnis im Herzen

Aus dem Amerikanischen von Ulrike Wasel und
Klaus Timmermann. 284 Seiten. Serie Piper 3487

»Vier Meilen in der Stunde, das ist die richtige Geschwindigkeit, eine Landschaft kennenzulernen.« Die Rocky Mountains, ein Gletscher in Alaska, das Okawango-Delta von Botswana, die Anden oder der Himalaja – Pam Houstons Zuhause ist die Natur, die Wildnis, und die erlebt sie am liebsten zu Fuß. Dort, wo nur Steinböcke, Bären oder Kojoten leben, zieht es sie hin, denn in der Gesellschaft von Tieren – und verwegenen Männern – fühlt sie sich am wohlsten. Der größte Liebesbeweis des Städters David ist in ihren Augen seine Bereitwilligkeit, mit ihr eine Nacht im Freien zu verbringen – bei Minusgraden, die ihm die Wimpern gefrieren lassen. Lebendig, farbenfroh, selbstironisch und voller Sprachwitz schildert Pam Houston ihre Sucht nach den extremen Seiten des Lebens – immer die Wildnis im Herzen.

PIPER

Lieve Joris
Die Tore von Damaskus

Aus dem Niederländischen von Barbara Heller.
301 Seiten. Serie Piper 3088

Spannend wie ein Roman liest sich die Geschichte der syrischen Soziologin Hala, die mit ihrer Tochter Asma allein in Damaskus lebt. Vor zwölf Jahren, als Asma gerade vier Wochen alt war, hatte die syrische Geheimpolizei bei einer Razzia Halas Wohnung gestürmt und Achmed, ihren Mann, verhaftet: Er war Marxist. Halas Leben wird nun bestimmt von der Übermacht der konservativen Familie ihres Mannes, der wechselhaften Tagespolitik und gleichzeitig Halas Wunsch, ein selbständiges Leben zu führen.
Lieve Joris begleitet sie auf ihren Fahrten kreuz und quer durchs Land, wo sich karge Wüstenlandschaften und üppige Oasen abwechseln, moderne Großstädte und alte syrische Dörfer. Durch Halas persönliches Schicksal wird uns die ganze Tragik des Nahen Ostens verständlich.

»Besseren Reisejournalismus gibt es nicht.«
New York Times Book Review